21 世纪全国高职高专旅游类规划教材

旅游会计

熊晴海　主　编

熊细银　副主编

内 容 简 介

本书根据新的《企业会计准则》(2006年财政部颁布的2007年实施的1项基本准则和38项具体准则)和《会计基础工作规范》编写,介绍了旅游会计的基本理论、基本方法和基本操作技能。理论与实践结合紧密,内容新颖、丰富,实用性强是本书最大特点。

本书共分十二章,内容包括:概述、旅游会计核算基础、流动资产核算、长期资产的核算、持有至到期投资及长期股权投资、负债的核算、所有者权益的核算、损益的核算、旅行社业务的核算、旅游饭店经营业务的核算、会计报表和计算机在旅游会计中应用。

本书可作为大学本科、高职高专和中专旅游专业的教材,也可作为旅游实际工作者和其他会计专业学生的参考资料。

图书在版编目(CIP)数据

旅游会计/熊晴海主编. —北京:北京大学出版社,2008.8
(21世纪全国高职高专旅游类规划教材)
ISBN 978-7-301-13766-6

Ⅰ. 旅… Ⅱ. 熊… Ⅲ. 旅游业—会计—高等学校—教材 Ⅳ. F590.66

中国版本图书馆 CIP 数据核字(2008)第 064456 号

书　　　名:	旅游会计
著作责任者:	熊晴海　主编
责 任 编 辑:	卢英华
标 准 书 号:	ISBN 978-7-301-13766-6/F·1897
出　版　者:	北京大学出版社
地　　　址:	北京市海淀区成府路 205 号 100871
电　　　话:	邮购部 62752015　发行部 62750672　编辑部 62765126　出版部 62754962
网　　　址:	http://www.pup.cn　电子信箱:xxjs@pup.pku.edu.cn
印　刷　者:	河北滦县鑫华书刊印刷厂
发　行　者:	北京大学出版社
经　销　者:	新华书店
	787 毫米×980 毫米　16 开本　20 印张　431 千字
	2008 年 8 月第 1 版　2008 年 8 月第 1 次印刷
定　　　价:	35.00 元

未经许可,不得以任何方式复制或抄袭本书之部分或全部内容。
版权所有,侵权必究
举报电话:010-62752024;电子信箱:fd@pup.pku.edu.cn

前　言

旅游业作为目前第一大产业和重要经济增长点，以其强劲的发展势头，受到世界各国和地区的广泛关注，也得到了我国政府的积极扶持。我国改革开放以来，旅游业取得了举世瞩目的辉煌成就，成为国民经济部门中颇具生机和活力的强劲产业。旅游业作为企业，必须讲究经济效益；讲究经济效益，必须懂得旅游会计。旅游会计是在旅游经营业务管理需要中产生和发展起来的。

为了满足旅游会计教学和旅游企业人员培训的需要，我们根据近几年新修改的法规和旅游实践，编写了这本教材。从2005年下半年以来，《公司法》、《证券法》、《合伙企业法》、《所得税法》等一系列法律进行了修订、修正和制定，新的《企业会计准则》(2006年财政部颁布2007年实施的1项基本准则和38项具体准则)也已经发布。我们根据这些法规，结合工作实际和教学经验，编写了这本《旅游会计》。

《旅游会计》全书共分十二章，内容包括：概述、旅游会计核算基础、流动资产核算、长期资产的核算、持有至到期投资及长期股权投资、负债的核算、所有者权益的核算、损益的核算、旅行社业务的核算、旅游饭店经营业务的核算、会计报表和计算机在旅游会计中应用。为了便于教学，我们在每章前面附有学习目标，每章后面附有练习题，并在书后面附上了部分参考答案。

本书的特点如下。

1．理论与实际紧密相连。根据旅游业的实际经济业务，介绍了会计核算的方法。为提高旅游企业管理水平，必须进行会计核算和监督。如何进行会计核算和监督，本书作了详细的介绍。

2．前瞻性和新颖性。本教材吸纳了以前各版本《旅游会计》的成果，也注意发展新动态，特别是2006年财政部颁布2007年开始实施的会计准则。既讲述手工操作方法，也介绍了用电子计算机进行旅游会计核算的技能。

3．简明实用性。本教材深入浅出、层次清晰，并附有名词解释、选择题、判断题、问答题和综合练习，便于教师讲授、学生复习，帮助学生进一步消化所学的内容，从而锻炼学生综合分析和解决问题的能力。

4．内容丰富。本书介绍了会计的基本知识，也讲述了旅游会计应有的特色。有手工记账、算账、报账的方法，还有电脑进行财务会计处理的技能。

本教材可作为旅游专业的大学本科、高职高专和中专的教学用书，也可作为旅游实际工作者和其他会计专业学生的参考资料。

本教材由副教授、高级会计师熊晴海任主编,南昌理工学院教授熊细银任副主编。熊晴海编写了第1、2、3、4、5、7章,熊细银编写了第10、11、12章,李政编写了第8章,金雪雯编写了第9章,刘丽波编写了第6章。

在编写和出版过程中,得到了江西财政厅熊根泉厅长、南昌市财政局会计处处长余群高级会计师、江西经济管理干部学院会计系书记熊运儿教授及主任喻晓飞教授的热心指导,得到了南昌航空大学、南昌理工学院、蓝天学院、北京大学出版社的大力支持,同时,我们还参考了国内外公开出版的有关教材和学术著作,吸收了他们的研究成果,在此,我们表示衷心的感谢。

由于编者水平有限,时间仓促,本书难免有错漏及不足之处,恳请读者批评指正。

编 者

2008年7月

目 录

第1章 概述 1
  1.1 旅游会计基本概念 1
    1.1.1 旅游业 1
    1.1.2 会计 2
    1.1.3 旅游会计 2
  1.2 旅游会计对象、特点及方法 3
    1.2.1 旅游会计对象 3
    1.2.2 旅游会计的特点 3
    1.2.3 旅游会计核算方法 4
  1.3 会计基本前提和会计信息质量要求 5
    1.3.1 会计基本前提 5
    1.3.2 会计核算的基础和记账方法 6
    1.3.3 会计信息质量要求 6
  1.4 旅游会计工作组织 8
    1.4.1 会计机构设置 8
    1.4.2 会计人员 9
    1.4.3 会计规范 13

第2章 旅游会计核算基础 21
  2.1 会计要素及会计等式 21
    2.1.1 会计要素 21
    2.1.2 会计等式 24
    2.1.3 会计等式例证 25
  2.2 会计科目与账户设置 26
    2.2.1 会计科目的意义 26
    2.2.2 设置会计科目的原则 26
    2.2.3 会计科目的分类 27
    2.2.4 会计科目编号和名称 27
    2.2.5 账户的意义 29
    2.2.6 账户的设置 29

  2.2.7 账户的分类 29
  2.2.8 账户的结构 30
  2.2.9 会计科目与账户的关系 31
 2.3 会计凭证 31
  2.3.1 会计凭证的作用和种类 31
  2.3.2 原始凭证的填制与审核 33
  2.3.3 记账凭证的填制与审核 38
  2.3.4 会计凭证的传递、整理与保管 43
 2.4 会计账簿 44
  2.4.1 会计簿的概念 44
  2.4.2 会计账簿的作用 44
  2.4.3 会计账簿的种类 45
  2.4.4 会计账簿的基本内容 46
  2.4.5 序时账簿的设置与登记 47
  2.4.6 分类账簿的设置与登记 48
 2.5 对账与结账 54
  2.5.1 对账 54
  2.5.2 结账 55
 2.6 账簿的启用、登记和更正规则 56
  2.6.1 账簿启用规则 56
  2.6.2 账簿登记规则 56
  2.6.3 账簿更正规则 57

第3章 流动资产核算 64
 3.1 货币资金的核算 64
  3.1.1 库存现金 64
  3.1.2 银行存款 67
  3.1.3 其他货币资金 68
  3.1.4 外币核算 71
 3.2 交易性金融资产 74
  3.2.1 交易性金融资产概述 74
  3.2.2 交易性金融资产的取得 75
  3.2.3 交易性金融资产的现金股利和利息 75
  3.2.4 交易性金融资产的期末计量 76
  3.2.5 交易性金融资产的处置 77

3.3 应收及预付款项 ... 77
3.3.1 应收票据 ... 78
3.3.2 应收账款 ... 80
3.3.3 预付账款 ... 80
3.3.4 其他应收款 ... 81
3.3.5 应收款项减值 ... 82

3.4 存货 ... 84
3.4.1 存货概述 ... 84
3.3.2 原材料 ... 87
3.4.3 物料用品 ... 95
3.3.4 低值易耗品 ... 95
3.3.5 库存商品核算 ... 97
3.3.6 存货的期末计价 ... 98
3.3.7 存货的清查 ... 99

第4章 长期资产的核算 ... 104
4.1 固定资产概述 ... 104
4.1.1 固定资产划分标准 ... 104
4.1.2 固定资产的分类 ... 105
4.1.3 固定资产账户的设置 ... 106
4.1.4 固定资产的计价 ... 107

4.2 固定资产取得的核算 ... 107
4.2.1 固定资产的价值构成 ... 107
4.2.2 购入的固定资产 ... 109
4.2.3 自行建造的固定资产 ... 109
4.2.4 投资转入的固定资产 ... 111
4.2.5 融资租入的固定资产 ... 111
4.2.6 接受捐赠的固定资产 ... 111
4.2.7 无偿调入的固定资产 ... 111

4.3 固定资产折旧核算 ... 112
4.3.1 固定资产折旧的性质 ... 112
4.3.2 固定资产折旧的范围 ... 112

4.4 固定资产减少的核算 ... 116
4.4.1 固定资产的投资转出 ... 116
4.4.2 固定资产的出售、报废 ... 116
4.4.3 固定资产清查 ... 118

　　　　4.4.4　固定资产减值准备 120
4.5　无形资产的核算 120
　　　　4.5.1　无形资产概述 120
　　　　4.5.2　无形资产的计价 121
　　　　4.5.3　无形资产的账务处理 122
4.6　长期摊销费用的核算 126
　　　　4.6.1　长期摊销费用的概述 126
　　　　4.6.2　长期摊销费用的账务处理 126

第5章　持有至到期投资及长期股权投资 129
5.1　持有至到期投资 129
　　　　5.1.1　持有至到期投资概述 129
　　　　5.1.2　持有至到期投资的取得 130
　　　　5.1.3　持有至到期投资的收益及摊余成本 130
　　　　5.1.4　持有至到期投资的到期兑现 144
　　　　5.1.5　持有至到期投资的减值 144
5.2　长期股权投资 145
　　　　5.2.1　长期股权投资概述 145
　　　　5.2.2　长期股权投资的取得 146
　　　　5.2.3　长期股权投资核算的成本法 148
　　　　5.2.4　长期股权投资核算的权益法 150
　　　　5.2.5　长期股权投资的减值 153
　　　　5.2.6　长期股权投资的处置 153
　　　　5.2.7　长期股权投资成本法与权益法的转换 154

第6章　负债的核算 157
6.1　负债概述 157
　　　　6.1.1　负债的特点及内容 157
　　　　6.1.2　负债的分类 157
6.2　流动负债的核算 158
　　　　6.2.1　短期借款 158
　　　　6.2.2　应付票据 159
　　　　6.2.3　应付账款 161
　　　　6.2.4　其他应付款 162
　　　　6.2.5　应付职工薪酬 162
　　　　6.2.6　应付职工薪酬——应付福利费 164
　　　　6.2.7　应付利息 165

6.2.8　应付股利 165
　　　6.2.9　应交税费 166
　6.3　长期负债的核算 170
　　　6.3.1　长期借款 170
　　　6.3.2　应付债券 171
　　　6.3.3　长期应付款 173

第7章　所有者权益的核算 178
　7.1　所有者权益概述 178
　　　7.1.1　所有者权益的含义 178
　　　7.1.2　所有者权益与债权人权益的区别 178
　　　7.1.3　所有者权益的构成 179
　7.2　实收资本 179
　7.3　资本公积 184
　　　7.3.1　资本溢价（或股本溢价）的核算 185
　　　7.3.2　其他资本公积的核算 186
　　　7.3.3　资本公积转增资本的核算 187
　7.4　留存收益 187
　　　7.4.1　利润分配 187
　　　7.4.2　盈余公积 188

第8章　损益的核算 192
　8.1　收入的核算 192
　　　8.1.1　收入概念 192
　　　8.1.2　收银业务 193
　　　8.1.3　收入的分类 193
　　　8.1.4　收入确认 194
　　　8.1.5　收入的核算 194
　8.2　费用的核算 195
　　　8.2.1　费用的概念 195
　　　8.2.2　费用的主要内容及其核算 195
　8.3　利润的核算 198
　　　8.3.1　利润的构成 198
　　　8.3.2　利润的核算 199
　　　8.3.3　利润核算举例 202

第9章　旅行社业务的核算 205
　9.1　旅行社业务概述 205

9.2 主营业务收入核算 206
9.2.1 主营业务收入的内容 206
9.2.2 主营业务收入的主要收款方式 207
9.2.3 主营业务收入的确认 208
9.2.4 旅行社营业收入的核算 208
9.3 旅行社成本费用的核算 209
9.3.1 旅行社成本构成 209
9.3.2 旅行社成本的核算 210
9.3.3 旅行社成本核算应注意的问题 211
9.4 旅行社营业税及附加的核算 212
9.4.1 营业额 212
9.4.2 营业税 213

第 10 章 旅游饭店经营业务的核算 218
10.1 客房经营业务的核算 218
10.1.1 客房营业收入的核算 218
10.1.2 客房销售费用的核算 220
10.1.3 饭店营业税金及附加 221
10.2 餐饮经营业务的核算 221
10.2.1 餐饮部门的特点 222
10.2.2 餐饮营业收入的核算 222
10.2.3 餐饮部收入的会计处理 223
10.2.4 餐饮营业成本的核算 223
10.2.5 餐饮营业税金及附加和损益的核算 225
10.3 商品经营业务的核算 225
10.3.1 商品经营业务的核算 225
10.3.2 商品购进的核算 226
10.3.3 商品销售的核算 226
10.3.4 商品营业成本的核算 227
10.3.5 营业税金的核算 227

第 11 章 会计报表 230
11.1 会计报表概述 230
11.1.1 会计报表的意义 230
11.1.2 会计报表的构成 231
11.1.3 会计报表的编制要求 231

11.2 资产负债表 ... 232
11.2.1 资产负债表的意义 ... 232
11.2.2 资产负债表上项目的分类与排列 ... 233
11.2.3 资产负债表的格式 ... 233
11.2.4 资产负债表的编制方法 ... 236
11.3 利润表 ... 237
11.3.1 利润表的性质和作用 ... 237
11.3.2 利润表的格式 ... 238
11.4 资产负债表与利润表编制举例 ... 241
11.4.1 资料 ... 241
11.4.2 根据以上资料编制会计分录和利润表与资产负债表 ... 244
11.5 现金流量表 ... 254
11.5.1 现金流量表的意义 ... 254
11.5.2 现金流量表的内容和格式 ... 255
11.5.3 编制现金流量表的方法 ... 258
11.5.4 现金流量表各项目的内容及编制方法 ... 259
11.6 所有者权益变动表 ... 265
11.7 附注 ... 267
11.7.1 附注的性质与作用 ... 267
11.7.2 附注的内容 ... 267

第12章 计算机在旅游会计中的应用 ... 284
12.1 会计电算化的内容 ... 284
12.1.1 实施会计电算化的要求 ... 284
12.1.2 实施会计电算化对软、硬件的要求 ... 285
12.1.3 替代手工记账 ... 286
12.1.4 建立会计电算化内部管理制度 ... 288
12.2 会计电算化的基本原理 ... 290
12.3 会计电算化信息系统的结构 ... 292
12.3.1 物理结构 ... 292
12.3.2 职能结构 ... 293
12.3.3 会计核算子系统（模块）之间的关系 ... 295
12.4 旅游行业会计电算化未来发展趋势 ... 296

参考答案 ... 299
参考文献 ... 305

第1章 概 述

【内容提要】

旅游业被称为朝阳产业,在我国国民经济中正在发挥越来越重要的作用。旅游会计作为这一行业管理工作的重要组成部分,也越来越显出它的重要性。本章讲述旅游会计的基本概念、特点和方法,讲述会计基本前提和会计信息质量要求,讲述旅游会计工作的组织。

【学习目标】
- 熟悉旅游会计概念。
- 了解旅游会计对象、特点和方法。
- 掌握会计基本前提和会计信息质量要求。
- 懂得旅游会计工作组织。

1.1 旅游会计基本概念

旅游业是我国的重要第三产业,是不落的太阳、永恒的朝阳产业。旅游会计是利用会计方法,对旅游企业的经营过程及其结果进行核算和监督的管理工作。

1.1.1 旅游业

经营任何一项事业或从事某种职业,都要认清其行业的状况,认清其是朝阳产业还是强弩之末,是处于上升阶段还是衰退时期。旅游业是以旅游资源和设施为条件,为人们游览提供综合服务的第三产业,是社会和经济发展的一个重要的重要组成部分;旅游业是实现物质生活和精神生活的绿色产业;旅游业是满足人类求新、求知和求乐的朝阳产业。

近几年,随着人们生活水平的提高,国内旅游开始全面升温,假日旅游秩序和环境日趋完善,出游人数大幅度增加,旅游者出行方式、出行时间的选择更加多元化,热点景区迅速扩张,旅游旺季呈现前"推"后"延"的特点,并形成了春节、"五一"和"十一"三个国内黄金周。从今年开始,虽然缩短了"五一"假期,但又新增了清明、端午和中秋节假日。估计一年中全国有近三分之二的人外出旅游。旅游消费热已成为我国经济生活的新亮点,假日经济成为人们津津乐道的新话题。据国内权威分析报告《中国产业发展报告》:旅游业将是经济增长最快的行业,旅游自1998年底被国家列入国民经济新的增长点后,每年以 20%以上的速度不断增长。它将与住宅消费、汽车消费和教育消费一起成为"十五"时期最热门的消费增长点。为此，一些地区已将旅游业列为支柱或重点产业。世界旅游组织的年度报告预测，到 2020 年，中国将成为世界第一大旅游目的地，接待旅游入境人数为 137 亿人次，占世界市场的 8.6%；我们中国也将成为世界第四大客源国，出境旅游人数将达 1 亿人次，占世界市场比例为 6.2%。可见，中国旅游市场发展潜力巨大。

随着旅游业的发展，我国旅游社从少到多，从弱到强，从单一经营到多种经营，甚至出现了旅游、住宿、餐饮及娱乐休闲为一体的战略联盟和集团化的发展，形成了一定的产业规模。

旅游业迅猛发展，需要加强它的管理。而旅游会计是旅游业管理的重要组成部分。旅游企业作为一个盈利的经济组织，要进行经济核算，讲究经济效率。加强旅游会计工作是很必要的。

1.1.2 会计

在生产活动中，为了获得一定的劳动成果，必然要耗费一定的人力、财务、物力。人们一方面关心劳动成果的多少，另一方面也注重劳动耗费的高低。因此，人们在不断革新生产技术的同时，对劳动耗费和劳动成果进行记录、计算，并加以比较和分析，从而有效组织和管理生产。会计就是这样产生于人们对经济活动进行客观需要，并随着加强经济管理、提高经济效益的要求而发展，与经济发展密切相关。

什么是会计呢？会计是以货币为主要计量单位，反映和监督一个单位经济活动的一种经济管理工作。会计的本质是一种管理活动，会计的基本职能是核算和监督，会计的主要特点是以货币计量。

会计按其报告的对象不同，又有财务会计与管理会计之分。财务会计主要侧重于向企业外部关系人提供有关企业财务状况、经营成果和现金流量情况等信息；管理会计主要侧重于向企业内部管理者提供进行经营规划、经营管理、预测决策所需的相关信息。财务会计侧重于过去信息，为外部有关各方提供所需数据；管理会计侧重于未来信息，为内部管理部门提供数据。

会计按行业不同，可分为工业会计、商业流通会计、旅游会计、建筑安装会计、金融会计、对外贸易会计等。

会计按收益不同，可分为企业会计和预算会计。

1.1.3 旅游会计

随着人们物质生活水平的提高，旅游逐渐进入了人们的生活。人们离开家乡到其他地方参观游览，到了外地每个旅游者所必不可少的食、住、行都由当地提供，这样为旅游者提供多种服务的旅游业就应运而生了。目前，我国有许多城市已成为支柱产业。狭义的旅游业包括旅游社、饭店、游乐场、旅游景点、歌舞厅和照相馆等，又被称为旅游、饮食服务业。广义旅游业还包括旅游车船公司、民用航空公司和工艺美术商店等。

旅游会计是企业会计的一个分支，它是以货币为主要计量单位，运用专门方法，对旅游、饮食服务企业的经营活动过程及其结果进行核算和监督的一种管理活动。

1.2 旅游会计对象、特点及方法

1.2.1 旅游会计对象

会计对象是指会计管理的客体，即会计所反映和监督的内容。从宏观上来说，会计对象是再生产过程中的资金运动；从微观上来说，会计对象是一个单位能够用货币表现的经济活动。旅游会计的对象就是旅游企业经营资金运动。在旅游企业经营活动中，最初是投资者（业主）投入的资本金，随后根据实际需要和可能再借入资金；将资金投在固定资产（房屋、设备、车辆）和各种存货（原材料、商品）上作为经营的条件，经营者在旅行社、饭店、游乐场或歌舞厅和旅游景点等各种经营项目上，使用固定资产和存货并支付发生的各项费用，即资金运用；在提供服务、制作并销售菜肴和销售商品之后，获得营业收入：直接收取现金或银行支票的称为现销，待日后结账的称为赊销；收回资金之后，一部分用于补偿投放的资金，再行投入经营。另一部分则按照国家的税法缴纳税金，根据借款合同归还借款本利，依据企业章程分配投资者的利润等。

1.2.2 旅游会计的特点

旅游企业是以旅游资源、设施为条件，满足旅游者在物质、文化生活上的享受，提供食、住、买、行、观光游览、娱乐等方面综合性服务的行业。旅游企业业务范围的广泛性、综合性，决定了旅游会计核算对象与其他行业相比具有复杂、多样的特点。旅游会计核算有如下的特点。

（1）核算方法多样。旅游会计中的餐饮业务，根据消费者的需要加工烹制菜肴和食品，具有工业企业的性质，由于菜肴和食品的花色品种多、制作复杂、数量零星，不能像工业企业那样分别计算其总成本和单位成本，而是计算菜肴和食品的总成本。商品销货业务则采用商品流通企业的核算方法，而纯服务性质的经营业务如客房、娱乐等业务，只发生服务费用，不核算服务成本，故采用服务业的核算方法。

（2）收款结算复杂。旅游企业中，营业点多而分散，收银员队伍宏大，有的现款收账，有的是转账结算。销售价格种类繁多，折扣标准不一。既有人民币也有外币和外币兑换业务，审核工作繁重。旅游社与各关系单位的结算业务量大，变化情况较多。饭店采购员采购粮食、肉、蛋、奶、副食、调料等结算方式多样。

（3）自制商品和外购商品的分别核算。有的旅游企业既经营自制商品，又经营外购商品。为了考核自制商品与外购商品的经营情况和经营成果，对自制商品和外购商品要分别核算。

（4）核算内容的综合性强。旅游企业包括旅行社、饭店和旅游景点三大企业，涉及有关旅行社、大饭店、游乐场所、餐饮服务场所以及航空、铁路、文物、园林、工艺、美术等部门或行业。旅行社有组团、导游、代客订车票与机票、代办住宿、代交餐饮费等业务。很多的饭店有客房、餐饮、娱乐、商品销售等业务，还有旅游服务业务。多数旅游景点，既有门票收入、缆车收入、游乐项目收入，还有客房、餐饮、商品销售、商务中心等营业项目收入，这就使得旅游会计核算内容具有很强的综合性。

（5）各期营业收入不均衡。旅游企业主要是通过提供各种服务取得劳动报酬，受时间性和季节性影响。旺季收入较高，淡季收入相对较少。黄金周与淡季的价格变化波动很大。旺季一般要涨价，淡季要打折。

（6）具有涉外性。旅游企业不仅对国内消费者服务，而且还要对国外旅游者和港澳台同胞服务。因此，必然发生不同国籍、地区的外币收付业务。在会计核算中要按照外汇管理条例和外币兑换管理办法办理外汇存入、转出和结算业务，计算汇兑损益和换汇成本。

1.2.3 旅游会计核算方法

与其他行业会计核算方法一样，旅游会计核算方法是指从事会计工作的一系列技术手段。它包括设置账户、复式记账、填制和审核会计凭证、登记账簿、成本核算、财产清查和编制会计报表等7种方法。

设置账户是对会计对象的具体内容进行分类，并通过账户连续记录各项经济业务，取得经济管理必需的数据。

复式记账是对每项经济业务，以相同的金额在两个或两个以上相互联系的账户中进行登记的一种专门方法。

填制和审核会计凭证是指通过对原始凭证的审核，并据以填制记账凭证。此方法可以提供既真实可靠又合理合法的记账依据，从而保证会计核算的质量。

登记账簿是指根据记账凭证，在会计账簿上连续、系统、完整地记录和核算经营活动与经营成果。

成本核算是指按照一定对象归集和分配与生产经营过程相关的全部费用，以确定各该对象的总成本和单位成本。

财产清查是指盘点实物、核对往来款项，以查明资金实有数。

编制会计报表是指定期用表格的形式，总括反映经济活动和财务收支情况，考核计划以及预算执行结果。

以上会计核算的7种方法，是相互联系的，必须有机地结合应用。在实际工作中，事先按照会计科目在账簿中设置账户，当发生经济业务时，要审核并填制会计凭证，然后按复式记账的方法登入账簿的有关账户中，根据账簿记录对经营过程中发生的费用等进行成本计算，期末通过财产清查达到账实相符，最后，再根据会计账簿的数据编制会计报表。

1.3 会计基本前提和会计信息质量要求

1.3.1 会计基本前提

会计核算面对的是变化不定的社会经济环境，会计人员必须对所处的环境做出判断，规定一系列基本前提条件，才能使核算正常进行，才能据以选择并确定会计处理方法。会计核算的基本条件又称会计假设，是人们在长期的会计实践中逐步认识和总结形成的。会计假设是指在会计实践的基础上对于某些不能确定的因素和事物进行合乎客观事理的推断和假定。会计假设是进行会计工作必不可少的前提条件，会计假设包括四个基本会计假设：会计主体、持续经营、会计期间、货币计量与币值不变假设。

1. 会计主体假设

会计主体假设是对会计对象做了空间上限定，要求会计核算应当以企业发生的各项交易或事项为对象，记录和反映企业本身的各项生产经营活动。会计主体是指从事经济活动，并要对此进行核算的一个特定的单位，也就是说一个企业单位的会计部门只为这个企业单位服务，不是别的企业单位。这个企业单位就是该会计部门进行会计工作的会计主体。

2. 持续经营假设

我国《企业会计制度》规定："会计核算应当以企业持续、正常的生产经营活动为前提。"持续经营假设就是假定企业将会长期地以它现有的形式，并按既定的目标持续不断地经营下去。它在时间上给会计核算划定了范围。为会计工作的进行提供了一个稳定的基础，有了这一假设，会计处理的许多问题如债权、债务关系的处理，费用的分摊，收益的确认等，都有了理论依据。同时，持续经营假设还是以下两个假设的基础和前提。

但这一假设并不意味着会计主体真的会永远存在下去，如果企业的财务状况确已恶化到必须清算的程度，那么会计人员应放弃持续经营假设，进入破产清算程序。

3. 会计期间假设

会计期间假设是指会计核算应当将一个企业的持续经营活动划分为一个个连续的、长短相等的时间段，这样的一个个连续的、长短相等的时间段称之为会计期间。我国《企业会计制度》规定："会计核算应当划分会计期间，分期结算账目和编制财务会计报告。"会计期间可分为会计年度、会计半年度、会计季度和会计月度。在我国会计年度指的是公历1月1日至12月31日的即公历年度。半年度、季度和月度均称为会计中期，而所称的期末是指月末、季末、半年末和年末。会计期间假设对会计核算的时间方面进一步进行限定。

4. 货币计量与币值不变假设

该假设是指：会计核算中必须假定以货币为基本计量单位且假定货币本身的价值是稳定不变的。有两层含义。

（1）会计核算只限于那些能够用货币计量的经济业务。无法用货币计量的经济业务无法进行会计核算。我国《企业会计制度》规定：企业会计核算以人民币为记账本位币。业务收支以人民币以外的货币为主的企业，可选定其中一种货币作为记账本位币，但是编报的财务会计报告应当折算为人民币。

（2）货币的币值稳定。只有货币的币值稳定，会计核算选择货币为计量单位才有意义。

1.3.2 会计核算的基础和记账方法

（1）权责发生制。企业应当以权责发生制基础进行会计确认、计量和报告。

虽然企业的资源及其变动都会引起现金流动，但由于存在会计期间，现金实际收付的期间和资源实际变动的期间可能不一致，这样在确认资产、负债、收入、费用时，就出现了两种制度的选择：第一种是现金收付制，即按照会计期间内实际收付的现金对相关项目进行确认、计量和报告；第二种是权责制，又称"应计原则"，即会计上对收入和费用应将其在实际发生期间来确认、计量和报告，而不是在其发生现金收付的期间来确认。

（2）借贷记账法。企业应当采用借贷记账法记账，即有借必有贷，借贷必相等。

1.3.3 会计信息质量要求

由于会计信息代表的是一定的经济利益关系，并且，会计信息公开披露，还会直接或间接地造成一些影响，因此，涉及会计信息利益的各方为了自身的经济利益，必然会对会计信息提出一系列的要求。会计信息质量要求如下。

1. 真实可靠性与内容完整性

会计核算应当以实际发生的交易或事项，反映企业的财务状况、经营成果和现金流量。基于会计信息使用者的需要，企业提供的会计信息应做到内容真实、数字准确、资料可靠。能够客观地反映企业的财务状况、经营成果和现金流量，能准确反映企业的实际情况。

2. 相关性

企业提供的会计信息应当与财务会计报告使用者的经济决策需要相关，这有助财务会计报告者对企业过去、现在或者未来的情况做出评价或者预测。这里所说的相关性是指会计信息的预测价值、反馈价值和及时性。

3. 明晰性

企业提供的会计信息应当清晰明了，便于财务会计报告使用者理解和使用。

4. 可比性

企业提供的会计信息应当具有可比性。即：
（1）同一企业不同时期发生的相同或者相似的交易或者事项，应当采用一致的会计政策，不得随意变更。确需变更的，应当在附注中说明；
（2）不同企业发生的相同或者相似的交易或者事项，应当采用规定的会计政策，确保会计信息口径一致、相互可比。

5. 实质重于形式

实质重于形式，是指企业应当按照交易或事项的经济实质进行会计核算，而不应当仅仅按照它们的表面形式作为会计核算的依据。

在会计核算过程中，可能会碰到一些经济实质与法律形式不吻合的业务或事项，例如融资租入固定资产，在租赁未满以前从法律形式上讲，所有权并没有转移给承租人，而从经济实质而言，承租人在租赁期内有权支配该项资产并从中受益，所以会计核算上将以融资租入的资产视为企业资产。

6. 重要性

企业在会计核算时应当遵循重要性原则，其中在对交易或事项应当区别其重要程度，采用不同的核算方法。对于资产、负债、损益有较大影响的，并进而影响会计报告使用者作出合理判断的会计事项，必须按照规定的会计方法和程序进行处理并在财务报告中予以充分、准确地披露；对于次要的会计事项在不影响会计信息真实性和不至于误导会计使用者作出正确判断的前提下，可适当简化处理。

7. 谨慎性

企业在进行会计核算时，应当遵循谨慎性原则的要求，不得多计资产或收益，少计负债或费用。

在会计核算工作中坚持谨慎性原则，要求企业在不确定的情况下，判断时应当保持必要的谨慎，以不高估资产与效益，也不低估负责或费用。

谨慎性原则的目的在于避免虚夸资产或效益，由此给企业经营带来的风险，但是谨慎性原则并不意味着企业可以任意设置秘密准备金，否则就属于滥用谨慎性原则。

8. 及时性

及时性原则指企业的会计核算应当及时进行，不得提前或延后。会计信息的价值在于帮助其使用者及时做出经济决策。在会计核算过程中应坚持及时性原则：一是要求及时收集会计信息即经济业务发生后及时收集整理各种原始单据；二是及时处理会计信息；三是及时传递会计信息。

1.4 旅游会计工作组织

会计工作组织一般包括设置会计机构、配备会计人员并按照规定的会计制度进行工作。科学地组织会计工作，有利于会计工作同其他经营管理工作协调地、有序地进行，有利于保证手续制度和会计账务处理程序严密正确地进行，也可以使会计工作有专人负责，并划清单位内部门的经济责任。

1.4.1 会计机构设置

会计机构是指各单位设置的直接从事会计工作的职能部门。由于会计工作同财务工作的关系密切，所以也可以合并设置一个机构办理会计和财务工作，称为财务会计机构，凡属独立核算的会计主体，一般都要单独设置会计机构，配备必需的会计人员。既使规模较小的独立核算单位，也应该配备专职的会计人员办理会计和财务工作。

一般的旅游企业的机构基本构成如图 1-1 所示。

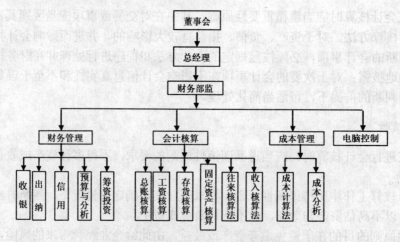

图 1-1 一般旅游企业机构基本构成

企业可根据自身的经营状况和规模,设置自己的组织机构。大型企业把会计、成本、工资等单独设为一个部门,规模小的企业有的可以把仓库归到财务部门管理。

为了使会计工作有序地进行,在会计机构内部要建立岗位责任制,明确规定会计人员的职责、权限和工作范围。会计机构内部还应当建立稽核制度。出纳人员不得兼管稽核、会计档案和费用、债权、债务的登记工作。

1.4.2 会计人员

会计人员是指从事会计工作的专职人员,包括总会计师、财务会计处长、科长、成本会计、总账会计、资金会计、固定资产会计、存货会计、记账员、出纳员等在财务科以及在各业务部门从事会计核算的人员。会计按专业技术划分,有高级会计师、会计师、助理会计师和会计员。按职责不同可分为总会计师、会计主管、记账员和出纳员等。按公认资格不同可分为注册会计师和执业会计师。

合理配备会计人员和不断提高会计人员的素质,是做好会计工作的决定性因素。因此,任何一个企业、单位都应配备一定数量的合格的会计人员。为了充分发挥会计人员的积极性,应明确会计人员的职责、权限和任免规定,使会计人员的工作有明确的方向和办事的准则,以便更好地发挥会计工作的作用,更好地完成会计工作任务。

国务院于1978年9月重新修订颁发了《会计人员职权条例》,对于会计人员的职责与权限作了明确规定,1985年5月1日起实施的《会计法》第一次以法律形式规定了会计人员的职责权限。

1. 会计人员的职责

会计人员的主要职责也是会计机构的主要职责,概括起来主要包括:进行会计核算,实行会计监督,拟定本单位的会计工作实施办法,编制预算、财务计划,并考核、分析其执行情况等。具体有以下几项:

(1) 按照国家财务制度规定,认真编制并严格执行财务计划、预算,遵守各项收支制度、费用开支范围和开支标准,分清资金渠道,合理使用资金,保证完成财政上缴任务;

(2) 按照国家会计制度规定记账、算账、报账,做到手续完备、内容真实、数字准确、账目清楚、日清月结、按期报账;

(3) 按照银行制度规定,合理使用贷款,加强现金管理,做好结算工作;

(4) 按照经济核算的原则,定期检查、分析财务计划、预算的执行情况,挖掘增收节支的潜力,考核资金使用效果,揭露经营管理中的问题,及时向领导提出建议;

(5) 按照国家会计制度的规定,妥善保管会计凭证、账簿、报表等档案资料;

(6) 遵守、宣传、维护国家财政制度和财经纪律,同一切违法乱纪的行为作斗争。

2. 会计人员的主要权限

为了保障会计人员顺利地履行自己的职责，国家赋予了他们必须的权限。《会计人员职权条例》明确规定了会计人员具有下列工作权限。

（1）有权要求本单位有关部门、人员认真执行国家批准的计划、预算，遵守国家财经纪律和财务会计制度。如有违反，有权拒绝付款、拒绝报销或拒绝执行，并及时向本单位领导或上级有关部门报告。

（2）有权参与本单位编制计划、制定定额、签订合同、参加有关生产、经营管理和业务会议。

（3）有权监督、检查本单位有关部门的财务收支、资金使用和财务保管、收发、计量、检验等情况。

3. 对会计人员的要求

随着社会主义生产力和科学技术的发展，会计管理的理论、方法和技术越来越得到广泛的应用。现代会计对人员的素质要求越来越高。因此，提高会计人员素质，是做好会计工作，提高会计管理水平的首要条例。会计人员的素质主要包括政治素质和业务素质两个方面。

（1）会计人员的政治素质

会计人员的政治素质高，思想状态好，是搞好会计工作的巨大动力。会计人员应具备以下政治素质。

① 热爱祖国，热爱本职工作。在日常工作中顾大局，自觉维护国家利益、社会利益、整体利益和长远利益。

② 实事求是，如实反映。会计人员在工作中应如实反映生产经营活动情况，不弄虚作假，不歪曲事实，所有会计核算资料、数字必须正确可靠，内容必须真实完整。

③ 严守法纪，坚持原则。对各项财务收支活动都要进行严格审查，贯彻执行国家有关方针、政策、法令、制度，抵制一切违法乱纪，破坏制度的行为。

④ 廉洁奉公，以身作则。不以权谋私、不营私舞弊、不占、不贪、不行贿受贿。

（2）会计专业职务与会计人员的业务素质

根据《会计专业职务试行条例》，会计专业职务分为会计员、助理会计师；会计师、高级会计师。其中，助理会计师和会计员为初级职务，会计师为中级职务，高级会计师为高级职务。

为完成会计的任务，会计人员必须熟悉会计专业的理论和业务技能，并掌握有关经济管理知识和生产技术知识。

① 助理会计师的基本条件：

● 初步掌握财务会计知识和技能；

- 熟悉并能够执行有关会计法规和财务会计制度；
- 能担任一个岗位的财务会计工作；
- 大学专科或中等专科学校毕业，在财务会计工作上见习满一年；

② 会计师的基本条件：
- 较系统地掌握会计基础理论和专业知识；
- 掌握并能正确贯彻执行有关的财经方针、政策和财务会计法规和制度；
- 具有一定的财务会计工作经验；能担任一个单位或管理一个地区、一个部门、一个系统某个方面的财务会计工作；
- 取得博士学位，并有履行会计师职责的能力；取得硕士学位并担任助理会计师职务二年左右；取得第二学士学位或研究生班结业证书，并担任助理会计师职务二至三年；大学本科或大学专科毕业担任助理会计师职务四年以上；
- 掌握一门外语。

③ 高级会计师的基本条件：
- 较系统地掌握经济、财务会计理论和专业知识；
- 具有较高的政策水平和丰富的财务会计工作经验，能担任一个地区、一个部门或一个系统的财务会计管理工作；
- 取得博士学位，并担任会计师职务二至三年；取得硕士学位、第二学士学位或研究生班结业证书，或大学本科毕业并担任会计师职务五年以上；
- 较熟练地掌握一门外语。

为了确保会计人员的业务素质，确定和晋升会计干部的技术职称，应经过严格考核，实行技术职务聘任制。

4. 会计专业技术资格考试

1992年以来，我国实行会计专业技术资格考试制度。考试分初级会计资格和中级会计资格两个档次。初级资格考试科目包括初级会计实务和经济法基础；中级资格考试科目包括：中级会计实务（一）、中级会计实务（二）、财务管理和经济法。考试时间一般是每年5月份。

5. 总会计师

总会计师是企业单位经济核算和财务会计的行政领导人之一。在大中型企业中，为了更好地领导和组织企业的会计工作和经济核算工作，应设置总会计师。小型企业应指定一名副厂长（或副经理）行使总会计师的职权。有的单位，将总会计师称为会计经理，或叫财务总监。

总会计师是厂级领导人员，其职责是：

（1）协助厂长（或经理）建立健全经济核算的责任制度；

(2) 组织、领导企业生产经营各部门、各环节的核算工作；

(3) 领导企业财务与会计工作，组织资金成本、利润等的归口分级管理，对企业财务状况负责；

(4) 审查和监督企业各项计划和经济合同的鉴定和执行；

(5) 协同厂长（或经理）制定企业生产经营的方针、战略目标和有关决策，提高企业的经济效益等。

总会计师应坚持社会主义经营方向，坚持原则；有组织能力；熟悉本企业和国内外同行业的生产、技术和经营情况；在企业管理、财政金融、经济核算、财务会计和审计等方面具有扎实的专业知识，应由具有会计师、高级会计师的技术职称的人员担任。

6. 会计人员的交接

会计人员交接是会计工作中一项重要内容。会计人员调动工作或者离职时，与接管人员办清交接手续，可以使会计工作前后衔接，保证会计工作连续进行；同时也可以防止由于会计人员的更换出现账目不清、财务混乱，分清移交人员和接管人员的责任，这是会计人员应尽的职责，也是做好会计工作的要求。

《会计法》规定，"会计人员在调动工作或离职时必须办理会计工作交接"。除此之外，《会计基础工作规范》进一步规定，会计人员在临时离职或其他原因暂时不能工作时，也应办理会计工作交接。

为了明确责任，会计人员办理工作交接时，必须有专人负责监交。按规定，一般会计人员办理交接手续，由会计机构负责人（会计主管人员）监交；会计机构负责人（会计主管人员）办理交接手续，由单位负责人监交，必要时主管单位可以派人会同监交。通过监交，保证双方都按照国家有关规定认真办理交接手续，防止流于形式，保证会计工作不因人员变动而受影响，保证交接双方处在平等的法律地位上享有权利和承担义务，不允许任何一方以大压小，以强凌弱，或采取非法手段进行威胁。移交清册应当经过监人员审查和签名、盖章，作为交接双方明确责任的证件。

交接工作完成后，移交人员应当对所移交的会计资料的真实性、完整性负责，即便接替人员在交接时因疏忽没有发现所接会计资料在真实性、完整性方面的问题，如事后发现仍应由原移交人员负责，原移交人员不应以会计资料已移交而推脱责任。

7. 会计人员的任免

我国的会计工作具有双重任务，他们既是本单位的职工、为本单位经营管理服务、维护本单位的合法经济利益，同时他们又是贯彻执行国家财政、财务会计制度和财经纪律的执行者，维护国家的整体利益，抵制一切违法乱纪行为。针对会计人员工作的双重身份、双重任务的特点，国家对会计人员，特别是对会计机构负责人和会计主管人员的任免，在《会计法》中作了若干特殊的规定。

（1）企业单位的会计机构负责人、会计主管人员的任免，应当经过上级主管单位同意，不得任意调动或者撤换。即各单位应按照干部管理权限，在任命这些会计人员时应先由单位行政领导人（厂长或经理）提名报上级主管单位，上级主管单位人事干部和财务会计干部对提名进行协商考核，并报行政领导同意后，通知上报单位按规定任免。

（2）会计人员忠于职守、坚持原则，受到错误处理时，上级主管单位应当责成所在单位予以纠正；对玩忽职守、丧失原则、不宜担任会计工作的，上级主管单位应责成所在单位予以撤换。

上述规定对防止会计人员因坚持原则受到阻挠、刁难甚至打击报复，防止用人唯亲、把不宜担任会计工作的人员安排到会计岗位上，是非常必须的组织措施，是会计人员依法行使职权的重要保障。

1.4.3 会计规范

1. 会计规范的含义和意义

（1）会计规范的含义

会计规范是会计工作的依据和标准，它是组织会计工作必须遵守的法律和行政法规，是协调、统一会计处理过程中对不同处理方法做出合理选择的假设、原则、制度等的总和，是会计行为的标准。在不同的国家，会计法规体系是不同的。在我国一般包括会计法、会计准则和会计制度等法律、法规和规章制度。

（2）会计规范的意义

制定会计规范有以下几方面的意义。

① 实现会计目标的需要。会计目标表明了会计活动应达到的境地或标准，为会计活动指明了方向。会计目标受社会经济环境的影响较大。

目前，学术界对会计目标并未达成一致认识。

一般认为，会计的目标就是提供对会计信息使用人进行决策时有用的信息。由于信息的使用人是多方面，不同的使用人需要的信息不尽相同，而会计又不可能对不同的人提供不同的报表，因此需要用规范来约束会计信息的提供，以实现会计的目标。

② 解除经理人员经营责任的需要。由于资产的所有权与法人财产权的分离，导致了经管责任的产生。为了反映和解除经管责任，需要会计提供客观、可靠的信息，这也离不开会计规范的约束。

③ 协调各方利益的需要。会计信息系统具有公平地协调利益分配的作用。但是会计信息系统在一系列会计处理程序上，对同一项经济业务又有多种处理方法，财务报告所提供的信息因采用不同的方法而存在差异，从而对不同会计处理方法的选择，会影响到利益分配，为了保证会计信息系统在履行利益分配、协调行为时的公平与公正，就必须对在会计信息处

理过程中如何选择会计处理方法作为约束。行使这种约束功能的，当然是会计规范。

④ 国际经济交往的需要。现今，随着跨国公司的极度膨胀，国际经济交往的增多，对提高各国间会计信息的可比性提出了更高要求，因为只有使会计信息具有可比性，才能使投资人在世界各地各行各业中比较鉴别投资环境，并选择有利的投资项目。为了使会计信息具有可比性，必须借助于会计规范来约束。

2. 会计规范的形式

会计法律、会计准则、会计制度是会计规范的主要表现形式。

（1）会计法律

法律关系是经过法律规范调整的当事人之间的权利义务关系。相应的，会计法律关系是指会计主体在按照会计法规进行会计核算和财务管理时所形成的权利和义务关系。会计法律关系是由会计法规确认和调整的由会计行为所产生的社会联系，这种联系是受国家强制力保证的。法律是以国家强制力保证实施的规范准绳，对会计具有最高的约束力。纵观世界各国会计的发展，法律对会计实务乃至会计理论都产生了深刻的影响，有人甚至认为，很多国家的法律，特别是税法，是会计存在的唯一原因。

（2）会计准则

会计准则是从技术角度对会计实务的处理提出的要求。所以称其为技术性的，是因为此类规范都是针对每一具体项目或业务的确认、计量和报告作出的，它要求会计人员按照所制定的规则对某一特定项目进行确认。计量和报告，是一种最基本的规范，它对各企业间会计信息的可比性发挥着巨大影响。作为会计准则，它应符合这样两条特征：第一，它对企业会计工作的约束是缩小会计惯例中的差别和变异的范围，而不是只允许一种解决方案；第二，要由一定的权威机构来颁布或制订，这种权威性既指业务上的，亦指法律上的。

（3）会计制度

会计制度，一般有两层含义：一是指宏观范围（通常是一个国家或地区）所应用的会计制度；一是指具体企业所应用的会计制度。

各国会计规范大致可分为两种类型，即以会计准则为主导的会计规范和以统一会计制度为主导的会计规范。

3. 我国的会计法规体系

我国会计法规体系是由会计法为基础而构成的一个比较完整的法规体系，它包括会计的基本法和会计行政法规两个部分。具体地说，主要包括会计基本法、会计行政法规（包括会计基本准则、具体会计准则和会计制度两个层次）和会计规章等内容。

第一层次：会计的基本法，即中华人民共和国会计法。该法由第六届全国人民代表大会常务委员会于1985年1月21日通过，并经1993年12月29日八届人大常务委员会五次会议和1999年10月31日九届人大常务委员会第十二次会议进行了两次修订。在我国，会计法处于会计法规体系的最高层次，是制定其他会计法规制度的基本依据，其他会计法规都必须遵循和符合会计法的要求。在现行会计法中，对会计立法的目的、适用范围、会计核算和会计监督的基本要求、会计机构和会计人员管理、会计行为的法律责任都作了原则的规定。作为会计方面的根本大法，会计法对一切组织的会计行为都具有普遍的强制约束力。

1999年10月修订后的会计法与原法相比，无论是在内容上还是力度上，都有很大变化。修订后的会计法，共7章52条，与修订前6章30条相比：增加了30条，修改21条，删除或合并了8条，只有一条未作改动，并增加了第三章"公司、企业会计核算的特别规定"。这些变化主要表现在以下几个方面。

（1）提出了规范会计行为、保证会计资料质量的立法宗旨，确定了会计工作在社会主义市场经济体制中的地位和职能作用。会计法第一条规定："为了规范和加强会计工作，保障会计人员依法行使职权，发挥会计工作在维护社会主义市场经济秩序、加强经济管理、提高经济效益中的作用，制定本法。" 会计资料是一种社会资源，是管理者、投资者、债权人以及政府管理部门改善经营管理、评价经济状况、防范经营风险、作出投资决策和加强宏观控制的依据。随着社会主义市场经济和资本市场的不断发展，会计资料质量将会越来越受到社会各方面的广泛关注，成为社会主义市场经济秩序正常运行的基础保证。因此，修订后的《会计法》将规范会计行为保证会计资料质量作为立法的第一宗旨，具有很强的现实意义和针对性。

（2）突出强调了单位负责人对本单位会计工作和会计资料真实性、完整性的责任。第四条规定："单位领导人领导会计机构、会计人员和其他人员执行本法，保证会计资料合法、真实、准确、完整，保障会计人员的职权不受侵犯。任何人不得对会计人员打击报复。" 这是此次修订《会计法》的重大突破之一。

（3）进一步完善了会计记账规则。健全和完善记账规则，是规范会计行为，提高会计信息质量的重要保证。修订后的《会计法》除对依法填制会计凭证、登记会计账簿、编制财务会计报告的程序和基本要求，做出完善性规定外，增加了对公司、企业如何确认、计量和记录会计基本要素的规定，增加了对单位提供的担保、未决诉讼等或有事项的披露要求的规定，增加了对选用会计处理方法、会计记录文字的使用的规定，增加了对虚拟经济事项、账外设账、随意改变确认标准或计量方法等常见的做假账行为的禁止性规定。

（4）强化了会计监督制度。修订后《会计法》除发挥会计中介机构的社会监督作用外，加大了政府部门的会计监督力度，规定了财政部门和包括审计机关在内的其他政府部门的监督检查会计工作的职责权限，既强化了国家监督的力度，也避免了权责交叉、重复查账；对政府部门的工作人员滥用职权。玩忽职守等违法行为应承担的责任作出了规定。同时，确立了单位内部会计监督制度的法律地位和作用，为内部会计控制机制的建立健全奠定了基础，进一步完善了单位内部控制机制，进一步完善了单位内部监督、社会监督和国家监督三位一体的会计监督体系。

（5）实行会计从业资格管理制度。会计人员是会计工作的主要承担者，他们的素质的高低直接关系到会计工作的质量。修订后的《会计法》明确规定从事会计工作的人员必须取得会计从业资格证书，会计人员应当遵守职业道德，提高业务素质，将会计队伍建设纳入法制轨道，对会计队伍建设和素质的提高都将产生积极的作用。

（6）加大了对违法会计行为的打击力度。依法惩治违法会计行为，是确保会计工作秩序的法制措施。修订后的《会计法》坚持"有法必依、违犯必究"的原则，具体列举了各种违法会计行为，强化了对违法行为的惩治力度，并在增加了对违法会计行为处以通报、罚款等行政制裁形式和手段，包括对违法单位处以通报、罚款，对违法单位直接负责的主管人员和其他直接责任人员处以罚款，对违法单位的国家工作人员给予行政处分，对违法的会计人员吊销会计从业资格证书等。同时，对触犯刑律的会计行为，依法追究刑事责任。

（7）增强了与国际会计惯例的协调。会计规则是市场经济的重要规则之一。随着经济全球化发展，会计信息已成为国际通用的商业语言，在国际的经济发展中发挥越来越重要的作用。修订后的《会计法》充分借鉴和吸收了市场经济国家的会计法律制度，在会计责任主体、会计记账规则、内部控制制度、注册会计师审计、严惩违法会计行为等方面，都体现了与国际会计惯例的协调性，体现了市场经济对会计工作的共性要求。

第二层次：企业会计准则和事业单位会计准则。企业会计准则包括基本会计准则和具体会计准则，具体会计准则属于第三层次的范畴。1992年11月30日，经国务院批准，财政部以第5号部长令的形式，签发了《企业会计准则》要求在1993年7月1日起全面实施。这里的企业会计准则是一个基本的会计准则，是对企业会计要素确认、计量、报告与揭示的基本原则和一般要求。主要指导具体会计准则的制定，而不是用来直接规范会计核算工作。1997年5月28日颁布了《事业单位会计准则（试行）》，从1998年1月1日起执行。此准则适用于各级国有事业单位。

第三层次：具体会计准则和会计制度。它是指企业和行政、事业单位层面的会计制度，是指具体单位、组织所应用的会计制度。它包括具体会计准则、企业会计制度、事业行政单位会计制度等。

我国的企业会计标准自20世纪50年代直至90年代初，一直采用企业会计制度的形式。我国自1988年起开始研究起草企业会计准则。1992年11月经国务院批准，财政部以部长令的形式，正式发布了《企业会计准则》（称为基本会计准则），规定从1993年7月1日起正式施行。这是我国会计改革的一项重要措施，它标志着我国企业会计工作进入了一个新的发展时期。

我国的企业会计准则分为基本会计准则与具体会计准则两个层次。1993年实施的《企业会计准则》属于基本会计准则，它主要就企业财务会计的一般要求和主要方面作出原则性的规定，为制定具体会计准则和会计制度提供依据。它包括四个部分：会计核算的基本前提、会计核算的一般原则、会计要素准则、会计报表的基本内容与要求。

基本会计准则颁布之后，具体会计准则的制定被提上议事日程。1997年上半年正式发布了一项具体会计准则:《企业会计准则——关联方关系及其交易的披露》。截至2001年底,共发布了具体会计准则16项。2006年2月15日财政部在对原基本会计准则作重大修订的基础上,发布了《企业会计准则——基本准则》和38项具体会计准则,标志着我国已基本建立起既适合中国国情又与国际会计准则趋同的能够独立实施的企业会计准则体系。

38项具体会计准则如表1-1所示。

表1-1 38项具体会计准则

序号	名称	序号	名称	序号	名称
1	存货	14	收入	27	石油天然气开采
2	长期股权投资	15	建造合同	28	会计政策、会计估计变更和差错更正
3	投资性房地产	16	政府补助		
4	固定资产	17	借款费用	29	资产负债表日后事项
5	生物资产	18	所得税	30	财务报表列报
6	无形资产	19	外币折算	31	现金流量表
7	非货币性资产交换	20	企业合并	32	中期财务报告
8	资产减值	21	租赁	33	合并财务报表
9	职工薪酬	22	金融工具确认和计量	34	每股收益
10	企业年金基金	23	金融资产转移	35	分部报告
11	股份支付	24	套期保值	36	关联方披露
12	债务重组	25	原保险合同	37	金融工具列报
13	或有事项	26	再保险合同	38	首次执行企业会计准则

具体会计准则,是以基本会计准则为依据,对企业各项具体会计要素确认、计量、报告与揭示的具体要求。

为了适应当时会计实务工作的需要,财政部在1993年陆续制定和公布了十三个行业的会计制度,由于这些制度之间存在较大差异,削弱了会计信息的可比性,并且有碍于中国会计与国际惯例的接轨。为了规范企业会计核算工作,提高会计信息质量,财政部于2000年12月29日颁布了统一的《企业会计制度》,于2001年1月1日起在股份制企业范围内执行,随后,外商投资企业也执行此制度。今后这个制度将是中国境内所有企业普遍执行的统一会计制度。随着统一的企业会计制度的施行,原有的分行业会计制度退出历史舞台。

企业会计制度共14章160条,其重要内容包括:企业会计制度的制定目的和依据,适用范围;会计核算的基本前提和一般要求;会计核算的基本原则;对基本要素的定义及其相关经济业务的会计确认、计量和报告作出详细具体的规定;对一些特殊会计事项,会计调整、或有事项、关联方关系及其交易的会计处理也作出了详细具体的规定;对财务会计报告的主要内容及编制的基本要求也作出了规定等。

行政事业单位适用1998年1月1日执行的事业行政单位预算会计制度（1997 年 7 月17日财政部发布了《事业行政单位会计制度》，旧的《事业行政单位预算会计制度》同时废止。

第四层次：会计规章。会计规章是指具体企业所应用的会计核算制度。由于不同的企业的生产性质、经营特点和管理水平各不相同，在会计核算上也有其不同的要求和特点，因而各企业可在前面三个层次的指导下，考虑企业自身的特点来制订适合生产。经营管理需要的会计规章。

4. 我国的国家统一会计核算制度体系

我国实行社会主义市场经济体制，国家的宏观调控在国民经济运行中起着重要的作用。在充分发挥企业的市场主体作用、按照现代企业制度完善企业经营机制的前提下，运用国家宏观调控的功能，有效地引导企业朝着健康的方向发展。在会计核算方面，国家建立了统一的会计核算制度体系，对不同类型的企业进行会计核算的指导。

在过去很长的时期内，国家按照企业的性质和规模规定了不同的会计核算方法，对不同的行业实行不同的会计核算制度，这既造成了会计核算的复杂性，又导致了会计核算口径的不一致和会计信息的不可比。在会计改革和会计国际化的进程中，我国的会计制度不仅在形式上有了重要变化，更重要的是在内容上更加接近国际会计惯例，而且在逐渐消灭五花八门的行业会计制度，以通用、统一的会计制度取而代之。它的标志性成果就是2000年12月29日财政部正式发布的《企业会计制度》目前它正在上市公司和外商投资企业中实施，今后除不对外筹集资金、经营规模较小的企业和金融保险企业外，其他所有企业，不论其所属的行业和经济成分如何，都将实施统一的企业会计制度。《企业会计制度》的制定颁布，是贯彻落实《会计法》和《企业财务会计报告条例》的结果，它标志着真正意义上的国家统一会计制度的完善和统一企业会计核算制度的实现，它必将体现加强会计管理。规范会计核算、提高会计信息质量的内在要求，对我国进一步对外开放和向国际接轨有着极其重要的意义。

对于小规模企业，国家将制订《小型企业会计制度》规范其会计核算工作。由于金融保险企业具有与一般企业完全不同的经营业务，使得一些通用的会计核算方法对其不适用，为加强针对性，避免强求统一带来的弊端，国家也将单独制订《金融保险企业会计制度》予以规范。

不论是统一的会计制度，还是专门的会计制度，都规定了企业会计核算所应遵循的一般原则，给定了操作性较强的有关会计科目的设置、具体账务处理规定和财务会计报告的编制及其对外提供的办法。所有这些会计制度，构成了我国的国家统一会计核算制度体系。

5. 企业内部会计制度

各企业可以根据《企业会计准则》要求，参照企业会计制度，结合本企业的具体情况，制定本企业的会计制度。

【练习题】

1. 名词解释
   (1) 旅游会计　　　　　(2) 旅游会计的对象　　　　(3) 会计主体
   (4) 权责制　　　　　　(5) 会计工作组织

2. 选择题
   (1) 会计是以（　　）为主要计量单位，反映和监督一个单位经济活动的一种经济管理工作。
   　A. 货币　　　　　B. 实物　　　　　C. 工时　　　　　D. 人民币
   (2) 旅游会计是企业会计的一个分支，它是以货币为主要计量单位，运用专门方法，对（　　）企业的经营活动过程及其结果进行核算和监督的一种管理活动。
   　A. 旅行社　　　　B. 旅游业　　　　C. 饭店　　　　　D. 娱乐业
   (3) 旅游会计的对象就是旅游企业经营（　　）运动。
   　A. 货币　　　　　B. 固定资产　　　C. 资金　　　　　D. 存货
   (4) 会计基本前提包括（　　）基本会计假设
   　A. 一个　　　　　B. 两个　　　　　C. 三个　　　　　D. 四个
   (5) 会计人员是指从事会计工作的专职人员，包括总会计师、财务会计处长、科长、成本会计、总账会计、资金会计、固定资产会计、存货会计、记账员、出纳员等在财务科以及在各业务部门从事（　　）的人员。
   　A. 会计核算　　　B. 业务管理　　　C. 销售　　　　　D. 采购

3. 判断题
   (1) 会计应该向企业内部管理者提供进行经营规划、经营管理、预测决策所需的相关信息。（　　）
   (2) 旅游会计核算内容的综合性强。（　　）
   (3) 旅游会计核算方法是指从事会计工作的一系列技术手段。它包括设置账户、复式记账、填制和审核会计凭证、登记账簿、成本核算、财产清查和编制会计报表等7种方法。（　　）
   (4) 会计基本前提包括五个基本会计假设：会计主体、持续经营、会计期间、货币计量与币值不变假设。（　　）
   (5) 会计核算面对的是变化不定的社会经济环境，会计人员必须对所处的环境做出判断，规定一系列基本前提条件，才能使核算正常进行，才能据以选择并确定会计处理方法。（　　）

4. 问答题
   (1) 什么是旅游会计？

（2）旅游会计的对象是什么？旅游会计有何特点？
（3）旅游会计的会计核算基础和记账方法是什么？
（4）什么叫旅游会计核算方法？旅游会计有哪些核算方法？
（5）会计基本前提包括哪些内容？
（6）会计信息质量要求主要包括哪些？
（7）怎样组织旅游企业的会计工作？

第 2 章　旅游会计核算基础

【内容提要】

本章介绍会计要素、会计等式、账户结构、记账方法和会计循环等知识。这些都是旅游会计核算的基础知识。

【学习目标】

- ➢ 熟悉会计要素及会计等式。
- ➢ 掌握账户结构与记账方法。
- ➢ 了解会计循环。

2.1　会计要素及会计等式

会计要素是对会计对象进行的基本分类，是会计核算对象的具体化。旅游会计要素分为六大类，即资产、负债、所有者权益、收入、费用和利润。而会计等式则是各会计要素之间基本关系的恒等式。

2.1.1　会计要素

1. 会计要素概念

为了具体实施会计核算，需要对会计核算和监督的内容进行分类。会计要素是指会计对象是由哪些部分所构成的，是会计对象按经济特征所作的基本分类，也是会计核算对象的具体化。合理划分会计要素，有利于清晰地反映产权关系和其他经济关系。旅游会计要素分为六大类，即资产、负债、所有者权益、收入、费用和利润。其中，资产、负债和所有者权益三项会计要素反映企业的财务状况；收入、费用和利润三项会计要素反映企业的经营成果。

资金运动具有显著运动状态和相对静止状态。在相对静止状态，企业的资金表现为资金占用和资金来源两方面，其中资金占用的具体表现形式就是企业的资产，资金来源又可分为企业所有者投入资金和债权人投入资金两类。债权人对投入资产的求偿权又称为债权人权益，表现为企业的负债；企业所有者对净资产（资产与负债的差额）的所有权称为所有者权益。从一定日期这一相对静止状态来看，资产总额与负债和所有者权益的合计必然相等，由此分离出资产、负债和所有者权益三项表现资金运动静止状态的会计要素。另一方面，企业的各项资产经过一定时期的营运，将发生一定的耗费，生产出特定种类和数量的产品，产品销售后获得货币收入，收支相抵后确认出当期损益，由此分离出收入、费用和利润三项表现资金运动显著变动状态的会计要素。资产、负债和所有者权益构成资产负债表的基本框架，收入、费用和利润构成利润表的基本框架。

2. 反映财务状况的会计要素

财务状况是指企业一定日期的资产及权益情况，是资金运动相对静止状态时的表现。反映财务状况的会计要素包括资产、负债和所有者权益三项。

（1）资产

资产是指企业过去的交易或者事项形成的、由企业拥有或者控制的、预期会给企业带来经济利益的资源。企业过去的交易或者事项包括购买、生产、建造行为或其他交易、事项。预期在未来发生的交易或者事项不形成资产。由企业拥有或者控制，是指企业享有某项资源的所有权，或者虽然不享有某项资源的所有权，但该资源能被企业所控制。预期会给企业带来经济利益，是指直接或者间接导致现金和现金等价物流入企业的潜力。具体来讲，企业从事生产经营活动必须具备一定的物质资源，如货币资金、厂房场地、机器设备、原材料等，这些都是企业从事生产经营的物质基础，都属于企业资产。此外，像专利权、商标权等不具有实物形态，但却有助于生产经营活动进行的无形资产，以及企业对其他单位的投资等，也都属于资产。

① 资产的特征
- 资产能够直接或间接地给企业带来经济利益；
- 资产是为企业拥有的，或者即使不为企业拥有，也是企业所控制的；
- 资产是由过去的交易或事项形成的。

② 资产的分类

资产按其流动性不同，分为流动资产和非流动资产。

流动资产是指预计在一个正常营业周期中变现、出售或耗用，或者主要为交易目的而持有，或者预计在资产负债表日起一年内（含一年）变现的资产，以及自资产负债表日起一年内交换其他资产或清偿负债的能力不受限制的现金或现金等价物。流动资产主要包括货币资金、交易性金融资产、应收票据、应收账款、预付款项、应收利息、应收股利、其他应收款、存货等。

非流动资产是指流动资产以外的资产，主要包括长期股权投资、固定资产、在建工程、工程物资、无形资产、开发费用等。长期股权投资是指企业持有对其子公司、合营企业及联营企业的权益性投资以及持有的被投资单位不具有控制、共同控制或重大影响，并且在活跃市场中没有报价、公允价值不能可靠计量的权益性投资。固定资产是指具有以下特征的有形资产：● 为生产商品、提供劳务、出租或经营管理而持有的；● 使用寿命超过一个会计年度。无形资产是指企业拥有或者控制的没有实物形态的可辨认非货币资产，例如，专利权、非专利技术、商标权、著作权、土地使用权、特许权等。

（2）负债

负债是指企业过去交易或者事项形成的预期会导致经济利益流出企业的现时义务。现时义务是指企业在现行条件下已承担的义务。未来发生的交易或者事项形成的义务，不属于现时义务，不应当确认为负债。

① 负债的特征

● 负债的清偿预期会导致经济利益流出企业；
● 负债是由过去的交易或事项形成的。

② 负债的分类

负债按其流动性不同，分为流动负债和非流动负债。

流动负债是指预期在一个正常营业周期中清偿、或者主要为交易目的而持有、或者自资产负债表日起一年内（含一年）到期应予以清偿、或者企业无权自主地将清偿推迟至资产负债表日后一年以上的负债。流动负债主要包括短期借款、应付票据、应付账款、预收账款、应付职工薪酬、应交税费、应付利息、应付股利、其他应付款等。

非流动负债是指流动负债以外的负债，主要包括长期借款、应付债券等。

（3）所有者权益

所有者权益是指企业资产扣除负债后由所有者享有的剩余权益。公司的所有者权益又称为股东权益。

对于任何企业而言，其资产形成的资金来源不外乎两个：一个是债权人；一个是所有者。债权人对企业资产的要求权形成企业负债，所有者对企业资产的要求权形成企业的所有者权益。所有者权益的来源包括所有者投入的资本、直接计入所有者权益的利得和损失、留存收益等。

① 所有者权益的特征

● 除非发生减资、清算或分派现金股利，企业不需要偿还所有者权益；
● 企业清算时，只有在清偿所有负债后，所有者权益才能返还所有者；
● 所有者凭所有者权益能够参与企业利润的分配。

② 所有者权益分类

所有者权益包括实收资本（或者股本）、资本公积、盈余公积和未分配利润。其中，资本公积包括企业收到投资者出资超过其在注册资本或股本中所占份额的部分以及直接计入所有者权益的利得和损失等。盈余公积和未分配利润又合称留存收益。

3. 反映经营成果的会计要素

经营成果是企业在一定时期内从事生产经营活动所取得的最终成果，是资金运动显变动状态的主要表现。反映经营成果的会计要素包括收入、费用和利润三项。

（1）收入。收入是指企业在日常活动中形成的、会导致所有者权益增加的、与所有者投入资本无关的经济利益的总流入。其中日常活动如销售商品、提供劳务及让渡资产使用权等。收入包括主营业务收入和其他业务收入。

（2）费用。费用是指企业在日常活动中发生的、会导致所有者权益减少的、与所有者分配利润无关的经济利益的总流出。以工业企业为例，一定时期的费用通常由产品生产成本和期间费用两部分构成，产品生产成本由直接材料、直接人工和制造费用三个成本项目构成，期间费用包括管理费用、财务费用和销售费用三项。

（3）利润。利润是指企业在一定会计期间的经营成果，利润包括收入减去费用后的净额、直接计入当期的利得和损失等。利润有营业利润、利润总额和净利润。

营业利润是营业收入减去营业成本、营业费用、期间费用（销售费用、管理费用和财务费用）、资产减值损失，加上公允价值变动净收益、投资净收益后的金额。

利润总额是指营业利润加上营业外收入，减去营业外支出后的金额。

净利润是指利润总额减去所得税费用后的金额。

2.1.2 会计等式

会计等式是表明各个会计要素之间基本关系的恒等式。会计六要素反映了资金运动的静态和动态两个方面，具有紧密的相关性，具体表现为会计等式。

1. 资产 = 负债 + 所有者权益　　　　　　　　　　　　　　　　　　　　　　　（公式 2-1）

这是最基本的会计等式，是会计等式的最通用的形式，它是揭示会计主体在会计期间开始或终止时刻全部会计要素之间的恒等关系，是经营资金的一种静态反映。资金由于过去的交易或事项所引起，能为企业带来未来经济利益。资产来源有三个：（1）所有者的投入资本；（2）债权人的借入资金；（3）在生产经营所产生的效益，分配后归属于所有者或债权人。归属于所有者的部分形成所有者权益，归属于债权人的部分形成债权人权益。资产来源于权益（包括所有者权益和债权人权益），资产与权益必相等。这个等式是复式记账法的理论基础，也是编制资产负债表的依据。

2. 收入 − 费用 = 利润　　　　　　　　　　　　　　　　　　　　　　　　　　（公式 2-2）

这等式是经营资金的一种动态反映，企业的目标是从生产经营活动中获取收入并实现盈利，然而当企业获得收入的同时，必然会发生相应的费用，企业只有通过收入与费用的比较，才能确定一定会计期间的盈利水平，确认当期实现的利润总额。收入、费用、利润之间的关系是编制利润表的基础。

3. 资产 = 负债+所有者权益+利润（收入－费用）　　　　　　　　（公式 2-3）

这个公式是前两个等式的合并，反映的是期末结账前的情况，结账后收入、费用的账户全部转入"本年利润"账户，再进行分配，成为所有者权益的一部分。因此结账后，公式就变为等式 1。

2.1.3 会计等式例证

会计等式两端反映的是同一事物的两个不同方面或者说是从不同角度来看待同一事物，从数量上是相等的，等式的左端是从占用形态和分布状况方面企业资产价值总量，等式右端是从形成取得的渠道也即从来源方面反映的价值总量，反映的都是企业的资金情况只是角度不同，并且企业在生产经营过程中不管发生什么样的经济业务，等式都是成立的，下面通过一些经济业务的分析说明这点。

例：南岗旅游公司 2008 年 6 月份发生下列经济业务。

（1）公司因临时需要向工商银行借入为 6 个月的贷款 600 万元，存入银行。

　　　资产　　=　　**负债**　　+　　**所有者权益**
　　　银行存款　　　　短期借款
　　　+600 万　　　　+600 万

（2）购入材料一批，货款为 3 万元，用银行存款支付。

　　　资产　　=　　**负债**　　+　　**所有者权益**
　　　原材料　　　　　银行存款
　　　+30000　　　　 －30000

（3）收到投资者转来的固定资产 30 万元。

　　　资产　　=　　**负债**　　+　　**所有者权益**
　　　固定资产　　　　　　　　　　　实收资本
　　　+30 万　　　　　　　　　　　 +30 万

（4）工商银行将 6 个月的贷款转为对公司的投资。

　　　资产　　=　　**负债**　　+　　**所有者权益**
　　　　　　　　　　短期借款　　　　实收资本
　　　　　　　　　　－600 万　　　　+600 万

（5）购买办公用品一批，价款 8000 元，用银行存款支付。

　　　资产　　=　　**负债**　　+　　**所有者权益**　+　**收入**　－　**费用**
　　　银行存款　　　　　　　　　　　　　　　　　　　　　　　　　　　管理费用
　　　+8000　　　　　　　　　　　　　　　　　　　　　　　　　　　　+8000

（6）销售商品一批，价款为 10 万元，存入银行

资产	=	负债	+	所有者权益	+	收入	−	费用
银行存款 +10万		主营业务收入 +10万						

通过以上几个经济业务的发生证明会计恒等式是恒成立的,虽然经济业务有许多,但可以归纳为4大类,如果每一类经济业务都不改变会计恒等式,则全部经济也不改变会计恒等式。

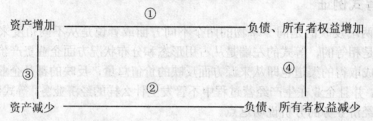

综合上述,可得出如下结论:

(1) 会计恒等式左右两端反映的是同一事物,只是角度不同,所以数量上的恒等是当然的;

(2) 任何经济业务的发生都不是孤立的,它至少会引起两个或两个以上会计要素具体项目的变化,主要是以上四种变化,但每种变化都不会改变会计恒等式的变化。

2.2 会计科目与账户设置

2.2.1 会计科目的意义

会计科目是对会计要素的具体内容进行分类核算的项目。会计要素是对会计对象的基本分类,而这六项会计要素显得过于粗略,但这难以满足各有关方面对会计信息的需要。为了全面、连续、系统地核算、监督经济活动所引起的各会计要素的增减变化,就有必要对会计要素的具体内容按其不同特点和经营管理的要求进行科学分类,并事先确定进行分类核算的项目名称,规定其核算内容并按一定规律赋予其编号,便是会计科目的设置。

2.2.2 设置会计科目的原则

为提供科学、完整、系统的会计信息,设置会计科目应遵循如下原则。

(1) 合法性原则:为保证会计信息的可比性,所设置的会计科目应当符合国家统一的会计制度的规定。

(2) 相关性原则:会计科目的设置,应当提供有关各方所需要的会计信息服务,满足对外报告与对内管理的要求。

（3）实用性原则：企业的组织形式、所处行业、经营内容及业务种类等不同，在会计科目的设置上亦应有所区别。在合法性的基础上，应根据企业自身特点，设置符合企业需要的会计科目。

2.2.3 会计科目的分类

会计科目的分类标准主要有两个，其一是按其经济内容分类、其二是按提供核算资料的详略程度不同分类。

会计科目按其经济内容分类，会计科目可分为六大类：资产类、负债类、共同类、所有者权益类、成本类、损益类。

会计科目按提供资料的详略程度不同分类，会计科目可分为总分类科目和明细分类科目。总分类科目又称一级科目，是对各会计要素的总括分类，它提供较为概括的会计核算资料；明细分类科目，又称明细科目，是对某一总分类科目核算内容所作的更为详细的分类，可称为二级明细科目，它提供较为详细的核算资料。如果需要提供更加详尽的资料还可以将二级明细科目再分类，设置三级明细科目，必要时还可以设置四级明细科目。例：
"原材料"是总分类科目，可存放地点设置二级明细科目，对同一存放地点的再按材料大类设置三级明细科目，对同一大类材料再按其品种设置四级明细科目。

2.2.4 会计科目编号和名称

为了便于计算机处理会计业务，我国财政部统一规定的会计科目按一定规则予以编号；总分类科目通常采用四位数字编号。

（1）从左至右第一位数字表明会计科目归属的大类，具体的讲：1 表示资产类科目，2 表示负债类科目，3 共同类科目，4 表示所有者权益类科目，5 表示成本类科目，6 表示损益类科目。

（2）第二位数字表示会计科目的主要大类下属的各小类。

（3）第三、四位数字表示各小类下的各个会计科目的自然序号。其中某些会计科目之间可空号，以便增加科目用，见表 2-1 所示。

表 2-1 会计科目名称和编号

科目代码	科目名称	科目代码	科目名称
1001	库存现金	2001	短期借款
1002	银行存款	2002	存入保证金
1012	其他货币资金	2201	应付票据
1101	交易性金融资产	2202	应付账款

（续表）

科目代码	科目名称	科目代码	科目名称
1121	应收票据	2203	预收账款
1122	应收账款	2211	应付职工薪酬
1123	预付账款	2221	应交税费
1131	应收股利	2231	应付利息
1132	应收利息	2232	应付股利
1221	其他应收款	2241	其他应付款
1231	坏账准备	2401	递延收益
1401	材料采购	2402	预提费用
1402	在途材料	2501	长期借款
1403	原材料	2502	应付债券
1404	材料成本差异	2701	长期应付款
1405	库存商品	2702	未确认融资费用
1406	发出商品	2711	专项应付款
1407	商品进销差价	2801	预计负债
1408	委托加工物资	2901	递延所得税负债
1411	周转材料	3101	衍生工具
1412	包装物和低值易耗品	3201	套期工具
1451	损余物资	3202	被套期项目
1461	融资租赁资产		
1471	存货跌价准备	4001	实收资本（或股本）
1501	待摊费用	4002	资本公积
1521	持有至到期投资	4101	盈余公积
1502	持有至到期投资减值准备	4102	一般风险准备
1511	长期股权投资	4103	本年利润
1512	长期股权投资减值准备	4104	利润分配
1531	长期应收款	4201	库存股
1601	固定资产	5002	生产成本
1602	累计折旧	5101	制造费用
1603	固定资产减值准备	5201	劳务费用
1604	在建工程	5301	研发费用
1605	工程物资	6001	主营业务收入
1606	固定资产清理	6051	其他业务收入
1701	无形资产	6061	汇兑损益
1702	累计摊销	6101	公允价值变动损益
1703	无形资产减值准备	6111	投资收益

（续表）

科目代码	科目名称	科目代码	科目名称
1711	商誉	6301	营业外收入
1801	长期待摊费用	6401	主营业务成本
1811	递延所得税资产	6402	其他业务成本
1901	待处理财产损溢	6403	营业税金及附加
		6411	利息支出
		6601	销售费用（营业费用）
		6602	管理费用
		6603	财务费用
		6701	资产减值损失
		6711	营业外支出
		6801	所得税费用
		6901	以前年度损益调整

2.2.5 账户的意义

账户是按照会计的科目名称开设的，具有一定格式和结构用来分类记录经济业务的记账实体。会计科目是对会计要素的再分类，不能具体用来记录经济业务，因为它没有具体的格式和结构，所以必须借助有一定格式和结构的账户用以记录经济业务。每一个账户都反映一定的经济内容，其反映的经济内容既有严格界限，又有科学联系，即其核算的内容具有独立性和排他性。

2.2.6 账户的设置

企业组织形式各不相同，业务性质也不一样，管理上的要求也不一致，那么在账户的设置时也应考虑下列原则：
（1）便于记清账目；
（2）适应会计主体业务的需要；
（3）有利于为会计信息的使用者提供决策的有用信息；
（4）有利于加强会计主体内部管理。

2.2.7 账户的分类

账户是根据会计科目设置的，因此账户的分类应与科目的分类一致。按其经济内容分，账户可为六大类：资产类账户、负债类账户、共同类账户、所有者权益类账户、成本类账户、损益类账户。资产类账户就是根据资产类科目开设的账户；负债类账户就是根据负债科目开设的账户；所有者权益类账户就是根据所有者权益类科目开设的账户；成本类账户就是根据成本类科目开设的账户；损益类账户就是根据损益类科目开设的账户。

按账户提供的核算资料的详略不同分类可分为：根据总分类科目开设的账户称为总分类账户，根据明细分类科目开设的账户称为明细分类账户。

2.2.8 账户的结构

账户的结构是指账户应由哪几部分组成，以及如何在账户上记录会计要素增加减少及其余额情况。

账户的基本结构是由左、右两方组成，一方记增加、一方记减少。具体哪一方增加，哪方记减少由记账方法和账户性质决定。但无论何种记账方法，何种性质的账户，左右两方的增减意思是相反的，左方记增加，那么右方记减少；反之，右方记增加，那么左方记减少。账户的基本结构是由四个金额组成：期初余额、本期发生额、本期减少额、期末余额。本期期末余额即为下期期初余额。这四个金额之间构成如下等式。

$$期末余额 = 期初余额 + 本期增加额 - 本期减少额$$

在实际工作中，一般用表格的形式来列账户，见表 2-2。

表 2-2 账户名称（会计科目）

年		凭证编号	摘要	借方	贷方	余额	
月	日					借	贷

在教学中我们多采用"丁"字账或"T"字账来代替实际的账户，常用的"T"字账户格式如下。

1. 资产和费用类账户

账户名称	
期初余额	
本期增加额	本期减少额
本期增加额合计	本期减少额合计
期末余额	

2. 负债、所有者权益和收入类账户

账户名称	
	期初余额
本期减少额	本期增加额
本期减少额合计	本期增加额合计
	期末余额

2.2.9 会计科目与账户的关系

会计科目与科目是两个既有联系又互相区别的概念。

两者的联系：

（1）两者都是对会计内容的具体分类，两者目的是相同的，即全面、系统地记录经济业务；

（2）会计科目是设置账户的直接依据，是账户的名称。

两者的区别：

（1）会计科目是在会计核算前，事先确定的对经济业务进行的分类核算的项目，账户则是在经济业务发生之后所进行的分类记录；

（2）会计科目仅仅是账户的名称，不存在结构；而账户则具有一定的格式和结构。

2.3 会计凭证

2.3.1 会计凭证的作用和种类

1. 会计凭证的概念

会计凭证是具有一定格式，记录经济业务，明确经济责任的书面证明，也是登记会计账簿的依据。

任何一个单位每发生一笔经济业务，都必须按规定的程序和要求，由经办人员填制或取得内容完整、手续齐全的会计凭证，以证实经济业务的真实性、正确性。并且所有的会计凭证，都必须经相关人员的严格审核无误后，才能据以登账。

2. 会计凭证的作用

（1）可以及时正确地反映经济业务的完成情况。每发生一项经济业务，都必须填制或取得会计凭证。在会计凭证上注明业务发生时间、相关内容（数量、金额等），并有相关人员的签字，如实地将经济业务的发生完成情况反映出来。

（2）为登记账簿提供可靠的依据。会计凭证是登记账簿的依据。对发生的每项经济业务经认真填制和严格的审核会计凭证后，据以登账，保证会计核算资料的真实性、准确性。

（3）便于明确经济责任，加强经济管理的岗位责任制。对发生的经济业务填制会计凭证，包括有关经手人员在会计凭证上签名盖章，以对其真实性、合法性负责。这就明确了责任，促使其严格按有关政策和规章制度处理经济业务。一旦出现问题，易于分清责任，从而加强岗位责任制。

3. 会计凭证的种类

由于经济业务多样，因此各单位使用的会计凭证种类繁多，其格式用途等都不一样。会计凭证按填制程序和用途不同，可分为原始凭证和记账凭证。

原始凭证是在经济业务发生或完成时取得或填制的，用以表明经济业务发生或完成情况的书面证明，是记账的原始依据，也是会计核算的重要依据。如：销货时开具的"增值税专用发票"、"收料单"、"出库单"、借条等都是原始凭证。但有些不能证明经济业务完成情况的书面文件如"材料请购单"、"派工单"、"经济合同"等不属会计核算的原始凭证。

（1）原始凭证

① 按来源渠道不同可分为自制原始凭证和外来原始凭证。

自制原始凭证是指在经济业务发生或完成时，由本单位有关部门或人员填制的原始凭证，如材料入库的"收料单"、工资结算单、制造费用分配表等。

外来原始凭证是指在经济业务发生或完成时，从其他单位或个人取得的原始凭证。如购买材料从供货方取得的"发货票"、出差时取得的火车票，银行代付款项的"付款通知单"等。

② 按填制次数不同可分为一次凭证和累计凭证。

一次凭证是指在经济业务发生或完成时一次填制完成，用以记录一项或若干项同类经济业务的原始凭证。如收料单、现金收据、发票等。外来原始凭证一般都是一次凭证。自制原始凭证则不全是一次凭证。

累计凭证是指在一定时期内对若干项同类经济业务连续记录，并以期末累计数作为记账依据的自制原始凭证，如"限额领料单"。

③ 按使用范围不同可分为通用凭证和专用凭证。

通用原始凭证就是指在全国或某一地区统一格式和使用方法的原始凭证，如"增值税专用发票"。由中国人民银行统一制定的托收承付结算凭证。

专用原始凭证指各单位根据其自身特点规定其格式和使用方法，且仅限于本单位内部使用的原始凭证。如"借款单"、"差旅费报销单"。

（2）记账凭证

记账凭证是指根据审核无误的原始凭证或原始凭证汇总表编制，确定会计分录，并直接作为记账凭证依据的会计凭证。

① 按记录的经济业务内容与货币资金的收付是否有关可分为收款凭证、付款凭证、转账凭证。

收款凭证指反映现金、银行存款收款业务的记账凭证，包括现金收款凭证和银行存款收款凭证，它们分别根据有关现金和银行存款收入业务的原始凭证填制，是登记现金日记账和银行存款日记账以及有关总账和明细账的依据，也是出纳员收讫款项的依据。

付款凭证指反映现金、银行存款付款业务的记账凭证，包括现金付款凭证和银行存款付款凭证，它们是分别根据有关现金和银行存款付款业务的原始凭证填制，是登记现金日记账、银行存款日记账及有关明细账和总账等账簿的依据，也是出纳员支付款项的依据。

转账凭证指反映的经济业务不涉及现金、银行存款的收付，是根据转账业务的原始凭证填制，是直接登记总账及有关明细账的依据。

② 按填制方法可分为复式记账凭证和单式记账凭证。

复式记账凭证是将一项经济业务所涉及的各个科目都填列在一张记账凭证上。上述所讲的收款凭证、付款凭证、转账凭证都是复式记账凭证。

单式记账凭证指按一项经济业务所涉及的各个会计科目分别填制的记账凭证，一张凭证只填一个会计科目。

③ 按汇总方法不同，可分为分类汇总记账凭证和综合汇总记账凭证。

分类汇总记账凭证是定期按现金、银行存款及转账业务分别汇总，形成汇总收款凭证、汇总付款凭证和汇总转账凭证之类。

综合汇总记账凭证是将单位在一定时期内编制的所有记账凭证按相同的会计科目全部汇总在一张记账凭证汇总表上。

2.3.2 原始凭证的填制与审核

1. 原始凭证的填制

（1）原始凭证的基本内容

由于经济业务的多样化，因此用来记录经济业务的原始凭证在名称、内容、格式等方面也是不拘一格，但不管是哪种原始凭证，都要满足客观真实反映经济业务，明确经济责任的要求，因此都包括一些共同的基本内容：

① 原始凭证的名称；
② 填制凭证的日期和凭证的号码；
③ 填制单位的名称及公章或填制人姓名；
④ 接受凭证单位名称；
⑤ 经济业务内容；
⑥ 数量、单价、金额；

⑦ 经办人员签名或盖章。

（2）原始凭证的填制要求

根据《会计法》和《会计基础工作规范》规定，取得或填制原始凭证，应符合下列要求。

① 内容真实可靠。原始凭证应如实记录经济业务的发生完成情况，不能弄虚作假，原始凭证是具有法律效力的证明文件。

② 记录完整清晰。原始凭证上的所有项目必须填写齐全，不得遗漏。年月日要按填制原始凭证的实际日期填写；名称要写全，不能简化，品名或用途明确，不能含糊；有关人员的签章手续要齐全。各项目要清晰，字迹工整规范。原始凭证一般用蓝、黑墨水填写，若需填制多联原始凭证，可用蓝、黑色圆珠笔书写，但要注意使各联字迹清晰可认。

③ 填制及时。经济业务发生时应及时填制，并按规定送交会计机构，由会计部门审核无误后据此编制记账凭证，一般来说，原始凭证送交会计机构的时间最迟不应超过一个会计结算期。

④ 金额准确无误。

阿拉伯数字应一个一个地写，不能连笔，阿拉伯数字前应写人民币符号"￥"，并与阿拉伯数字之间不能留空白。数字大小以占横格高度的 1/2 为宜，且应有一定的斜度（与底平线 60 度角）。

以"元"为单位的阿拉伯数字应填写到角、分，无角分的，角位和分位可分写"00"或符号"——"。有角无分的，分位应写"0"，不能符号"——"。

金额大写汉字一律用正楷字或行书写。如：壹、贰、叁、肆、伍、陆、柒、捌、玖、拾、佰、仟、万、亿、元（圆）、角、分、零、整等。

大写金额数字到元或角为止的，在"元"或"角"字后写"整"或"正"，大写金额数字有"分"的，分字后不写"整"或"正"。

填写大写金额时，若未印好货币名称的应加填货币名称，且与金额数字间不能留空白。阿拉伯数字间有"0"的，汉字大写金额要写"零"字。如￥305.00，汉字大写金额应写成"人民币叁佰零伍元整"。阿拉伯数字中间连续有几个"0"字，汉字大写金额中可以只写一个"零"字。阿拉伯数字元位是"0"，或数字中间连续有几个"0"，元位也是"0"，但角位不是"0"，汉字大写金额可只写一个"零"字，也可不写"零"字。如￥68000.30 可写成"人民币陆万捌仟元叁角整"，也可写成"人民币陆万捌仟零叁角整"。

⑤ 不得涂改、挖补、刮擦。如内容有误，应由开具单位重开或按规定更正并在更正处盖公章。如金额有误则不能更正，只能由原开具单位重开。

⑥ 对外开具原始凭证须加盖本单位公章；从外单位取得的原始凭证须加盖填制单位公章；从个人取得原始凭证，必须有填制人的签名或盖章。

（3）原始凭证填制方法

按原始凭证的填制要求，现分别以常用原始凭证为例说明一次凭证、累计凭证、汇总原始凭证的填制方法。

① 一次凭证的填制方法。

一次凭证包括全部外来原始凭证和部分自制原始凭证，现以"收料单"、"支票"、"增值税专用发票"为例予以说明。

收料单的填制

收料单属自制的一次原始凭证。在购进材料验收入库时，由仓库保管员根据发货票随货联及实际收到的材料等填写"收料单"原始凭证，并签名盖章。收料单一式三联：一联留存仓库，供登记材料物资明细账和材料卡片之用；一联随发票账单到会计部门报账；一联交采购人员存查。具体格式见表2-3所示。

表2-3 收料单

收料单

供货单位：									凭证编号：
发票编号：				年 月 日					收料仓库：

材料类别	材料编号	材料名称及规格	计量单位	数量		金额（元）			
				应收	实收	单价	买价	运杂费	合计
备注						合 计			

仓库保管员（盖章）　　　　　　　　　　　　　　收料人（盖章）

支票的填制

支票是由出票人签发的，委托办理存款业务的银行或其他金融机构在见票时无条件支付确定的金额给收款人或持票人的票据。支票属自行填制的原始凭证，但由于它最终涉及款项的实际支付，因此支票的填制方法有严格的要求。

- 使用碳素墨水或墨汁填写（人民银行另有规定除外）。
- 数字金额前写"￥"人民币符号，并与大写金额一致。
- 日期必须大写。月为壹、贰和壹拾等，日为壹至玖和壹拾、贰拾和叁拾等，应在其前面加零；日为拾壹至拾玖的应在前面加"壹"。
- 不准签发空头支票。
- 出票人的印鉴应与预留银行的印鉴一致。
- 支票若出现出票金额、日期、收款人名称方面的错误，不得在支票上更改，应重填一张支票，并将原支票加盖"作废"戳记妥善保管；出现除以上之外的其他错误，则可由原记载人签章证明更正。
- 现金支票只能支取现金，不能转账。转账支票只能转账不能支取现金，支票可支取现金也可转账，但用于转账时，应在支票正面注明。

现以转账支票为例说明见表2-4所示。

表 2-4 转账支票

| 银行 转帐支票存根 VI III02000131 科目_____ 对方科目____ 出票日期 年 月 日 用途_____ 收款人： 金额： 用途： 单位主管 会计 | 银行转帐支票 出票日期（大写） 年 月 日　　付款行名称： 收款人　　　　　　　　　　　　　出票人账号：

人民币(大写)	千	百	十	万	千	百	十	元	角	分

用途：_____ 科目（借）_____ 上列款项请从　　　对方科目（贷）_____ 我账户内支付　　转账日期 年 月 日 出票人签章　　　复核　　　记账 |

增值税专用发票的填制

增值税一般纳税人销售商品时须开具的销货发票，一式四联，销货单位和购货单位各两联。留销货单位的两联，一联作会计机构的记账凭证，一联留存有关业务部门，交购货单位的两联，一联作购货单位的结算凭证，一联为税款抵扣凭证。购货单位向一般纳税人购货，应取得增值税专用发票，因为只有增值税发货票税款抵扣联支付的进项税才能在购货单位作为"进项税额"列账，销货单位也不漏税，否则销货单位就会漏税，给国家带来损失。其具体格式见表 2-5 所示。

表 2-5 增值税专用发票

增值税专用发票

开票日期：2008 年 2 月 20 日　　　　　　　　　　　　　　　　NO：0135792

购货单位	名称	全聚有限责任公司	纳税人登记号								XXXX12000078889								
	地址电话	XX 市胜利路 3 号 4688189	开户银行及账号								XXX 市建行支行 860—123								
货物或劳务名称	计量单位	数量	单价	金额								税率%	金额						
				百	十	万	千	百	十	元	角	分	百	十	万	千	百	十	元	角	分
A 材料	公斤	5000	30	¥	1	5	0	0	0	0	0	0	17	¥		2	5	5	0	0	0	0
合计				¥	1	5	0	0	0	0	0	0		¥		2	5	5	0	0	0	0
价税合计	壹拾柒万伍仟伍佰元整　　¥175500.00																					
销货单位	名称	富群有限责任公司	纳税人登记号								XX12112256222								
	地址电话	XX 市建国路子 1 号 7040568	开户银行及账号								XX 市建行 XX 支行 568335								

收款人：李艳　　　　　　　　　　开票单位（未盖章无效）：富群有限责任公司

累计凭证的填制

累计凭证是在一张凭证上连续、累计登记一定时期内相同的经济业务，可反映同类业务的累计发生额，也可减少凭证数量。"限额领料单"是反映在一定期间内连续领用的同种材料只要不超过限额的业务。其格式及填制见表2-6所示。

表2-6 累计凭证

（企业名称）

领料单位：一车间　　　　限额领料单　　　　　　　发料仓库：3号仓库
用途：生产A产品　　　　2004年2月份　　　　　　编号：4117

材料类别	材料编号	材料名称及规格	计量单位	单价	全月领用限额	全月实领	
						数量	金额
钢材	046	圆钢Φ30mm	吨	1.00	5000		

供应部门负责人：（签章）　　　　　生产计划部门负责人：（签章）

日期	请领		实发			限额结余	退库	
	数量	领料单位负责人	数量	发料人	领料人		数量	退料单编号
3	1500	（略）	1500	（略）	（略）	3500		
15	2000		2000			1500		
24	1500		1500			0		
合计	5000		5000					

仓库负责人（签章）

汇总原始凭证的填制

汇总原始凭证是将许多同类经济业务的原始凭证进行汇总编制，能简化核算手续，提高核算工作效率。以"发料凭证汇总表"为例见表2-7所示。

表2-7 发料凭证汇总表

发料凭证汇总表

2008年1月

领料部门	领料用途	材料		合计
		原料	辅料	
一车间	生产A商品	20,000	8,000	28,000
	机物料		600	600
二车间	生产B商品	35,000	6,000	41,000
	机物料		500	500
行政科	办公		1,200	1,200
合计		55,000	16,300	71,300

2. 原始凭证的审核

为了保证会计核算质量，会计信息真实可靠性，《会计法》规定：会计机构、会计人员必须审核原始凭证，这是法定职责。审核原始凭证主要包括以下方面。

（1）真实性审核。对原始凭证的真实性审核，就是审核原始凭证所反映的经济业务是否属实。审核原始凭证的日期、经济业务的内容、数量、单价、金额是否真实、正确，业务涉及的双方当事人是否都据实填写；自制原始凭证是否有经办部门和经办人员签名盖章；外来原始凭证是否有填制单位公章和填制人员签名等。会计机构、会计人员对不真实、不合法的原始凭证有权不予受理，并向单位负责人报告；对记载不准确、不完整的原始凭证应予以退回并要求经办人员按照国家统一的会计制度进行更正、补充。

（2）完整性审核。审核原始凭证中的要素是否填写齐全，相关手续是否齐备，有关经办人员是否都已签名或盖章，主管人员是否审核、批准等，如发现不完整的原始凭证，主管人员未批准的情况下，会计人员应将原始凭证退回经办人员，待其补办完整后再受理。

（3）合法性、合理性审核。审核原始凭证反映的经济业务是否符合国家有关法律、法规、制度、政策等方面的行为。如收到的是否为假发票、个人报销事项是否属制度允许的范围。对于违法、违规的原始凭证，会计人员应拒绝受理，并向单位负责人报告。

2.3.3 记账凭证的填制与审核

在 2.3.2 章节已介绍了原始凭证的填制与审核，会计工作中要根据审核无误后的原始凭证填制记账凭证。而记账凭证包括哪些内容、填制要求有哪些、不同种类的记账凭证该如何填制及记账凭证的审核将在本节详细介绍。

1. 记账凭证的基本内容

由于原始凭证所记录的内容不能满足会计反映的需要，难以直接据以登记账簿，所以必须在审核无误的基础上，对原始凭证进行归类、整理，而后填制记账凭证。为了概括地反映经济业务，满足登账的需要，记账凭证必须具备下列基本内容：

（1）记账凭证的填制日期；
（2）记账凭证的编号；
（3）经济业务的摘要；
（4）会计分录（应借应贷科目及金额）；
（5）所附原始凭证张数；
（6）填制人员、稽核人员、记账人员、财会主管签名或盖章，收款、付款凭证还应由出纳人员签名或盖章。

2. 记账凭证的填制要求

记账凭证是登账的直接依据，填制记账凭证除做到原始凭证的要求外，还要遵循下列要求。

（1）必须以审核无误的原始凭证为依据。记账凭证可根据每一张原始凭证填制，也可根据若干张同类原始凭证填制，还可根据原始凭证汇总表填制，但不能将不同内容和类别的原始填制到一张记账凭证上。

（2）摘要应简明扼要地说明经济业务。具体填写因事而异，但一般应指明经济业务发生的对象，即对方是什么单位或什么人；业务的主要内容，重要凭证的号码。例如：收付款业务应写明收付款对象名称、款项内容，若使用支票的，应写明支票号码；对于用支票结算的付款业务，当日的付款凭证应按支票号码排列，以备查对。对于往来业务。应写明对方单位，业务经手人、发生时间等内容。

（3）会计分录要正确，指会计科目、记账方向、金额都要正确。会计科目必须按照会计制度规定的会计科目名称及核算内容进行运用，要写明细科目，并且要写全称不能简写。记账方向应正确，保持清晰明确的借贷关系，编制分录要先借后贷，可编制一借多贷或一贷多借的会计分录，尽量避免多借多贷的会计分录。但并不排斥在特殊情况下编制多借多贷的会计分录以反映经济业务的来龙去脉。金额方面，首先要与原始凭证的金额保持一致；其次要书写规范，平行对准科目栏次和借贷栏次，防止错栏串行；金额数字要填写到分位，如角位、分位无数字要写"00"，如 3568.00 元；如角位有数字而分位无数字，则要在分位上写"0"，如 3568.30 元。其次每笔业务填入金额后，要在合计行上填写合计金额，并在合计数前填写货币符号"￥"，不是合计数，则不填写货币符号。最后，记账凭证金额栏若有空行，应划斜线或"S"形线注销。划线应从金额栏最后一笔金额数字下的空行划到合计数行上面的空行，注意斜线两端都不能划到金额数字的行次上。

（4）编号要连续

记账凭证应分月按业务发生顺序连续编号，不得重号、漏号。具体编号方法视记账凭证的种类不同而不同。

① 通用记账凭证，可按业务发生先后顺序编号。

② 专用记账凭证，可用分类编号法，即可按现收款凭证、收款凭证和转账凭证三类分别编号，如"收字第×号"、"付字第×号"、"转字第×号"；也可按现收、现付、银收、银付、转字五类分别编号，如"现收字第×号"、"现付字第×号"、"银收字第×号"、"银付字第×号"、"转字第×号"；也可按凭证总字号顺序编号相结合的方法即双重编号法，如某一张付款凭证的编号为"总字第×号付字第×号"。

无论采用哪种编号方法，都要按月顺序编号，即每月都从第 1 号起，顺序编至月末。一笔经济业务若需编制两张或两张以上记账凭证时，可用分数编号法，如 16 号会计事项，需编 3 张记账凭证，就可分别编成 161/3、162/3、163/3。

（5）附件张数要注明

除更正错账和期末结账的记账凭证，都必须附有原始凭证并注明附件张数，否则对记账凭证真实性、正确性的审核就无从谈起。所附原始凭证的张数，一般以自然张数为准。

即凡是与业务相关的每一张凭证,都应作为记账凭证的附件,包括原始凭证汇总表及所附原始凭证或说明性质的资料等,但差旅费、市内交通费等的报销业务除外,各种费用报销单据,要先粘贴在一张粘贴纸上,作为一张原始凭证附件。如某职工报销市内交通费、各种单据共18张,要求将这18张单据粘贴在"差旅费报销单"上,在该报销单上注明所附原始凭证18张,而在记账凭证上附件张数栏填写时只能计作1张附件。

一张原始凭证记录的经济业务涉及几张记账凭证时,应将原始凭证附在主要记账凭证后,在其他记账凭证上注明该主要记账凭证编号或者附上原始凭证复印件。一张原始凭证所列支出需由两个或两个以上单位共同负担时,应由保存该原始凭证的单位向其他单位开具原始凭证分割单。如果所附原始凭证内容十分重要或数量过多须单独保存的,应在记账凭证摘要栏说明。

(6)有关人员签名盖章,以明确责任,加强会计岗位责任制。

(7)记账凭证如填制错误,且未入账,则重新编制。若已入账(当年发现),则要按规定方法更正(具体方法在"2.4 会计账簿"介绍)。若发现以前年度的,则应用蓝字填制一张更正的记账凭证。

3. 记账凭证的填制方法

(1)通用记账凭证的填制

例1:2008年2月3日,甲企业向X公司购进A材料1000公斤,单价50元,增值税8500元,A材料验收入库。款项尚未支付。填制通用记账凭证见表2-8。

表2-8 记账凭证

记账凭证

记账凭证总号:NO004

2008年2月3日　　　　　　　　　　　　　　　　　　　　　　　　　分类号:转字 NO001

摘要	会计科目		金额																过账
			借方金额								贷方金额									
	一级科目	二级科目	千	百	十	万	千	百	十	元	角	分	千	百	十	万	千	百	十	元	角	分	
向X公司购入A材料1000公斤,单价50元,款项未付	原材料	A材料				5	0	0	0	0	0	0											√
	应交税费	应交增值税					8	5	0	0	0	0											√
	应付账款	X公司														5	8	5	0	0	0	0	√
合计			¥			5	8	5	0	0	0	0			¥	5	8	5	0	0	0	0	

财会主管　　　　记账　　　　复核　　　　出纳　　　　领款人　　　　制单　　　　附单据　　张

根据记录经济业务的原始凭证，将确定的会计分录填入记账凭证中。日期按业务发生日期填写，编号按顺序编号法，会计科目借方在先贷方在后，借贷金额应相等。制单人员应在填制凭证后签名盖章，并注明所附原始凭证张数。

(2) 收款凭证、付款凭证、转账凭证的填制

① 收款凭证的填制

按记账凭证所记录的经济业务内容是否与货币资金的收付有关，可分为收款凭证、付款凭证、转账凭证。凡涉及现金或银行存款的增加业务，都必须填制收款凭证。收款凭证左上方"借方科目"处写"现金"或"银行存款"科目；右上方的编号应按"收字第×号"或"现收字第×号"、"银收字第×号"顺序编号；"摘要栏"填写业务的简要内容，"贷方科目"即"现金"或"银行存款"的对应科目，"金额"栏填写贷方科目的金额，其合计额即借方科目的金额，意指实际收到的现金或银行存款数额。"过账"栏是据记账凭证登账后做记号用的，避免重记或漏记。

例：2008年2月27日，某企业销售A产品50台，货款40000元；销售B产品80台，货款40000元，增值税13600元。款项均已收妥存入银行。收款凭证具体填制见表2-9所示。

表2-9 收款凭证

收款凭证

借方科目：银行存款　　　　2008年2月27日　　　　银收字第82号

摘要	贷方科目		金额									过账
	总账科目	明细科目	千	百	十	万	千	百	十	元	角	分	
销售A商品50台，销售B产品80台	主营业务收入	A商品				4	0	0	0	0	0	0	√
		B商品				4	0	0	0	0	0	0	√
	应交税费	应交增值税				1	3	6	0	0	0	0	√
合计					¥	9	3	6	0	0	0	0	

财会主管　　　记账　　　复核　　　出纳　　　审核　　　制单

附件　　张

② 付款凭证的填制

在借贷记账法，付款凭证的填制与收款凭证的填制大致相同，区别在于表头，表内所列科目相反。付款凭证左上角贷方科目，表内是借方科目，编号原则与收款凭证相同。

例3：2008年2月15日，全聚公司以现金支付预订下半年的杂志费1000元。根据有关单据填制付款凭证见表2-10所示。

表 2-10　付款凭证

付款凭证

贷方科目：现金　　　　2008 年 2 月 15 日　　　　　现付字第 87 号

摘要	贷方科目		金额									过账	
	总账科目	明细科目	千	百	十	万	千	百	十	元	角	分	
预订下半年的报刊杂志费用	待摊费用	杂志费				1	0	0	0	0	0	√	附件　张
合计						¥	1	0	0	0	0	0	

财会主管　　　记账　　　复核　　　出纳　　　审核　　　制单

注意：在填制收款凭证和付款凭证时，对于现金和银行存款之间相互划转的业务（从银行提取现金、将现金存入银行），一般只编付款凭证，不编收款凭证。

③ 转账凭证的填制

转账凭证是根据不涉及货币资金增减的原始凭证填制的在转账凭证中总账科目和明细科目下填列有关业务涉及的总账科目和明细科目。借方科目在先，贷方科目在后，借方科目对应的金额填列在借方科目同行的借方金额栏内，贷方科目对应的金额填列在贷方金额栏内；在合计栏内，借方金额等于贷方金额，编号按"转字第×号"填写，其他与收款凭证、付款凭证相同。

例 4：2008 年 3 月 5 日，B 公司生产 A 商品领用甲材料 1000 公斤，单价 7 元，行政管理部门领用甲材料 200 公斤，单价 7 元。根据领料单填制转账凭证见表 2-11 所示。

表 2-11　转账凭证

转账凭证

2008 年 3 月 5 日　　　　　　　转字第 4 号

摘要	会计科目		金　额																			过账
			借方金额										贷方金额										
	一级科目	二级科目	千	百	十	万	千	百	十	元	角	分	千	百	十	万	千	百	十	元	角	分	
生产 A 产品领用甲材料 1000 公斤，行政管理部门领甲材料 200 公斤	生产成本	A 产品					7	0	0	0	0	0											√
	管理费用						1	4	0	0	0	0											√
	原材料	甲材料															8	4	0	0	0	0	√
	合计					¥	8	4	0	0	0	0				¥	8	4	0	0	0	0	

财会主管　　　记账　　　复核　　　出纳　　　制单　　　附件　张

4. 记账凭证的审核

为了保证账簿记录的真实性,在记账前必须对记账凭证予以审核。其审核内容一般包括:
(1) 首先对所附的原始凭证按原始凭证的审核要求进行复核;
(2) 记账凭证是否附有原始凭证,记账凭证所载的内容、金额、附件张数是否与原始凭证的内容、金额、自然张数一致;
(3) 所使用的会计科目是否正确,是否符合会计科目的使用要求,对应关系是否清晰,金额是否正确;
(4) 记账凭证的有关项目是否填列齐全,有关人员是否签名或盖章;
(5) 有无涂改、挖补现象。

在审核中如发现记账凭证记录有误,应查明原因,按规定及时更正或补充;若已入账,则按规定方法更正。只有审核无误的记账凭证才能据以登记入账。

2.3.4 会计凭证的传递、整理与保管

前面介绍了会计凭证的填制与审核,而会计凭证是重要的经济档案,对于会计凭证的传递、整理与保管介绍如下。

1. 会计凭证的传递

会计凭证的传递,是指会计传递从填制或取得时起,到归档保管时止,按规定的程序和传递时间在本单位内部有关部门和人员之间的传送和交接过程。

由于经济业务的内容不同,会计凭证的传递程序和时间也不尽相同。正确及时组织会计凭证的传递,对于及时传递经济业务信息、有效组织经济活动、提高会计工作质量、实行会计监督具有重要意义。而会计凭证传递程序的确定,要视经济业务的特点、手续程序而定。一般应从以下几个方面着手处理。

(1) 确定会计凭证的传递环节。各单位根据经济业务的特点、内部组织机构和人员分工情况,规定会计凭证必须经过的环节,使各有关部门和人员,既能保证会计凭证经过必要的环节进行处理与审核,同时又可避免在不必要的环节停留,从而使经济活动高速、有效地运行。

(2) 规定会计凭证的传递时间。为了确保会计凭证的及时、准确传递,应考虑各环节的工作内容和工作量,以及在正常情况下完成工作所需的时间,明确规定在各个环节的停留时间,以确保会计凭证及时传递,以免打乱会计工作的正常秩序。

(3) 严密会计凭证交接手续。会计凭证要在有关部门和人员之间进行传递,为防止在传递过程中出现遗失毁损或其他意外情况,应建立凭证的交接签收制度,保证会计凭证的安全完整。

2. 会计凭证的整理与保管

会计凭证是重要的经济档案，为了保证会计凭证的安全完整，必须采取适当的方法，妥善保管，包括会计凭证的编号、装订整理，归档保管。

（1）会计凭证的整理

① 编号。会计凭证登记完毕后，应按分类和编号顺序整理，看有无缺号、重复编号等情况，记账凭证所附原始凭证是否齐全。

② 装订。会计凭证一般每月装订一次。记账凭证应连同所附原始凭证或原始凭证汇总表按编号顺序、折叠整齐、按期装订成册，并加具封面。注明单位名称、年度、月份和起讫日期、凭证种类、起讫号码，并由装订人在装订线封签处签名或盖章。

对于数量过多的原始凭证或重要的原始凭证，可以单独装订保管，但须在记账凭证上注明"附件另订"和原始凭证名称及编号。

③ 归档。年度结束后，会计凭证应归入档案。

（2）会计凭证的保管

会计凭证装订成册后，由会计部门指定专人负责保管，但出纳人员不得兼管会计档案。年度终了后，可暂由财会部门保管一年，期满后应由财会部门编造清册移交本单位档案部门保管并严格调阅制度。一般情况，本单位会计凭证不得外借，其他单位因特殊情况需要调阅时，需经本单位会计机构负责人、会计主管人员批准，可以复制，并在专设登记簿上登记，提供人员和接收人员共同签名或盖章。本单位人员调阅，也要办理有关手续。

值得注意的是：保管期满但未结清的债权债务原始凭证和涉及其他未了事项的原始凭证，不得销毁，应当单独抽出立卷，保管到未了事项完结时为止。单独抽出立卷的会计档案，应当在会计销毁清册和会计档案保管清册中列明。正在项目建设期间的建设单位，其保管期满的会计档案不得销毁。

2.4 会计账簿

2.4.1 会计簿的概念

会计账簿是以会计凭证为依据，对全部经济业务进行全面、连续、系统地记录和核算的簿籍，它是由具有专门格式连接在一起的账页组成。

2.4.2 会计账簿的作用

（1）会计账簿可以全面、连续、系统地反映全部经济业务的发生完成情况。通过会计凭证的填制和审核，可以反映经济业务的发生或完成情况。但一张会计凭证只能反映一项经济业务，因而会计凭证只能分散地、零星地、片面地反映经济业务。而通过设置会计账簿，一个企业所有的经济业务，根据其发生时间先后顺序，按不同的性质，在账簿中进行系统地、分类地记录，反映了全部业务的发生完成情况，为企业的经济管理提供系统、完整的会计信息。

（2）为编制会计报表提供完整的数据资料。通过设置会计账簿进行记录和核算，能提供一个企业在一定时期内的资产、负债、所有者权益的增减变化和结存情况，以及收入、费用、利润及其分配等的经营状况，而这些资料正是编制会计报表的主要依据。因此，正确完整的账簿资料为编制会计报表提供了必不可少的依据。

（3）为企业考核各项经营成果、计划完成情况提供重要依据。为企业可以提供各项指标的实际资料，并且比会计凭证提供的资料要全面系统，又比会计报表提供的资料更具体、更丰富，通过它可以计算收入、成本、费用、利润，并与计划数比较，考核其计划完成情况，从而有利于总结经验教训，加强经济管理。

（4）以保护财产物资的安全完整。通过账簿记录可反映财产物资的增减变动情况及结存情况，通过对各项财产物资进行清查确定其实际结存数，检查账实是否相符，有利于防止损失浪费，揭露贪污盗窃行为，保护财产的安全完整。

（5）为分析和检查企业经济活动提供依据，起了经济档案的作用。

账簿是重要的经济档案，它全面、连续、系统地记录了一个企业单位的经济活动情况，且有利于保存，便于查阅，因此一般须长期保存，以备以后上级主管部门、税务部门、审计部门等审查账目的查考。而通过对账簿资料的分析查考，可以知道企业在遵循国家政策、法规等方面的情况，可以分析计划完成情况，资金使用方向等，为开展分析和检查活动提供重要依据。

2.4.3 会计账簿的种类

各个单位经济业务和经营管理的要求不同，账簿也多种多样。要正确使用各种账簿，就有必要了解账簿的种类。

1. 账簿按用途分类

账簿按其不同的用途，可分为序时账簿、分类账簿和备查账簿三大类。

序时账簿又称为日记账簿，它是按照经济业务发生的先后顺序，逐日逐笔进行登记的账簿，也称为流水账。在实际工作中，它是逐日按记账凭证的编号顺序进行登记的。按记录的经济业务内容不同可分为普通日记账和特种日记账。普通日记账是用来序时登记全部经济业务的，而特种日记账是用来序时记录某类经济业务的账簿，如"现金日记账"、"银行存款日记账"、"转账日记账"。由于经济业务的复杂性，将全部经济业务登记到一个账簿上比较困难，因此最常见的是"现金日记账"和"银行存款日记账"。

分类账簿是区别不同账户分类登记的簿籍。按其反映内容的详细程度不同可分为总分类账和明细分类账。总分类账是按总分类户设置，用来总括反映一个单位全部经济业务的账簿。明细分类账是按明细分类账户设置的，用来详细反映某一类经济业务的账簿。总分类账与明细分类账的关系是统驭与从属的关系。

备查账簿是对那些在序时账、分类账等主要账簿中未能记录或记录不全的经济业务进行补充登记的账簿。它不是每个单位都必须设置的账簿，视实际情况而设，如在会计实务中设置租入固定资产登记簿、委托加工材料登记簿等备查账。

2. 账簿按外表形式分类

账簿按外表形式可分为订本式、活页式、卡片式三大类。

订本式账簿是未启用前就将若干印有编号的账页按顺序固定装订成册的账簿。这种账簿的优点是可避免账页散失和抽换，有利于保管，能保证账簿资料的安全与完整。缺点是账页固定，不能根据需要增减账页，因此在使用前就必须为每个账户预留空白账页，留页过多则易造成浪费；留页过少则会影响账簿记录的连续性。此外，也不便于会计上的分工记账，因为一本账簿在同一时间内只能由一人登记。所以凡是具有统驭和控制的账簿及重要的账簿，必须采用订本式账簿。如总分类账、现金日记账、银行存款日记账就应用订本式账簿。

活页式账簿是由若干零散、具有专门格式的账页组成的账簿。其特点是启用前不固定装订在一起，年终时才装订成册。其优点适应性强，可根据需要随时增减账页，不会造成浪费，且便于分工记账。缺点是容易造成账页散失或抽换。为防止散失和抽换，空白账页在使用时应注意编号，放在账夹中妥善保管。记录完毕或更新账页时装订成册保管。活页式账簿适用于各类明细账。

卡片式账簿是用硬纸卡片做成的账簿。在使用前不装订，据需要随时增添卡片数量，且一般存放于卡片箱中保管，卡片式账簿可以跨年度使用，不一定每年更换新账。主要适用于资产明细账，如固定资产明细账等。

2.4.4 会计账簿的基本内容

各单位由于经济业务内容不同，因此会计账簿也多种多样，但一般都包括以下基本内容。

1. 封面

封面主要用来载明账簿名称和记账单位名称。

2. 扉页

扉页主要用来登载账簿启用和经管人员一览表。其主要内容见表 2-12 所示。

表 2-12　账簿启用与经管人员一览表

账簿名称							单位名称			
账簿编号							账簿册数			
账簿页数							启用日期			
会计主管							记账人员			

移交日期			移交人		接管日期			接管人		会计主管人员	
年	月	日	姓名	盖章	年	月	日	姓名	盖章	姓名	盖章

3. 账页

账页是账簿的主体。在账页上应列明：账户名称（会计科目）、记账日期、凭证字号、摘要栏、金额栏、总页次和分页次。

2.4.5　序时账簿的设置与登记

1. 现金日记账

现金日记账是指由出纳员根据审核无误后的现金收款凭证、现金付款凭证逐日逐笔记录现金的收入、支出、结存情况的日记账。其格式有三栏式、多栏式。

（1）三栏式现金日记账的设置与登记

三栏式现金日记账主要设有收入、支出、结余三栏。具体格式见表2-13所示。

表 2-13　现金日记账

2004年		凭证		摘要	对方科目	收入	支出	结余
月	日	字	号					
2	1			月初余额				20000
	1	现付	1	预订下半年报刊	待摊费用		600	19400
	1	现付	2	购办公用品	管理费用		1000	18400
	1	银付	1	从银行提取现金	银行存款	2000		20400
	1			本日合计		2000	1600	20400
	10	现付	3	支付上月工资	应付工资		20000	400
	29			本月合计		132000	130600	21400

三栏式现金日记账的登记方法如下。

① "对方科目"填列现金的收入来源科目或支出用途科目,即记账凭证现金对应的借方或贷方科目。

② "收入"、"支出"根据现金收款凭证、现金付款凭证逐日逐笔填列,并结出余额。

注意:对于从银行提取现金的业务,由于只填制了付款凭证,因此在登记现金收入时,以银行存款付款凭证为依据进行登记。

③ 每日终了,就把现金日记账的账面余额结出,并与库存现金进行核对,看账实是否相符。

2. 银行存款日记账

银行存款日记账是由出纳人员根据审核无误后的银行存款收、付款凭证,逐日逐笔按顺序登记。登记方法与现金日记账的登记方法基本相同。每日终了,应分别计算银行存款收入及付出的合计数并结出当日余额,并将余额定期与银行送来的对账单进行核对,检查银行存款日记账登记的正确性及完整性。对于现金存入银行的业务,由于只填制了现金付款凭证,因此,登记银行存款收入时应根据现金付款凭证进行登记。其格式见表2-14所示。

表2-14 银行存款日记账

2008年		凭证		摘要	结算凭证		对方科目	收入	支出	结余
月	日	字	号		种类	编号				
1	1			期初余额						800000
	1	银收	1	收回上月货款	(略)		应收账款	10000		810000
	1	银付	1	从银行提现			现金		2000	808000
	1			本日合计				10000	2000	808000
	31			本月合计				780000	720000	860000

2.4.6 分类账簿的设置与登记

1. 总分类账

总分类账是根据会计制度规定的统一会计科目中的一级科目设置的,由会计人员根据审核无误的记账凭证直接或汇总登记。通过设置总分类账,能连续总括地反映单位的生产经营状况及成果，为编制会计报表提供主要依据。总分类账一般采用借方、贷方、余额三栏式的订本账，并且借、贷、余三栏只记金额，不记数量。其格式见表 2-15 所示。

总分类账登记的依据和方法，主要取决于所采用的会计核算形式，它可以直接根据各种记账凭证逐笔进行登记，也可以把各种记账凭证先按一定方式进行汇总，然后据以登记。如采用的是记账凭证核算形式，账页中的"借方"、"贷方"根据记账凭证登记到贷方栏，"借或贷"栏，反映余额的方向，如为借方余额则填"借"字，为贷方余额则填"贷"字。

表 2-15　总分类账

会计科目：长期借款　　　　　　　　　　　　　　　　　　　　　　　　　　　第　　页

2004 年		凭证		摘要	借方	贷方	借或贷	余额
月	日	字	号					
2	1			期初余额			贷	100000
	1	转	1	借入一笔 5 年期借款		50000	贷	150000
	25	银付	9	偿还到期借款本息	100000		贷	50000
	29	转	11	计提 5 年期借款利息		500	贷	50500
	29			本期发生额及余额	100000	50500	贷	50500

2. 明细分类账

明细分类账是根据总分类科目设置，按所属二级或明细科目开设账户，用来分类登记某一类经济业务，提供明细核算资料的分类账簿。通过设置明细账，能够提供各会计要素及经营过程的详细资料，有利于加强财产物资的管理、往来账项的结算、费用开支的监督。明细账一般采用活页式的账簿，也有的用卡片式账簿。其具体格式有"三栏式"、"多栏式"、"数量金额栏式"、"横线登记式"四种。

（1）三栏式明细分类账。这种明细账账页内设"借方"、"贷方"、"余额"在三栏，只记金额不记数量。适用于只进行金额核算的账户，如应收账款、应付账款、预收账款、预付账款、短期借款、待摊费用、预提费用等科目的明细账。其一般格式见表 2-16 所示。

表 2-16　应收账款明细账

二级或明细科目：新龙公司　　　　　　　　　　　　　　　　　　　　　　　第　　页

2004 年		凭证		摘要	借方	贷方	借或贷	余额
月	日	字	号					
2	1			期初余额			借	80000
	16	银收	13	收回货款		60000	借	20000
	24	转	18	销售产品，货款未收	37000		借	57000
	29			本月发生额及余额	37000	60000	借	57000

（2）多栏式明细分类账。它是根据经济业务的特点和经营管理的需要，在一张账页内按照有关明细科目或明细项目分设若干专栏，用以在一张账页上集中反映各有关明细科目或明细项目的金额。主要适用于销售费用、管理费用、财务费用、营业外收入、营业外支出、本年利润等账户的明细核算。其一般格式见表2-17所示。在实际工作中，一般是根据记账凭证、原始凭证或原始凭证汇总表逐日逐笔或定期汇总登记各专栏的借方或贷方发生额外。月终，借方多栏式明细账或贷方多栏式明细账的本期结转数用红字在有关专栏、专行登记转出，如有余额，仍在各专栏中反映。

表2-17　营业外支出明细账

第　页

2008年		凭证		摘要	借方						贷方	合计
月	日	字	号		固定资产盘盈	处置固定资产净损失	罚款支出	捐赠支出	……	合计		
2	5	银付	3	对A公司捐赠				5000		5000		5000
	18	现付	9	支付违约罚款			1000			1000		6000
	29	转	21	转出							6000	0
	29			本月合计			1000	5000		6000	6000	0

（3）数量金额栏式明细分类账。这种明细账账页设有收入、发出、结存三栏，且每个栏目分设数量、单价、金额三栏。适用于既要进行金额核算又要进行数量核算的科目。如原材料、库存商品等科目的明细账。其格式见表2-18所示。

表2-18　原材料明细账

第　页

材料类别：大米　　　　　材料编号：8571　　　　最高储备量：7500公斤　　　数量：公斤
名称及规格：南特号　　　存放地点：第3号仓库　　最低储备量：3200公斤　　　单位：元

2007年		凭证		摘要	收入			发出			结存		
月	日	字	号		数量	单价	金额	数量	单价	金额	数量	单价	金额
2	1			期初余额							5000	3	150000
	8	略		材料入库	3000	3	9000				8000	3	24000
	14			生产车间领用				4000	3	12000	4000	3	12000
	26			材料入库	3000	3	9000				7000	3	21000
	29			本月合计	6000		18000	4000		12000	7000	3	21000

3. 总分类账与明细分类账的平行登记

一般来说，每个总分类账户都有可能设立这样或那样的明细分类账户，提供较为详细的指标，但并不是所有总分类账户都要设立明细分类账户，这取决于经营管理的需要和会计核算的可能。总分类账户与其所属的明细分类账户所反映的对象和登记的原始凭证是相同的,因此在会计核算中,必须进行平行登记。所谓平行登记,是指经济业务发生后,一方面登记有关总分类账户,另一方面登记所属的明细分类账户的会计处理方法,平行登记的要点包括以下三点。

(1) 同时。对所发生的经济业务,依据会计凭证,在同一会计期间内,既登记总账,也登记其相应的明细账(未设明细账除外)。

(2) 同向。对发生的经济业务,在登记总分类账与所属明细分类账时的记账方向相同,即总分类账户记入借(贷)方,其所属的明细分类账也应记入借(贷)方。

(3) 等额。对发生的每项经济业务,记入总分分类账的金额与所属明细分类账户的金额之和相等。

现举例如下：甲公司 2008 年 11 月份"应收账款"期初余额如下：

应收账款　　　　　　　　200 000 元
东华公司　　　　　　　　30 000 元
全聚公司　　　　　　　　170 000 元

"主营业务收入"账户无期初余额,下设 A 产品、B 产品两个明细科目。

11 月份与"主营业务收入"和"应收账款"有关的业务如下：

① 2 日,收回全聚公司所欠款项 85 000 元,存入银行；

② 7 日,销售 A 商品 700 件给东华公司,单价 100 元,价款 70000 元,增值税 11900 元；

销售 B 产品 1 000 件给全聚公司,单价 50 元,价款 50000 元,增值税 8500 元。以上款项均已收存银行；

③ 9 日,向东华公司销售 A 商品 200 件,单价 100 元,增值税率 17%,款项尚未收到；

④ 13 日,收回东华公司所欠款项 20000 元,存入银行；

⑤ 18 日,向全聚公司销售 B 商品件,单价 50 元,增值税率 17%,款项尚未收到；

⑥ 25 日,收回东华公司欠款 15000 元和全聚公司欠款 20000 元,均已存入银行；

⑦ 30 日,将"主营业务收入"账户及所属明细账户本月发生额结转"本年利润"账户。

根据上述资料,"主营业务收入"和"应收账款"账户总账与明细账之间的平行登记如下。

首先,将两个账户的期初余额分别在总账和明细账中进行登记,见表 2-10 至表 2-15。

其次,根据资料可编制会计分录。

1. 借：银行存款　　　　　　　　　　　　　　85 000
　　　贷：应收账款——全聚公司　　　　　　　　85 000
2. 借：银行存款　　　　　　　　　　　　　　140 400
　　　贷：主营业务收入——A 商品　　　　　　　70 000
　　　　　　　　　　——商产品　　　　　　　　50 000
　　　应交税费——应交增值税(销项税额)　　　20 400

3. 借：应收账款——东华公司　　　　　　　　23 400
　　贷：主营业务收入——A 商品　　　　　　　20 000
　　　　应交税费——应交增值税（销项税额）　3 400
4. 借：银行存款　　　　　　　　　　　　　　20 000
　　贷：应收账款——东华公司　　　　　　　　20 000
5. 借：应收账款——全聚公司　　　　　　　　29 250
　　贷：主营业务收入——B 商品　　　　　　　25 000
　　　　应交税费——应交增值税（销项税额）4 250
6. 借：银行存款　　　　　　　　　　　　　　35 000
　　贷：应收账款——东华公司　　　　　　　　15 000
　　　　　　　　——全聚公司　　　　　　　　20 000
7. 借：主营业务收入——A 商品　　　　　　　90 000
　　　　　　　　　——B 商品　　　　　　　75 000
　　贷：本年利润　　　　　　　　　　　　　165 000

再次，根据上述会计分录，采用平行登记方法，在"应收账款"、"主营业务收入"总账与其所属明细账中进行登记。

表 2-19　总分类账

会计科目：应收账款　　　　　　　　　　　　　　　　　　　　　　　　　　　　第　　页

2008年		凭证		摘要	借方	贷方	借或贷	余额
月	日	字	号					
11	1			期初余额			借	200000
	2	银收	1	收回货款		85000	借	115000
	9	转	1	销售产品货款未收	23400		借	138400
	13	银收	3	收回货款		20000	借	118400
	18	转	2	销售产品货款未收	29250		借	147650
	25	银收	4	收回货款		35000	借	112650
	30			本月发生额及余额	52650	140000	借	112650

表 2-20　应收账款明细账

二级或明细科目：全聚公司　　　　　　　　　　　　　　　　　　　　　　　　　第　　页

2008年		凭证		摘要	借方	贷方	借或贷	余额
月	日	字	号					
11	1			期初余额			借	170000
	2	银收	1	收回货款		85000	借	85000
	18	转	2	销售B商品货款未收	29250		借	114250
	25	银收	4	收回货款		20000	借	94250
	30			本期发生额及余额	29250	105000	借	94250

表 2-21　应收账款明细账

二级或明细科目：东华公司　　　　　　　　　　　　　　　　　　　　　第　　页

2008年		凭证		摘要	借方	贷方	借或贷	余额
月	日	字	号					
11	1			期初余额			借	30000
	9	转	1	销售A商品货款未收	23400		借	53400
	13	银收	3	收回货款		20000	借	33400
	25	银收	4	收回货款		15000	借	18400
	30			本期发生额及余额	23400	35000	借	18400

表 2-22　总分类账

会计科目：主营业务收入　　　　　　　　　　　　　　　　　　　　　　第　　页

2008年		凭证		摘要	借方	贷方	借或贷	余额
月	日	字	号					
11	7	银收	2	销售A、B商品款已收到		120000	贷	120000
	9	转	1	销售A商品款项未收		20000	贷	140000
	18	转	2	销售B商品款项未收		25000	贷	165000
	30	转	3	结转收入	165000		平	——
	30			本期发生额及余额	165000	165000	平	——

表 2-23　主营业务收入明细账

二级或明细科目：A商品　　　　　　　　　　　　　　　　　　　　　　第　　页

2008年		凭证		摘要	借方	贷方	借或贷	余额
月	日	字	号					
11	7	银收	2	销售A商品货款未收		70000	贷	70000
	9	转	1	销售A商品货款未收		20000	贷	90000
	30	转	3	结转收入	90000		平	——
	30			本期发生额及余额	90000	90000	平	——

表 2-24　主营业务收入明细账

二级或明细科目：B商品　　　　　　　　　　　　　　　　　　　　　　第　　页

2008年		凭证		摘要	借方	贷方	借或贷	余额
月	日	字	号					
11	7	银收	2	销售B商品货款未收		50000	贷	50000
	18	转	2	销售B商品货款未收		25000	贷	75000
	30	转	3	结转收入	75000		平	——
	30			本期发生额及余额	75000	75000	平	——

表 2-25　应收账款明细账户本期发生额及余额表

2008 年 11 月

明细科目	期初余额		本期发生额		期末余额	
	借方	贷方	借方	贷方	借方	贷方
全聚公司	170000		29250	105000	94250	
东华公司	30000		23400	35000	18400	
合计	200000		52650	140000	112650	

表 2-26　主营业务收入明细账户本期发生额及余额表

2008 年 11 月

明细科目	期初余额		本期发生额		期末余额	
	借方	贷方	借方	贷方	借方	贷方
A 产品	——	——	90000	90000	——	——
B 产品	——	——	75000	75000	——	——
合计	——	——	165000	165000	——	——

将表 2-23、表 2-24 分别与"应收账款"、"主营业务收入"总账核对。表中期初、期末余额、本期发生额借方和贷方栏合计数分别与总账中对应栏目金额相符，说明平行登记正确。

2.5　对账与结账

在实际工作中，根据审核无误的会计凭证登记账簿，但也难免出现账目差错、疏漏和账实不符现象。为了保证账簿记录的正确性，就必须进行账目核对与结算。

2.5.1　对账

所谓对账是指定期对各种账簿记录进行核对的会计工作。通过对账，可以及时发现和纠正错误，做到账证相符、账账相符、账实相符，确保账簿记录的正确可信，为编制会计报表提供依据。各单位对账工作每年至少进行一次。

对账工作主要包括以下三方面的内容。

（1）账证核对。即各种账簿记录与登账的依据即会计凭证进行核对。因为凭证数量多，因此凭证核对在平常的编制凭证和记账过程中可进行，及时查错并改正。账证核对主要是检查账簿记录与会计凭证的内容、凭证字号、记账方向、会计科目、金额等是否相符。期末若出现账簿记录有误,则应重新核对,确保账证相符,账簿记录正确。

(2) 账账核对。是指各种账簿之间的核对。主要包括:
① 所有总分类账户的借方发生额之和与所有总分类账户贷方发生额之和核对相符;
② 每个总分类账户的期初、期末余额、本期借方发生额和本期贷方发生额与其所属的明细分类账户的期初、期末余额、本期借方发生额、本期贷方发生额之和核对相符;
③ 现金、银行存款总账的本期发生额和余额应与现金日记账、银行存款日记账的发生额及余额核对相符;
④ 会计部门的各种财产物资明细账余额应与相关财产物资保管部门账面余额核对相符。

(3) 账实核对。是指各种财产物资的账面余额与其实际结存数核对相符。主要包括:
① 现金日记账的账面余额每日应与库存现金实有数核对相符;
② 银行存款日记的账面余额应与银行对账单核对相符;
③ 各种财产物资的账面余额应与其实际结存数核对相符;
④ 各种债权、债务的账面余额应与其相关的债务、债权单位或个人核对相符。

2.5.2 结账

所谓结账,是指在把一定会计期间内所发生的经济业务全部登记入账的基础上,按规定的方法结算出各个账户的本期发生额和期末余额的工作。通过结账,将持续不断的经济活动按照会计期间进行了分期总结,可反映一定期间的财务状况和经营成果,为编制会计报表提供依据。

1. 结账前的准备工作

为了做好结账工作,应做好以下准备工作:
(1) 检查所发生的经济业务是否都按规定填制或取得了会计凭证,并全部据以登账,如发现有遗漏、错误应及时补充、更正;
(2) 按权责发生制要求,结合财产清查,进行有关账项调整的会计处理,主要包括应计收入、预计收入、应计费用、预付费用等的账项调整,以合理确认本期收入和费用;
(3) 计算结转相关的成本、费用、收入,均应编制记账凭证,并据以登账;
(4) 认真对账,确保账证、账账、账实相符。

2. 结账的具体方法

结账工作通常按月进行,分月结、季结、年结三种。一般在会计期末进行,一般用划线结账的方法进行。月结时划通栏单红线,年结时划通栏双红线。具体方法如下。

(1) 现金、银行存款日记账和需要按月结计发生额的收入、费用等明细账:每月结账时，要在最后一笔经济业务记录下面划通栏单红线，结出本月发生额和余额，在摘要栏内注明"本月合计"，在借贷两方结计出本月发生额合计，再在下面划通栏单红线。

（2）不需要按月结计本期发生额的账户：如各种应收、应付款项及财产物资明细账，每次记账以后都随时结出余额，每月最后一笔余额即为月末余额。结账时，只需在最后一笔经济业务记录下划通栏单红线，与下月记录分开。

（3）需要结计本年累计发生额的某些明细账户：结账时，在最后一笔记录下划通栏单红线，并在下一行摘要栏注明"本月合计"，在借贷两方结出自月初至月末止的发生额；再下一行结出自年初至本月末止的累计数额，在摘要栏内注明"本年累计"，并在下面划通栏单红线，十二月末的"本年累计"数即全年的累计数，此时须划通栏双红线。

（4）总账账户平时只需结出月末余额，一般不需结计本月发生额。年末结账时为了核对账目，需在最后一笔记录的下一行结出所有总账账户的全年发生额和余额，在摘要栏注明"本年合计"，并在下面划通栏双红线。

年度终了结账时，凡有余额的账户，应在"借或贷"栏内写明"借"或"贷"的字样；若无余额，应在"借或贷"栏写"平"字，并在余额栏内写"0"，并将有余额的账户，转入下年的新账之内。在下年新账的第一页第一行内摘要栏注明"上年结转"或"年初余额"字样。

2.6 账簿的启用、登记和更正规则

前面已详细介绍了各类会计账簿的登记方法与设置。而启用新的账簿、登记账簿及试算时发现账簿有差错时进行更正都有一些具体的规则，详细介绍如下。

2.6.1 账簿启用规则

为了明确记账责任，账簿应由专人负责登记。启用新的会计账簿时，应在封面上写明单位名称和账簿名称，在账簿扉页上填写"账簿启用及交接表"。表中主要内容有：启用日期、账簿页数、记账人员和会计机构负责人、会计主管人员姓名，并加盖名章和单位公章。订本账按顺序从第一页到最后一页编号，活页账户顺序编号，装订成册后再按实际使用的账页顺序编写页码，另加目录，记明每个账户的名称和页次。记账人员及会计主管人员、会计机构负责人调动工作时，应办理相关交接手续，在交接记录内填写接交日期、接办人员和监交人员姓名，并由交接人员签名或盖章。

2.6.2 账簿登记规则

登记账簿是会计核算工作的重要环节，也是会计核算的一项重要基础工作，一般应遵

循以下规则。

（1）必须以严格审核无误后的记账凭证为依据。登记会计账簿时，应当将审核无误后的会计凭证日期、编号、业务内容摘要、金额和其他有关资料逐项记入账内。登完账后，应在记账凭证"过账"栏内注明账簿的页数或作过账符号"√"，表示已登记入账，以避免重记、漏记。同时要在记账凭证上签名或盖章。

（2）必须按顺序连续登记。登记账簿必须按事先所确定的页码顺序连续登记，不得跳行、隔页。如发生隔页、跳行时，应将空行空页划线注销，或注明"此行空白"或"此页空白"字样，并由记账人员签名盖章。不得任意涂改、撕毁。

（3）为保证账簿记录的连续性和衔接性，每张账页记完时，应办理转页手续。即在本页最后一行加计本页发生额及余额，在摘要栏注明"过次页"，然后将发生额合计数及余额记入下一页的第一行，在摘要栏写"承前页"。

（4）书写必须规范、工整。登记账簿是必须用钢笔和蓝黑墨水书写，不得用铅笔和圆珠笔。红色墨水只能用于：① 期末结账时，用红色墨水划线；② 更正错账时，用于划线更正或根据红字记账凭证，登记账簿；③ 在三栏式账户的余额栏前，如未注明余额方向，在余额栏内用红字登记负数；④ 登账时发生隔页、跳行时，用红色墨水划对角线注销空行或空页，并由记账人员签章；⑤ 在不设借贷等栏的多栏式明细账账页中，登记减少数。登账时，文字、数字书写必须规范、工整，不得潦草，且都要靠行格底线书写，占全格的1/2，为更正错账留有余地。

（5）账簿出错时，应按规定的方法更正。不得刮擦、挖补、涂改或用药水消除字迹。

2.6.3 账簿更正规则

1. 试算发现差错的查找方法

如试算不平衡则说明账簿记录有错误，应立即查找错账并予以更正。查找错账的方法一般分为全面检查和重点检查。重点检查主要包括以下几种。

（1）差额法

差额法就是直接从账账之间的差额来查找过账时一笔分录一方重记、漏记或错记造成的差错。例如：摊销公司财产保险费 6000 元，记账时漏记"待摊费用"账户，在试算平衡表上，资产一方为 842000 元，而负债及所有者权益一方则为 836000 元，其差额 6000元是漏记的"待摊费用"的金额。

（2）除 2 法

此方法是把账与账之间的差额数字除以 2 来查找记账方向记错的错误。如果登账时将应记借方（贷方）的数字记入贷方（借方），则借贷双方合计数的差额是错记金额的两倍。将差额除以 2，得出的商数就是账中记错方向的数字，然后再到账簿中查找与之相同的数字，不必逐笔查找。例如在试算平衡时发现账户借方发生额合计比贷方发生额合计大6000元，将6000除以2得商3000元，很可能就是将应记贷方的3000元记到借方了，然后到账簿中查找与3000元相同的数字，看是否记错方向了。

（3）除9法

此方法是将差额除以9检查邻数倒置、数字移位的错账，即试算不平衡时，将借贷双方合计数的差额除以9，若能被整除，则很可能是记账过程中出现了数字移位（错位）或数字颠倒的差错。

数字移位，往往是在过账时，在应记的数字后多加或少加了"0"，使正确的数字扩大9（或99倍等）倍或缩小0.9（或0.99等）倍。因此数字移位又分为将数字写大和将数字写小两种错误。

① 将数字写大（将数字后多加了"0"），例如将100写成1000。查找的方法是将其差额除以9，得到的商数是正确数，商数乘以10所得的积为错误数。本例中的差数为900（1000－100），除以9后，所得的商数为100为正确数，100乘以10的积1 000即为错位数。在查找差错时，以此为线索，重点检查与该商数之积相同的金额是否存在记录上错位的情况。

② 将数字写小（将数字后小加了"0"），例如将5000写成500。查找的方法是：将差数除以9，得到的商数为错位数，将商数乘以10后所得的积为正确数。本例中的差数为4 500（5000－500），除以9得商500即为错误数。500乘以10即为正确数。在查找差错时，以此为线索，重点检查与该商数相同的金额是否存在记录上错位的情况。

上述方法是对错移一位的情况。如果错移两位时，将差数除以99得到的商为正确数（将数字写大的情况）或错误数（将数字写小的情况）。如将68000写成680，其差额为67320，除以99得商680即为错误数，680乘以100得68000即为正确数。

当错移三位时，除以999，以此类推。

数字颠倒，如将59写成95、将28写成82等。查找的方法是：将差数除以9，所得到的商数连续加11，直到出现颠倒的数字为止。如59写成95，两数之差为36，除以9得4，连加11为15、26、37、48、59、70，其中就有被错写的59。在错误查找时，以此为线索，重点检查有与连加11后的数字相同金额的业务是否存在记录上数字颠倒的情况。

此外，如果差错的数字只是角位、分位，就可以专查角位、分位的数字，其他数字就不必一一检查，此乃尾数法。

总之，当发现账簿记录有误时，一般可根据其具体特征先进行重点检查；若无法查明差错，则应用顺查法或逆查法进行全面检查以及时更正错账。

2. 更正错账的方法

（1）划线更正法

划线更正法是指用划红线注销原有错误记录，然后在划线上面更正错账的一种方法。主要适用于结账前发现账簿记录中文字、数字有误而记账凭证无误的情况。

划线更正的方法是：先将错误的文字或数字划一条红线以示注销，然后在所划线的上方空白处写上正确的文字或数字，并由更正人员盖章，以明确责任。值得注意的是：首先，在划线时，不得涂抹，应保持其整洁，且使原有字迹清晰可辨，以备查考。另外，对于错误的数字，应整个划掉，不能仅仅划掉其中的几个错误数字。例如：记账人员李艳误将 8764 元记为 8674 元，应作如下更正。

8 764
8 674　　　李艳

（2）红字更正法

此方法是指用红字冲减或冲销原有错误记录，以更正或调整账簿记录的一种方法。适用于两种情况：第一，记账凭证中会计科目、记账方向正确，但所记金额大于应记金额，导致账簿记录错误；第二，记账凭证中会计科目、记账方向或记账金额有误而使账簿记录有误。

对于第一种情况，采用红字更正法将多记金额予以冲销，具体操作为：编制一张会计科目、记账方向与原错误记账凭证相同的凭证，用红字填写多记的金额，在摘要栏注明"更正某月某日某号凭证"，并据以登账。

例：结转销售 A 产品成本，价值 50000 元，原记账凭证误写成：

借：主营业务成本　　　　　　　　500 000
　贷：库存商品　　　　　　　　　　500 000

并已登账。更正时应用红字金额填制一张记账凭证，冲减多记金额 45000 元并据以记账。

借：主营业务成本　　　　　　　　450 000
　贷：库存商品　　　　　　　　　　450 000

有关账户记录更正用"T"形账户结构表示如下：

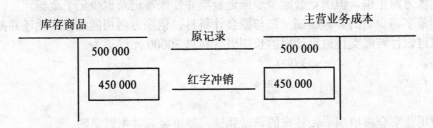

对于第二种情况，先用红字金额填制一张内容与原错误的记账凭证完全相同的记账凭证，并在摘要栏注明"注销某年某月某日某号凭证"并据以记账；再用蓝字金额填制一张正确的记账凭证，在摘要栏注明"更正某年某月某日某号凭证"并据以记账。

例：结转销售材料的账面成本 3000 元，原记账凭证误记为：

借：生产成本　　　　　　　　　　3 000
　　贷：原材料　　　　　　　　　　　　3 000
并已入库。
更正时，首先用红字金额填制一张内容完全相同的记账凭证并登账。
借：生产成本　　　　　　　　　　3 000
　　贷：原材料　　　　　　　　　　　　3 000
然后用蓝字填制一张正确的记账凭证，并登账。
借：其他业务支出　　　　　　　　3 000
　　贷：原材料　　　　　　　　　　　　3 000
账户记录的更正如下图所示：

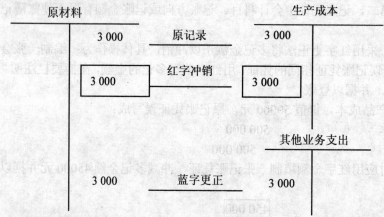

（3）补充登记法

是指通过编制一张蓝字记账凭证来补充账户中少记金额的一种方法。适用于记账凭证中会计科目、记账方向正确，但所记金额少于应记金额并使账簿记录也少记了金额。

更正时，用蓝字将少记的金额编制一张与原会计科目、记账方向相同的记账凭证并据以记账。例：通过银行转账支付原已计提的长期借款利息30000元误记为：

借：长期借款　　　　　　　　　　3 000
　　贷：银行存款　　　　　　　　　　　3 000
并已入账。
更正时，应用蓝字金额填制一张补充的记账凭证，补足金额并据以记账：
借：长期借款　　　　　　　　　　27 000
　　贷：银行存款　　　　　　　　　　　27 000
账户记录中更正如下图所示：

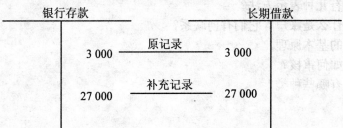

【练习题】

1．选择题
(1) 资产、负债和所有者权益三项会计要素反映企业的（　　）状况。
A．财务　　　　B．业务　　　　C．销售　　　　D．供应
(2) 会计等式是表明各个会计要素之间基本关系的（　　）式。
A．不等　　　　B．恒等　　　　C．有利的公　　D．相似
(3) 为了便于计算机处理会计业务，我国财政部统一规定的会计科目按一定规则予以编号；总分类科目通常采用（　　）数字编号。
A．一位　　　　B．二位　　　　C．四位　　　　D．六位
(4) 会计账簿是以（　　）为依据，对全部经济业务进行全面、连续、系统地记录和核算的簿籍，它是由具有专门格式连接在一起的账页组成。
A．会计要素　　B．会计科目　　C．会计业务　　D．会计凭证
(5) 通过对账，可以及时发现和纠正错误，做到账证相符、账账相符、账实相符，确保账簿记录的（　　）可信，为编制会计报表提供依据。
A．正确　　　　B．错误　　　　C．动态　　　　D．静态

2．判断题
(1) 旅游会计要素分为六大类，即资产、负债、所有者权益、收入、费用和利润。而会计等式则是各会计要素之间基本关系的恒等式。（　　）
(2) 会计科目，是对会计要素的具体内容进行分类核算的项目。（　　）
(3) 会计凭证是指记录经济业务、明确经济责任的书面证明。（　　）
(4) 会计账簿不是以会计凭证为依据，对全部经济业务进行全面、连续、系统地记录和核算的簿籍。（　　）
(5) 如试算不平衡则说明账簿记录不一定有错误，但应立即查找错账，并予以更正。（　　）

3．问答题
(1) 什么是会计要素？各会计要素反映了什么内容？

(2) 什么是会计等式？有几种表示方法？
(3) 什么是会计科目？什么是账户？它们有何联系？
(4) 试述借贷记账方法的基本原理。
(5) 什么是会计凭证？如何审核？
(6) 什么是会计账簿？有哪些种类？
(7) 试述会计循环。

4. 业务题

1) 习题一

目的：练习记账方向，登记账户。

资料：商场部 2003 年 7 月份发生的部分经济业务如下：

(1) 2 日，张强将个人资金现金 80000 元，投入该厂作为投资。
(2) 3 日，将投入的现金 80000 元，存入银行。
(3) 5 日，开出现金支票一张计 6000 元，支付 7~12 月份房租。
(4) 7 日，购买货车一辆，价款 20000 元，以转账支票付讫。该车已验收交付使用。
(5) 10 日，向前锋汽配经营部购买零配件一批，价款 12000 元，开出转账支票一张 8000 元，支付部分货款，其余待付。

要求：根据上述资料开设有关账户（用 T 型账户），按照借贷记账规则进行登记。

2) 习题二

根据 2008 年 5 月发生的下列经济业务，填制收、付、转凭证：

(1) 1 日，从银行提取现金 5000 元。
(2) 3 日，采购员李小红借差旅费 3500 元，以现金支付。
(3) 5 日，采购A材料 200 吨，单价 50 元，增值税率 17%，签发转账支票支付上述款项。
(4) 7 日，领用A材料 180 吨，单价 50 元，其中生产C产品领用 100 吨，车间领用 50 吨，管理部门领用 30 吨。
(5) 8 日，采购员出差归来报销差旅费 3000 元，退回现金 500 元。
(6) 10 日，向银行借入一笔 3 年期借款 50000 元，存入本企业开户银行。
(7) 15 日，销售 C 产品 50 件，单价 100 元，增值税率 17%，款项未收。
(8) 31 日，计算本月应计提折旧 6000 元，其中车间用固定资产折旧 4000 元，行政管理部门用固定资产 2000 元。
(9) 31 日，计算本月应付工资 4800 元，其中生产C产品工人工资 3500 元，车间管理人员工资 800 元，行政管理人员工资 500 元。
(10) 31 日，结转本月销售 C 产品 500 件成本，C 产品单位成本为 70 元。

3) 习题三

根据下列经济业务练习总分类账和明细分类账的平行登记：

餐饮部2008年8月份"物资采购"、"应付账款"期初余额如下：
物资采购   210 000
其中：A材料3000公斤，单价20元，60000元
B材料5000公斤，单价30元，15000元
应付账款   80 000元
其中：中南公司   50 000元
      华春公司   30 000元
8月份的材料采购业务如下：（不考虑增值税）
（1）2日，向中南公司采购A材料2000公斤，单价20元，中南公司代垫运杂费300元，均未支付；
（2）5日，向华春公司采购B材料1000公斤，单价31元，价款未付；
（3）16日，通过银行转账支付上月欠中南公司款项30000元，华春公司25000元；
（4）20日，向华春公司采购A材料3000公斤，单价24元，价款未付。另以现金支付运杂费500元；
（5）31日，以银行存款支付华春公司货款30000元，支付中南公司货款40300元；
（6）31日，上述材料已全部验收入库，结转其采购成本。

第 3 章 流动资产核算

【内容提要】

流动资产是旅游企业资产的重要组成部分。流动资产是指可以在一年或超过一年的一个营业周期内变现或耗用的资产。旅游企业流动资产具体包括：货币资金、交易性金融资产、应收及预付款项、存货和待摊费用等。

【学习目标】

- 了解流动资产的核算内容。
- 熟悉会计结算业务。
- 掌握货币资金和存货的账务处理。

3.1 货币资金的核算

货币资金是指旅游企业经营过程中处于货币形态的资产，包括库存现金、银行存款和其他货币资金。

3.1.1 库存现金

库存现金是指通常存放在企业财务部门，由出纳人员经管的货币。库存现金是企业流动性最强的资产，企业应当严格遵守国家有关现金管理制度，正确进行现金收支的核算，监督现金使用的合法性与合理性。

1. 现金管理制度

根据国务院发布的《现金管理暂行条例》的规定，现金管理制度主要包括以下内容。
（1）现金使用范围
企业可用现金支付的款项有：
① 职工工资、津贴；
② 个人劳务报酬；
③ 根据国家规定颁发给个人的科学技术、文化艺术、体育等各种奖金；

④ 各种劳保、福利费以及国家规定的对个人的其他支出；
⑤ 向个人收购农副产品和其他物质的款项；
⑥ 出差人员必需随身携带的差旅费；
⑦ 结算起点以下的零星支出；
⑧ 中国人民银行确定需要支付现金的其他支出。
除上述情况可以用现金支付外，其他款项的支付应通过银行转账结算。

（2）现金的限额

现金的限额是指为了保证企业日常零星开支的需要，允许单位留存现金的最高数额。这一限额由开户银行根据单位的实际需要核定，一般按照单位3～5天日常零星开支的需要确定，边远地区和交通不方便地区的库存现金限额，可按多于5天但不超过15天的日常零星开支的需要确定。核定后的现金限额，开户银行必须严格遵守，超过部分应于当日终了前存入银行。需要增加或减少现金限额的单位，应向开户银行提出申请，由开户银行核定。

（3）现金收支的规定

开户单位收入现金应于当日送存开户银行，当日送存确有困难的，由开户银行确定送存时间；开户单位支付现金，可以从本单位库存现金中支付或从开户银行提取，不得从本单位的现金收入中直接支付，即不得"坐支"现金，因特殊情况需要坐支现金的单位，应事先报经有关部门审查批准，并在核定的范围和限额内进行，同时，收支的现金必须入账。开户单位从开户银行提取现金时，应如实写明提取现金的用途，由本单位财务部门负责人签字盖章，并经开户银行审查批准后予以支付。因采购地点不确定、交通不便、抢险救灾及特殊情况必须使用现金的单位，应向开户银行提出书面申请，由本单位财务部门负责人签字盖章，并经开户银行审查批准后予以支付。此外，不准用不符合国家统一的会计制度的凭证顶替库存现金，即不得"白条顶库"；不准谎报用途套取现金；不准用银行账户代其他单位和个人存入或支取现金；不准用单位收入的现金以个人名义存入储蓄；不准保留账外公款，即不得"公款私存"，不得设置"小金库"等。银行对于违反上述规定的单位，将按照违规金额的一定比例予以处罚。

2. 现金的核算

为了总括地反映企业库存现金的收入、支出和结存情况，企业应当设置"库存现金"科目，借方登记现金的增加，贷方登记现金的减少，期末余额在借方，反映企业实际的库存现金的金额。企业内部各部门周转使用的备用金，可以单独设置"备用金"科目进行核算。

企业应当设置现金总账和现金日记账，分别进行企业库存现金的总分类核算和明细分类核算。

现金日记账由出纳人员根据收付款凭证，按照业务发生顺序逐笔登记。每日终了，应当在现金日记账上计算出当日的现金收入合计数、现金支出合计数和结余额，并将现金日记账的账面余额与实际库存现金额相核对,保证账款相符;月度终了,现金日记账的余额应当与现金总账的余额核对,做到账账相符。

【例 3-1】 南岗旅游公司收到游客交来旅游费现金 30000 元。
借:库存现金　　　　　　　　30 000
　　贷:主营业务收入　　　　　　30 000

【例 3-2】 企业为游客购买去旅游地的车票,用去现金 8000 元。
借:主营业务成本　　　　　　 8 000
　　贷:库存现金　　　　　　　　 8 000

【例 3-3】 企业为游客在旅游地安排宾馆住宿,用现金付房费 7500 元。
借:主营业务成本　　　　　　 7 500
　　贷:库存现金　　　　　　　　 7 500

【例 3-4】 企业为游客在旅游地安排就餐,用现金支付餐费 6000 元。
借:主营业务成本　　　　　　 6 000
　　贷:库存现金　　　　　　　　 6 000

【例 3-5】 导游在旅途购买扩音器一部,回来报账,出纳付给其现金 300 元。
借:周转材料——低值易耗品　　300
　　贷:库存现金　　　　　　　　 300

【例 3-6】 客房部经理去北京开会,在财务处借用现金 2000 元。
借:其他应收款　　　　　　　 2 000
　　贷:库存现金　　　　　　　　 2 000

【例 3-7】 客房部经理从北京开会回来,报销差旅费用 1800 元,交回现金余款 200 元。
借:库存现金　　　　　　　　　 200
　　管理费用　　　　　　　　　1 800
　　贷:其他应收款　　　　　　　2 000

【例 3-8】 企业去开户银行提取现金 15670 元,备发工资。
借:库存现金　　　　　　　　15 670
　　贷:银行存款　　　　　　　 15 670

【例 3-9】 用现金发放职工工资 15670 元。
借:应付职工薪酬　　　　　　15 670
　　贷:库存现金　　　　　　　 15 670

3. 现金的清查

企业应当按规定进行现金的清查,一般采用实地盘点法,对于清查的结果应当编制现金盘点报告单。如果有挪用现金、白条顶库的情况,应及时予以纠正;对于超限额留存的现金应及时送存银行。如果账款不符，发现的有待查明原因的现金短缺或溢余，应先通过"待处理财产损溢"科目核算。按管理权限经批准后，分别以下情况处理：

（1）如为现金短缺，属于应当由责任人赔偿或保险公司赔偿的部分，计入"其他应收款"；属于无法查明的其他原因，计入"管理费用"。

（2）如为现金溢余，属于应支付给有关人员或单位的，计入"其他应付款"；属于无法查明原因的，计入"营业外收入"。

3.1.2 银行存款

银行存款是指企业存入银行或其他金融机构的各种款项。企业应当根据业务需要，按照规定在其所在地银行开设账户，运用所开设的账户，进行存款、取款及各种收支转账业务的结算。银行存款的收付应严格执行银行结算制度的规定。

企业应当设置银行存款总账和银行存款日记账，分别进行银行存款的总分类核算和明细分类核算。

企业可按开户银行和其他金融机构、存款种类等设置"银行存款日记账"，根据收付款凭证，按照业务发生顺序逐笔登记。每日终了，应结出余额。"银行存款日记账"应定期与"银行对账单"核对，至少每月核对一次。企业银行存款账面余额与银行对账单余额之间如有差额，应编制"银行存款余额调节表"调节相符，如没有记账错误，调节后的双方余额应相等。银行存款余额调节表只是为了核对账目，并不能作为调整银行存款账面余额的记账依据。

【例3-10】 南岗旅游公司2007年12月31日银行存款日记账的余额为5400000元，银行转来对账单的余额为8300000元。经逐笔核对，发现以下未达账项：

（1）企业送存转账支票6000000元，并已登记银行存款增加，但银行尚未记账。

（2）企业开出转账支票4500000元，但持票单位尚未到银行办理转账，银行尚未记账。

（3）商场部销售商品4800000元，请开户银行代收对方货款。银行已收妥并登记入账，但企业尚未收到收款通知，尚未记账。

（4）银行代企业支付电话费400000元，银行已登记企业银行存款减少，但企业尚未收到银行付款通知，尚未记账。

计算结果见表3-1。

表3-1 银行存款余额调节表

项　目	金额	项　目	金额
企业银行存款日记账的余额	5 400 000	银行对账单的余额	8 300 000
加：银行已收，企业未收款	4 800 000	加：企业已收，银行未收款	6 000 000
减：银行已付，企业未付款	400 000	减：企业已付，银行未付款	4 500 000
调节后的存款余额	9 800 000	调节后的存款余额	9 800 000

本例中,反映了企业银行存款账面余额与银行对账单余额之间不一致的原因,是因为存在未达账项。发生未达账项的具体情况有四种:一是企业已收款入账,银行尚未收款入账;二是企业已付款入账,银行尚未付款入账;三是银行已收款入账,企业尚未收款入账;四银行是已付款入账,企业尚未付款入账。

3.1.3 其他货币资金

1. 其他货币资金的内容

其他货币资金是指企业除库存现金、银行存款以外的各种货币资金,主要包括银行汇票存款、银行本票存款、信用卡存款、信用证保证金存款、存入投资款、外埠存款等。

(1)银行汇票存款。银行汇票是指由出票银行签发的,由其在见票时按照实际结算金额无条件支付给收款人或者持票人的票据。银行汇票的出票银行为银行汇票的付款人。单位和个人各种款项的结算,均可使用银行汇票。银行汇票可以用于转账,填明"现金"字样的银行汇票也可以用于支取现金。

(2)银行本票存款。银行本票存款的指银行签发的,承诺自己在见票时无条件支付确定的金额给收款人或持票人的票据。单位和个人在同一票据交换区域需要支付的各项款项,均可使用银行本票。银行本票可以用于转账,注明"现金"字样的银行本票可以用于支取现金。

(3)信用卡存款。信用卡存款是指企业为取得信用卡而存入银行信用卡专户的款项。信用卡是银行卡的一种。信用卡按使用对象分为单位卡和个人卡;按信用等级分为金卡和普通卡;按是否向发卡银行交存备用金分为贷记卡和准贷记卡。

(4)信用证保证金存款。信用证保证金存款的指采用信用证结算方式的企业为开具信用证而存入银行信用证保证金专户的款项。企业向银行申请开立信用证,应该规定向银行提交开证申请书、信用证申请人承诺书和购销合同。

(5)存出投资款。存出投资款是指企业以存入证券公司但尚未进行投资的资金。

(6)外埠存款。外埠存款是指企业为了到外地进行临时或零星采购,而汇往采购地银行开立采购专户的款项。该账户的存款不计利息、只付不收、付完清户,除了采购人员可从中提取少量现金外,一律采用转账结算。

2. 其他货币资金的核算

为了反映和监督其他货币资金的收支和结存情况,企业应当设置"其他货币资金"科目,借方登记其他货币资金的增加数,贷方登记其他货币资金的减少数,期末余额在借方,反映企业实际持有的其他货币资金。本科目应按其他货币资金的种类设置明细科目。

(1)银行汇票存款

汇票单位(即申请人)使用银行汇票,应向出票银行填写"银行汇票申请书"填明收款人名称、汇票金额、申请人名称、申请日期等事项并签章，签章为其预留银行的签章。出票银行受理银行汇票申请书，收妥款项后签发银行汇票，并用压数机压印出票金额，将银行汇票和解讫通知一并交给申请人。申请人应将银行汇票和解讫通知一并交付给汇票上记明的收款人。收款人受理申请人交付的银行汇票时，应在出票金额以内，根据实际需要的款项办理结算，并将实际结算的金额和多余金额准确、清晰地填入银行汇票和解讫通知的有关栏内，到银行办理款项入账手续。收款人可以将银行汇票背书转让给被背书人。银行汇票的背书转让以不超过出票金额的实际结算金额为准。未填写实际结算金额或实际结算金额超过出票金额的银行汇票，不得背书转让。银行汇票的提示付款期限为自出票日起一个月，持票人超过付款期限提示付款的，银行将不予受理。持票人向银行提示付款时，必须同时提交银行汇票和解讫通知，缺少任何一联，银行不予受理。

银行汇票丧失，失票人可以凭人民法院出具的其享有票据权利的证明，向出票银行请求付款或退款。

企业填写"以后汇票申请书"、将款项交存银行时，借记"其他货币资金——银行汇票"科目，贷记"银行存款"科目；企业持银行汇票购货、收到有关发票账单时，借记"材料采购"或"原材料"、"库存商品"、"应交税费——应交增值税（进项税额）"等项科目，贷记"其他货币资金——银行汇票"科目；采购完毕收回剩余款项时，借记"银行存款"科目，贷记"其他货币资金——银行汇票"科目。企业收到银行汇票，填制进账单到开户银行办理款项入账手续，根据进账单及销货发票等，借记"银行存款"科目，贷记"主营业务收入"、"应交税费——应交增值税（销项税额）"等科目。

（2）银行本票

银行本票分为不定额本票和定额本票两种。定额本票面额为1000元、5000元、10000元和50000元。银行本票的提示付款期限自出票日起不得超过两个月。在有效付款期内，银行见票付款。持票人超过付款期限提示付款的，银行不予受理。

申请人使用银行本票，应向银行填写"银行本票申请书"。申请人或收款人为单位的，不得申请签发现金银行本票。出票银行受理银行本票申请书，收妥款项后签发银行本票，在本票上签章后交给申请人。申请人应将银行本票交付给本票上记明的收款人。收款人可以将银行本票背书转让给被背书人。

申请人因银行本票超过提示付款期限或其他原因要求退款时，应将银行本票提交到出票银行并出具单位证明。出票银行对于在本行开立存款账户的申请人，只能将款项转入原申请人账户；对于现金银行本票和未到本行开立存款账户的申请人，才能退付现金。

银行本票丧失，失票人可以凭人民法院出具的享有票据权利的证明，向出票银行请求付款或退款。

企业填写"银行本票申请书"，将款项交存银行时，借记"其他货币资金——银行本票"科目，贷记"银行存款"科目；企业持银行本票购货，收到有关发票账单时，借记"材料采购"或"原材料"、"库存商品"、"应交税费——应交增值税（进项税额）"等科目，贷记"其他货币资金——银行本票"科目。企业收到银行本票，填制进账单到开户银行办理款项入账手续，根据进账单及销货发票等，借记"银行存款"科目，贷记"主营业务收入"、"应交税费——应交增值税（销项税额）"等科目。

3. 信用卡

凡在中国境内金融机构开立基本存款账户的单位可申请单位卡。单位卡可申请若干张，持卡人资格由申请法定代表人或其委托的代理人书面指定和注销。单位卡账户的资金一律从其基本账户转账存入，不得交存现金，不得将销货收入的款项存入其账户。持卡人可持信用卡在特约单位购物、消费，但单位卡不得用于10万元以上的商品交易、劳务供应款项的结算，不得支取现金。特约单位在每日终了，应将当日受理的作用卡签购单汇总，计算手续费和净计金额，并填写汇（总）计单和进账单，连同签购单一并送交收单银行办理进账。

信用卡按是否向发卡银行交存备用金，分为贷记卡、准贷记卡两类。贷记卡是指发卡银行给予一定的信用额度，持卡人可在信用额度内先消费、后还款的信用卡。准贷记卡是指持卡人须先按发卡银行要求交存一定金额的备用金，当备用金账户余额不足支付时，可在发卡银行规定的信用额度内透支的信用卡。

准贷记卡的透支期限最长为60天，贷记卡的首月最低还款额不得低于其当月透支余额的10%。企业应填制"信用卡申请表"，连同支票和有关资料一并送存发卡银行，根据银行退回的进账单第一联，借记"其他货币资金——信用卡"科目，贷记"银行存款"科目；企业用信用卡购物或支付有关费用，收到开户银行转来的信用卡存款的付款凭证及所附发票账单，借记"管理费用"等科目，贷记"其他货币资金——信用卡"科目；企业信用卡在使用过程中，需要向其账户续存资金，借记"其他货币资金——信用卡"科目，贷记"银行存款"科目；企业的持卡人如不需要继续使用信用卡时，应持信用卡主动到发卡银行办理销户。销户时，单位卡科目余额转入企业基本存款户，不得提取现金，借记"银行存款"科目，贷记"其他货币资金——信用卡"科目。

4. 信用证保证金存款

企业填写"信用证申请书"，将信用证保证金交存银行时，应根据银行盖章退回的"信用证申请书"回单，借记"其他货币资金——信用证保证金"科目，贷记"银行存款"科目；企业接到开证行通知，根据供货单位信用证结算凭证及所附发票账单，借记"材料采购"或"原材料"、"库存商品"、"应交税费——应交增值税（进项税额）"等科目，贷记"其他货币资金——信用证保证金"科目；将未用完的信用证保证金存款余额转回开户银行时，借记"银行存款"科目，贷记"其他货币资金——信用证保证金"科目。

5. 存出投资款

企业向证券公司划出资金时，应按实际划出的金额，借记"其他货币资金——存出投资款"科目,贷记"银行存款"科目;购买股票、债券等时,借记"交易性金融资产"等科目,贷记"其他货币资金——存出投资款"科目。

6. 外埠存款

企业将款项汇往外地时,应填写汇款委托书,委托开户银行办理汇款。汇入地银行以汇款单位名义开立临时采购账户,该账户的存款不计利息、只付不收、付完清户。除了采购人员可以从中提取少量现金外,一律采用转账结算。企业将款项汇往外地开立采购专用账户时,根据汇出款项凭证,编制付款凭证,进行账务处理,借记"其他货币资金——外埠存款"科目,贷记"银行存款"科目;收到采购人员转来供应单位发票账单等报销凭证时,借记"材料采购"或"原材料"、"库存商品"、"应交税费——应交增值税(进项税额)"等科目,贷记"其他货币资金——外埠存款"科目;采购完毕收回剩余款项时,根据银行的收款通知,借记"银行存款"科目,贷记"其他货币资金——外埠存款"科目。

3.1.4 外币核算

1. 外币管理

近年来,随着改革开放和现代旅游企业制度的建立和完善,旅游企业在经营活动中,越来越多地涉及大量外币业务。

(1) 外汇

外汇是指以境外货币表示的用于国际结算的支付手段。根据我国的外汇管理条例规定,外汇的具体内容包括:

① 境外货币,含纸币和铸币;
② 外币有价证券,包括政府公债、国库券、公司债券、股票、息票等;
③ 外币支付凭证,包括票据(支票、汇票和期票)银行存款凭证、邮政储蓄凭证等;
④ 其他外汇资金。

(2) 外汇汇率

外汇汇率又称汇价,是指两种货币之间的比价,也就是用一种货币单位表示另一种货币单位的价格。两种货币的兑换,在银行称为外汇买卖,外汇有买入价、卖出价和中间价。外汇中间价是以人民币计算的外币买入价和外币卖出价的平均价。一个国家的外汇汇率,是以外国货币表示本国货币的价格还是以本国货币表示外国货币的价格,称为汇率的标价法。目前国际上有两种汇率的标价法,一种是直接标价法,另一种是间接标价法。

直接标价法是以一定单位的本国货币来折合若干单位的本国货币。例如:2007年×月×日1美元=7.572元人民币。目前我国的汇价就是采用直接标价法。

间接标价法是一定的本国货币来计算折合若干单位的外国货币,例如纽约外汇市场

20××年×月×日 1英镑=1.8724元美元。

（3）外汇管理制度

我国外汇管理的主要内容有：实行外汇收入结汇制，实行银行售汇制，允许人民币在经常项目下有条件兑换，建立银行间外汇市场，改进汇率形成机制，保持合理及相对稳定的人民币汇率。按现行制度规定，涉及外汇业务的旅游企业分为两类：一类是允许开立现汇账户的企业，如境内外资旅游企业和允许开立现汇账户的其他旅游企业。这类企业有外汇业务时，需要进行外币现金和银行存款以及外币债权债务的核算。另一类是不允许开立现汇账户的企业，如境内其他旅游企业，有外币业务时，应进行外币兑换。

2. 外币兑换

为了方便外国客人，那些不允许开立现汇账户的旅游企业受银行委托，可以按国家当天公布的人民币汇价提供外汇兑换业务。旅游企业代理兑换的外汇主要有可自由兑换的外币现钞、信用卡和旅行支票等。

外币现钞仅限于中国人民银行公布的人民币汇价表上所列的种类，兑换时，应鉴别真假，不能鉴别的不予收兑。

信用卡是外国银行或专门机构向消费者提供的一种消费信贷，消费者可凭卡到信用卡发行机构特约的商店、宾馆、银行去购物、接受服务和提取小额现金。目前，我国旅游企业受理的外国信用卡主要有：运通卡、大来卡、发达卡、日本卡、万事达卡、百万卡和签证卡等。受理信用卡时，应识别真伪，是否在有效期内，是否被列入"取消名单"，验对持卡人的身份及其印鉴相符后，在规定的限额内结算购物或服务费，并按规定收取一定的手续费。

旅行支票是银行或旅行社发行的，专供旅行者购买、支付旅行费用的一种全额支票，它的特点是面额固定、携带安全、兑换方便、挂失补偿。旅行支票分人民币旅行支票和外币旅行支票两种。外币旅行支票来自不同的国家和不同的发行银行，兑换人员平时应熟悉各种常用的票据，对不熟悉的或有疑问的必须查对原票样，谨防假冒。

旅游企业开设外币代兑点，一般由委托银行拨付代办备用金（一定数额的人民币）及有关的空白凭证、印章、刷卡机和工具等，代兑点每日营业终了，应根据有关兑换凭证填列"代兑外币结汇明细表"，连同兑换入的外币一并送交委托银行，由委托银行即时补足代兑备用金。代兑的手续费由委托银行定期结付旅游企业代兑点。

【例3-11】 中国银行在某大酒店设有代兑点，2007年2月共收兑外汇折合人民币10000元，代兑手续费率为2%，今收到中国银行付来代兑手续费200元，编制会计分录如下。

借：银行存款　　　　　　　　　200
　　贷：其他业务收入　　　　　　　200

3. 外币存款核算

允许开立现汇账户的旅游企业，在银行账户下除分设人民币账外，还应设立有关外币的银行存款日记账,进行明细核算。其格式如表3-2所示。

表3-2 银行存款日记账(美元户)

年		凭证号	摘要	对方科目	借方			贷方			借或贷	余额		
月	日				原币	汇率	人民币	原币	汇率	人民币		原币	汇率	人民币

旅游企业发生外币业务时,可以采用发生当时的市场汇率作为折合率,也可以采用业务发生当期期初的市场汇率作为折合率。这可以由企业自己选定。期末(月末、季末或年末)各外币账户的余额按期末汇率进行调整,按照期末市场汇价折合的人民币金额与账面人民币金额之间的差额,作为汇兑损益,记入"财务费用"等科目,其他非外币账户不做调整,仍以历史汇率反映。

需要按期末汇率进行调整的外币账户包括外币现金、外币银行存款,以外币结算的债权债务(如应收账款、预付账款、短期借款、长期借款、应付账款、应付票据、应付职工薪酬、应付股利、预收账款等)。外币账户以外的账户为非外币账户,如固定资产、原材料、实收资本等科目。

【例3-12】 麻丘大酒店的外币业务以7月1日人民币汇率的中间价8.32元/美元作为记账汇率,该酒店7月份发生下列外汇业务。

(1)2日,客房收入8000美元,当日存入银行,编制会计分录如下:

借:银行存款——美元户 US$8 000   66 560
  贷:主营业务收入——客房收入   66 560

(2)8日,购进厨房设备一台,计20000美元,以美元存款支付,拨交厨房使用。编制会计分录如下:

借:固定资产   166 400
  贷:银行存款——美元户 US$20 000   166 400

(3)12日,发放外籍管理人员工资8000美元,以外币转账支付。编制会计分录如下:

借:应付职工薪酬——外籍人员 US$8 000   66 560
  贷:银行存款——美元户 US$8 000   66 560

(4)18日,以外币存款4000美元,支付前欠外国W公司货款。编制会计分录如下:

借:应付账款——W公司 US$4 000   33 280
  贷:银行存款——美元户 US$4 000   33 280

(5)31日,当天人民币汇价中间价为8.28元/美元,按规定将外币存款账户余额16000美元按期末汇价折合人民币,作为外币账户的期末人民币余额,调整银行存款(美元户)

账户余额，调整公式如下：

$$调整额 = 期末外币金额 \times (期末汇率 - 期初汇率)$$

编制会计分录如下：调整额为正数，表明增值，借："银行存款"，贷："财务费用"；调整额为负数，表明减值，借："财务费用"，贷："银行存款"。

$$调整额 = 16000 \times (8.28 - 8.32) = -640（元）$$

借：财务费用——汇兑损益　　　　　　　640
　贷：银行存款——美元户　　　　　　　　640

该酒店 7 月份银行存款（美元户）日记账登记如表 3-3 所示。

表 3-3　银行存款（美元户）日记账

2007年		凭证号	摘要	对方科目	借方			贷方			借或贷	余额		
月	日				原币	汇率	人民币	原币	汇率	人民币		原币	汇率	人民币
7	1	略	客房收入	略							借	40 000	8.32	332 800
	2		购厨房设备		8 000	8.32	66 560							
	8		支付工资					20 000	8.32	166 400				
	12		支付欠款					8 000	8.32	66 560				
	18		调整汇率					4 000	8.32	33 280	借	16 000	8.32	133 120
	31									640	借	16 000	8.28	132 480

外币现金及外币债权、债务均应比照银行存款（外币户）的方法记账。

3.2　交易性金融资产

3.2.1　交易性金融资产概述

交易性金融资产主要是指企业为了近期内出售而持有的金融资产，例如企业以赚取差价为目的从二级市场购入的股票、债券、基金等。为了核算交易性金融资产的取得、收取现金股利或利息、处置等业务，企业应当设置"交易性金融资产"、"公允价值变动损益"和"投资收益"等科目。

"交易性金融资产"科目核算企业为交易目的所持有的债券投资、股票投资和基金投资等交易性金融资产的公允价值。企业持有的直接指定为公允价值计量且其变动计入当期损益的金融资产也在"交易性金融资产"科目核算。"交易性金融资产"科目的借方登记交易性金融资产的取得成本、资产负债表日其公允价值高于账面余额的差额等；贷方登记资产负债表日其公允价值低于账面余额的差额，以及企业出售交易性金融资产时结转的成本和公允价值变动损益。企业应当按照交易性金融资产的类别和品种，分别设置"成本"、

"公允价值变动"等明细科目进行核算。

"公允价值变动损益"科目核算企业交易性金融资产等公允价值变动而形成的应计入当期损益的利得或损失,贷方登记资产负债表日企业持有的交易性金融资产等公允价值高于账面余额的差额;借方登记资产负债表日企业持有的交易性金融资产等公允价值低于账面余额的差额。

"投资收益"科目核算企业持有的交易性金融资产等期间取得的投资收益以及处置交易性金融资产等实现的投资收益或投资损失,贷方登记企业出售交易性金融资产等实现的投资收益;借方登记企业出售交易性金融资产等发生的投资损失。

3.2.2 交易性金融资产的取得

企业取得交易性金融资产时,应当按照该金融资产取得时的公允价值作为其初始确认金额,记入"交易性金融资产——成本"科目。取得交易性金融资产所支付价款中包含了已宣告但尚未发放的现金股利或已到付息期但尚未领取的债券利息的,应当单独确认为应收项目,记入"应收股利"或"应收利息"科目。

取得交易性金融资产所发生的相关交易费用应当在发生时计入投资收益。交易费用是指可直接归属于购买、发行或处置金融工具新增的外部费用,包括支付给代理机构、咨询公司、券商等的手续费和佣金及其他必要支出。

【例 3-13】 2007 年 1 月 20 日,南岗公司委托某证券公司从上海证券交易所购入 A 上市公司股票 100 万股,并将其划分为交易性金融资产。该笔股票投资在购买日的公允价值为 1000 万元。另支付相关交易费用金额为 2.5 万元。

南岗公司应作如下会计处理:

(1) 2007 年 1 月 20 日,购买 A 上市公司股票时:

借:交易性金融资产——成本　　　　　　10 000 000
　　贷:其他货币资金——存出投资款　　　　　　10 000 000

(2) 支付相关交易费用时:

借:投资收益　　　　　　　　　　　　　25 000
　　贷:其他货币资金——存出投资款　　　　　　25 000

在本例中,取得交易性金融资产所发生的相关交易费用 25000 元应当在发生时计入投资收益。

3.2.3 交易性金融资产的现金股利和利息

企业持有交易性金融资产期间对于被投资单位宣告发放的现金股利或企业在资产负债表日按分期付息、一次还本债券投资的票面利率计算的利息收入,应确认为应收项目,计入"应收股利"或"应收利息"科目,并计入投资收益。

【例3-14】 2007年1月8日,南岗公司购入丙公司发行的公司债券,该笔债券于2006年7月1日发行,面值为2 500万元,票面利率为4%,债券利息按年支付。南岗公司将其划分为交易性金融资产,支付价款2 600万元(其中包含已宣告发放的债券利息50万元),另支付交易费用30万元。2007年2月5日南岗公司收到该笔债券利息50万元。2008年2月10日收到债券利息100万元。

南岗公司应作如下会计处理:

(1) 2007年1月8日,购入丙公司的公司债券时:

借:交易性金融资产——成本　　　　25 500 000
　　应收利息　　　　　　　　　　　　 500 000
　　投资收益　　　　　　　　　　　　 300 000
　贷:银行存款　　　　　　　　　　 26 300 000

(2) 2007年2月5日,收到购买价款中包含的已宣告发放的债券利息时:

借:银行存款　　　　　　　　　　　　 500 000
　贷:应收利息　　　　　　　　　　　 500 000

(3) 2007年12月31日,确认丙公司的公司债券利息收入时:

借:应收利息　　　　　　　　　　　 1 000 000
　贷:投资收益　　　　　　　　　　 1 000 000

(4) 2008年2月10日,收到持有丙公司的公司债券利息时:

借:银行存款　　　　　　　　　　　 1 000 000
　贷:应收利息　　　　　　　　　　 1 000 000

在本例中,取得交易性金融资产支付价款中包含了已宣告但尚未发放的债券利息500000元,应当记入"应收利息"科目,不记入"交易性金融资产"科目。

3.2.4 交易性金融资产的期末计量

资产负债表日,交易性金融资产应当按照公允价值计量,公允价值与账面余额之间的差额计入当期损益。企业应当在资产负债表日按照交易性金融资产公允价值与账面余额的差额,借记或贷记"交易性金融资产——公允价值变动"科目,贷记或借记"公允价值变动损益"科目。

【例3-15】 承【例3-14】,假定2007年6月30日,南岗公司购买的该笔债券的市价为2580万元;2007年12月31日,南岗公司购买的该笔债券的市价为2560万元。

南岗公司应作如下会计处理:

(1) 2007年6月30日,确认该笔债券的公允价值变动损益时:

借:交易性金融资产——公允价值变动　　 300 000
　贷:公允价值变动损益　　　　　　　　 300 000

(2) 2007年12月31日，确认该笔债券的公允价值变动损益时：
借：公允价值变动损益　　　　　　　　　　　200 000
　　贷：交易性金融资产——公允价值变动　　　　200 000

在本例中，2007年6月30日，该笔债券的公允价值为2580万元，账面余额为2550万元，公允价值大于账面余额30万元，应记入"公允价值变动损益"科目的贷方；2007年12月31日，该笔债券的公允价值为2560万元，账面余额为2580万元，公允价值小于账面余额20万元，应记入"公允价值变动损益"科目的借方。

3.2.5　交易性金融资产的处置

出售交易性金融资产时，应当将该金融资产出售时的公允价值与其初始入账金额之间的差额确认为投资收益，同时调整公允价值变动损益。

企业应按实际收到的金额，借记"银行存款"等科目，按该金融资产的账面余额，贷记"交易性金融资产"科目，按其差额，贷记或借记"投资收益"科目。同时，将原计入金融资产的公允价值变动转出，借记或贷记"公允价值变动损益"科目，贷记或借记"投资收益"科目。

【例3-16】　承【例3-15】，假定2008年1月15日，南岗公司出售了所持有的丙公司的公司债券，售价2565万元，作如下会计处理：
借：银行存款　　　　　　　　　　　　　　25 650 000
　　贷：交易性金融资产——成本　　　　　　　25 500 000
　　　　　　　　　　　　——公允价值变动　　　100 000
　　　　投资收益　　　　　　　　　　　　　　50 000
同时，
借：公允价值变动损益　　　　　　　　　　　100 000
　　贷：投资收益　　　　　　　　　　　　　　100 000

在本例中，企业出售交易性金融资产时，还应将原计入该金融资产的公允价值变动转出，即出售交易性金融资产时，应按"公允价值变动"明细科目的贷方余额100 000元，借记"公允价值变动损益"科目，贷记"投资收益"科目。

3.3　应收及预付款项

应收及预付款项是指企业在日常生产经营过程中发生的各项债权，包括应收款项和预付款项。应收款项包括应收票据、应收账款和其他应收款等；预付款项是指企业按合同规定预付的款项,如预付账款等。

3.3.1 应收票据

1. 应收票据概述

应收票据是指企业因销售商品、提供劳务等收到的商业汇票。商业汇票是一种由出票人签发的,委托付款人在指定日期无条件支付确定金额给收款人或者持票人的票据。

商业票据的付款期限,最长不得超过六个月。定日付款的汇票付款期限自出票日起计算,并在汇票上记载具体到期日;出票后定期付款的汇票期限自出票日起按月计算,并在汇票上记载;见票后定期付款的付款期限自承兑或拒绝承兑日起按月计算,并在汇票上记载。商业汇票的提示付款期限,自汇票到期日起 10 日。符合条件的商业汇票的持票人,可以持未到期的商业汇票连同贴现凭证向银行申请贴现。

根据承兑人不同,商业汇票分为商业承兑汇票和银行承兑汇票。商业承兑汇票是指由付款人签发并承兑,或由收款人签发交由付款人承兑的汇票。商业承兑汇票的付款人收到开户银行的付款通知,应在当日通知银行付款。付款人在接到通知的次日起三日内(遇法定休假日顺延)未通知银行的,视同付款人承诺付款,银行将于付款人接到通知日的次日起四日(遇法定休假日顺延)上午开始营业时,将票款划给持票人。付款人提前收到由其承兑的商业汇票,应通知银行于汇票到期日付款。付款人存款账户不足支付的,银行应填制付款人未付票款通知书,连同商业汇票邮寄持票人开户银行转交持票人。

银行承兑汇票是指由承兑银行开立存款账户的存款人(这里也指出票人)签发,由承兑银行承兑的票据。企业申请使用银行承兑汇票时,应向其承兑银行按票面的万分之五交纳手续费。银行承兑汇票的出票人应于汇票到期前将票款足额交存其开户银行,承兑银行应在汇票到期日或到期日后见票当日支付票款。银行承兑汇票的出票人于汇票到期前未能足额交存票款时,承兑银行除凭票向持票人无条件付款外,对出票人尚未支付的汇票金额按照每天万分之五计收利息。

2. 收票据的核算

为了反映和监督应收票据取得、票款收回等业务,企业应当设置"应收票据"科目,借方登记取得的应收票据的面值,贷方登记到期收回票款或到期前向银行贴现的票面余额,期末余额在借方,反映企业持有的商业汇票的票面金额。本科目可按照开出、承兑商业汇票的单位进行明细核算,并设置"应收票据备查簿",逐笔登记商业汇票的种类、号数和日期、票面金额、交易合同号和付款人、承兑人、背书人的姓名或单位名称、到期日、背书转让日、贴现日、贴现率和贴现净额以及收款日和收回金额、退票情况等资料。商业汇票到期结清票款或退票后,在备查簿中应予注销。

(1) 取得应收票据和收回到期票据款

应收票据取得的原因不同,其会计处理亦有所区别。因债务人抵偿前欠货款而取得的应收票据,借记"应收票据"科目,贷记"应收款款"科目;因企业销售商品、提供劳务等而收到开出、承兑的商业票据,借记"应收票据"科目,贷记"主营业务收入"、"应交税费-应交增值税(销项税额)"等科目。商业汇票到期收回款项时,应按实际收到的金额,借记"银行存款"科目,贷记"应收票据"科目。

【例3-17】 南岗旅游公司商品部2007年3月1日,向乙公司销售商品一批,货款为1500000元,尚未收到,已办妥托收手续,适用增值税税率为17%。则南岗旅游公司作如下会计处理:

借:应收账款	1 755 000
贷:主营业务收入	1 500 000
应交税费——应交增值税(销项税额)	255 000

3月15日,南岗公司收到乙公司寄来一张3个月期的商业承兑汇票,面值为1 755 000元,抵付商品货款。

借:应收票据	1 755 000
贷:应收账款	1 755 000

在本例中,乙公司用商业承兑汇票抵偿前欠的货款式1755000元,应借记"应收票据"科目,贷记"应收账款"科目。

6月15日,南岗公司上述应收票据到期收回票面金额1755000元,存入银行。

借:银行存款	1 755 000
贷:应收票据	1 755 000

(2) 转让应收票据

实务中,企业可以将自己持有的商业汇票背书转让。背书是指在票据背面或者粘单上记载有关事项并签章的票据行为。背书转让的,背书人应当承担票据责任。企业将持有的商业汇票背书转让以取得所需物资时,应计入取得物资成本的金额,借记"材料采购"或"原材料"、"库存商品"等科目,按专用发票上注明的可抵扣的增值税额,借记"应交税费-应交增值税(进项税额)"科目,按商业汇票的票面金额,贷记"应收票据"科目,如有差额,借记或贷记"银行存款"等科目。

【例3-18】 承【例3-17】,假若南岗公司于4月15日将上述应收票据背书转让,以取得供应商的A商品,该商品金额为1500000元,适用增值税税率为17%。应作如下会计处理:

借:库存商品——A商品	1 500 000
应交税费——应交增值税(进项税额)	255 000
贷:应收票据	1 755 000

3.3.2 应收账款

应收账款是指企业因销售商品、提供劳务等经营活动,应向购货单位或接受劳务单位收取的款项,主要包括企业销售商品或提供劳务等应向有关债务人收取的价款及代购货单位垫付的包装费、运杂费等。

为了反映应收账款的增减变动及结存情况,企业应设置"应收账款"科目,不单独设置"预收账款"科目的企业,预收的账款也在"应收账款"科目核算。"应收账款"科目的借方登记应收账款的增加,贷方登记应收账款的收回及确认的坏账损失,期末余额一般在借方,反映尚未收回应收账款;如果期末余额在贷方,则反映企业预收的账款。

【例 3-19】 南岗旅游公司的客房部与外地某旅行社签订按月结算他们组团游客住宿合同,本日他们组团游客在客房部的消费合计 2000 元。会计分录为:

借:应收账款——××旅行社　　　2 000
　　贷:主营业务收入　　　　　　　　　2 000

【例 3-20】 南岗公司旅游部接待北京某组团社组织的旅游团,应收综合服务费 8000 元,尚未收到该组团拨来的款项。

借:应收账款——北京××组团社　　8 000
　　贷:主营业务收入　　　　　　　　　8 000

【例 3-21】 续【例 3-19】,月末,收到某旅行社付来的全月消费款 31000 元。

借:银行存款　　　　　　　　　　31 000
　　贷:应收账款——××旅行社　　　　31 000

【例 3-22】 续【例 3-20】,北京××组团社付来的综合服务费 8000 元。

借:银行存款　　　　　　　　　　8 000
　　贷:应收账款——北京××组团社　　8 000

3.3.3 预付账款

预付账款是指企业按照合同规定预付的款项。

企业应当设置"预付账款"科目,核算预付账款的增减变动及结存情况。预付账款情况不多的企业,可以不设置"预付账款"科目,而直接通过"应付账款"科目核算。

企业根据购货合同规定向供应单位预付款项时,借记"预付账款"科目,贷记"银行存款"

科目。企业收到所购物资,按应计购入物资成本金额,借记"材料采购"或"原材料"、"库存商品"、"应交税费——应交增值税(进项税额)"科目,贷记"预付账款"科目;当预付货款小于采购货物所需支付的款项时,应将不足部分补付,借记"预付账款"科目,贷记"银行存款";

当预付货款大于采购货物所需支付的款项时,对收回的多余款项应借记"银行存款"

科目，贷记"预付账款"科目。

【例 3-23】 南岗旅游公司餐饮部向乙公司采购材料 5000 吨，单价 10 元，所需支付的款项总额 50000 元。按照合同规定向乙公司预付货款的 50%，验收货物后补付其余款项。南岗旅游公司应作如下会计处理：

（1）预付 50% 的货款时：

借：预付账款——乙公司　　　　　　　　　　　　25 000
　　贷：银行存款　　　　　　　　　　　　　　　　　　25 000

（2）收到乙公司发来的 5000 吨材料，验收无误，增值税专用发票记载的货款为 50000 元，增值税额为 8500 元。南岗旅游公司以银行存款补付所欠款项 33500 元。

借：原材料　　　　　　　　　　　　　　　　　　50 000
　　应交税费——应交增值税（进项税额）　　　　　8 500
　　贷：预付账款——乙公司　　　　　　　　　　　　58 500
借：预付账款——乙公司　　　　　　　　　　　　33 500
　　贷：银行存款　　　　　　　　　　　　　　　　　　33 500

3.3.4 其他应收款

其他应收款是指企业除应收票据、应收账款和预付账款等以外的其他各种应收及暂付款。其主要内容包括：

（1）应收的各种赔款、罚款，如因企业财产等遭受意外损失而应向有关保险公司收取的赔款等；

（2）应收的出租包装物租金；

（3）应向职工收取的各种垫付款项，如为职工垫付的水电费、应由职工负担的医药费、房租等；

（4）存出保证金，如租入包装物支付的押金；

（5）其他各种应收、暂付款项。

为了反映其他应收款的增减变动及其结存情况，企业应当设置"其他应收款"科目进行核算。"其他应收款"科目的借方登记其他应收款的增加，贷方登记其他应收款的收回，期末余额一般在借方，反映企业尚未收回的其他应收款项。

【例 3-24】 南岗公司在采购过程中发生材料毁损，按保险合同规定，应由保险公司赔偿损失 30 000 元，赔偿款尚未收到。

借：其他应收款——保险公司　　　　　　　　　　30 000
　　贷：材料采购　　　　　　　　　　　　　　　　　　30 000

【例 3-25】 承【例 3-24】，上述保险公司赔款如数收到。

借：银行存款　　　　　　　　　　　　　　　　　　30 000
　　贷：其他应收款——保险公司　　　　　　　　　　30 000

【例3-26】 南岗公司以银行存款替副总经理垫付应由其个人负担的医药费5000元,拟从其工资中扣回。

(1) 垫付时:
借:其他应收款　　　　　　　　　　　5 000
　　贷:银行存款　　　　　　　　　　　　　5 000

(2) 扣款时:
借:应付职工薪酬　　　　　　　　　　5 000
　　贷:其他应收款　　　　　　　　　　　　5 000

【例3-27】 南岗公司租入包装物一批,以银行存款向出租方支付押金10000元。
借:其他应收款——存出保证金　　　10 000
　　贷:银行存款　　　　　　　　　　　　　10 000

【例3-28】 承【例3-27】,租入包装物按期如数退回,南岗公司收到出租方退还的押金10000元,已存入银行。
借:银行存款　　　　　　　　　　　　10 000
　　贷:其他应收款——存出保证金　　　　10 000

3.3.5 应收款项减值

企业应当在资产负债表日对应收款项的账面价值进行检查,有客观证据表明该应收款项发生减值的,应当将该应收款项的账面价值减至预计未来现金流量现值,减记的金额确认减值损失,计提坏账准备。

企业应当设置"坏账准备"科目,核算应收款项的坏账准备计提、转销等情况。企业当期计提的坏账准备应当计入资产减值损失。"坏账准备"科目的贷方登记当期计提的坏账准备金额,借方登记实际发生的坏账损失金额和冲减的坏账准备金额,期末余额一般在贷方,反映企业已计提但尚未转销的坏账准备。

坏账准备可按以下公式计算:
当期应计提的坏账准备=当期按应收款项计算应提坏账准备金额-(或+)"坏账准备"
　　　　　　　　　　科目的贷方(或借方)余额

企业计提坏账准备时,按应减记金额,借记"资产减值损失——计提的坏账准备"科目,贷记"坏账准备"科目。冲减多计提的坏账准备时,借记"坏账准备"科目,贷记"资产减值损失——计提的坏账准备"科目。

【例3-29】 2007年12月31日,南岗公司对应收丙公司的账款进行减值测试。应收账款余额合计为1000000元,南岗公司根据丙公司的资信情况确定按10%计提坏账准备。2007年末计提坏账准备的会计分录为:

借：资产减值损失——计提的坏账准备　　　　100 000
　　贷：坏账准备　　　　　　　　　　　　　　　　100 000

企业确实无法收回的应收款项按管理权限经批准后作为坏账转销时，应当冲减计提的坏账准备。已确认并转销的应收款项以后又收回的，应当按照实际收到的金额增加坏账准备的账面余额。企业发生坏账时，借记"坏账准备"科目，贷记"应收账款"、"其他应收款"等科目。

【例 3-30】　南岗公司 2008 年对丙公司的应收账款实际发生坏账损失 30000 元。确认坏账损失时，作如下会计处理：

借：坏账准备　　　　　　　　　　　　　　　　30 000
　　贷：应收账款　　　　　　　　　　　　　　　　30 000

【例 3-31】　承上述两题，南岗公司 2008 年末应收丙公司的账款余额为 120000 元，经测试，南岗公司决定仍按 10%计提坏账准备。

根据南岗公司坏账核算方法，其"坏账准备"科目应保持的贷方余额为 120000 元（1200000×10%）；计提坏账准备前，"坏账准备"科目的实际余额为贷方 70000 元（120000－30000），因此本年末应计提的坏账准备金额为 50000 元（120000－70000）。作会计分录如下：

借：资产减值损失——计提的坏账准备　　　　50 000
　　贷：坏账准备　　　　　　　　　　　　　　　　50 000

已确认并转销的应收款项以后又收回的，应当按实际收到的金额增加坏账准备的账面余额。已确认并转销的应收款项以后又收回时，借记"应收账款"、"其他应收款"等科目，贷记"坏账准备"科目；同时，借记"银行存款"科目，贷记"应收账款"、"其他应收款"等科目。也可以按照实际收回的金额，借记"银行存款"科目，贷记"坏账准备"科目。

【例 3-32】　南岗公司 2009 年 4 月 20 日收到已转销的坏账 20000 元，已存入银行。

借：应收账款　　　　　　　　　　　　　　　　20 000
　　贷：坏账准备　　　　　　　　　　　　　　　　20 000
同时
借：银行存款　　　　　　　　　　　　　　　　20 000
　　贷：应收账款　　　　　　　　　　　　　　　　20 000
或：
借：银行存款　　　　　　　　　　　　　　　　20 000
　　贷：坏账准备　　　　　　　　　　　　　　　　20 000

3.4 存货

3.4.1 存货概述

1. 存货概念

存货是指企业在日常活动中持有以备出售的产成品或商品、处于生产过程中的在产品、在生产过程或提供劳务过程中耗用的材料或物料等,包括各类材料、商品、在产品、半成品、产成品以及包装物、低值易耗品、委托代销商品等。

(1) 原材料。原材料是指经过加工制作后能够成为食品或其他物质产品实体的各种原料、主要材料和辅助材料等。在旅游行业,原材料主要存在于饭店、酒楼等提供饮食服务的企业中,用于生产制作食品向顾客销售。如米、面、鸡、鸭、鱼、肉、海鲜等食品原料,油、盐、酱、醋、味精、辣椒等调料,茅台、威士忌、可口可乐等酒水饮料。

(2) 燃料。燃料是指企业在生产经营过程中用于燃烧发热或提供动力的各种材料。如汽油、柴油、煤、罐装煤气等。

(3) 物料用品。物料用品是指企业在经营服务过程中日常消耗的各种物品和维修用的材料物资,如各种针、棉制品、清洁用品、宾客用品、包装用品、办公用品和维修固定资产、低值易耗品用的材料、零配件等。

(4) 低值易耗品。低值易耗品是指在生产经营过程中能够较长时期使用,但够不上固定资产标准的各种设备、工具用具和管理用品,如办公桌椅、文件柜、微型电脑、收银机、床、沙发等,俗称家具用具。需要说明的是,企业购置用于办公和管理的现代高档家具,符合固定资产标准的,应作为固定资产核算,而不能作为低值易耗品处理。

(5) 商品。商品是指企业购入的用于在商场出售的各类商品。需要注意的是,企业应将餐饮服务中现场消费用的酒水与商品的界限划分清楚,以便准确地进行核算,因为两者在会计处理上存在着较大的差别。

2. 存货成本的确定

存货应当按照成本进行初始计量。存货成本包括采购成本、加工成本和其他成本。

(1) 存货的采购成本

存货的采购成本,包括购买价款、相关税费、运输费、装卸费、保险费以及其他可归属于采购成本的费用。

其中,存货的购买价款是指企业购入的材料或商品的发票账单上列明的价款,但不包括按规定可以抵扣的增值税额。

存货的相关税费是指企业购买存货发生的进口关税、消费税、资源税和不能抵扣的增值税进项税额以及相应的教育费附加等应计入存货采购成本的税费。

其他可归属于采购成本的费用是指采购成本中除上述各项以外的可归属于存货采购费用,如在存货采购过程中发生的仓储费、包装费、运输途中的合理损耗、入库前的挑选整理费用等。

商品流通企业在采购商品过程中发生的运输费、装卸费、保险费以及其他可归属于存货采购成本等进货费用,应当计入存货采购成本,也可以先进行归集,期末根据所购商品的存销情况进行分摊;对于未售商品的进货费用,计入期末存货成本。企业采购商品的进货费用金额较小的,可以在发生时直接计入当期损益。

(2) 存货的加工成本

存货的加工成本是指在存货的加工过程中发生的追加费用,包括直接人工以及按照一定方法分配的制造费用。

直接人工是指企业在生产产品和提供劳务过程中发生的直接从事产品生产和劳务提供人员的职工薪酬。

制造费用是指企业为生产产品和提供劳务而发生的各项间接费用。

(3) 存货的其他成本

存货的其他成本是指除采购成本、加工成本以外的,使存货达到目前场所和状态所发生的其他支出。企业设计产品发生的设计费用通常应计入当期损益,但是为特定客户设计产品所发生的、可直接确定的设计费用应计入存货的成本。

存货的来源不同,其成本的构成内容也不同。原材料、商品、低值易耗品等通过购买而取得的存货的成本由采购成本构成;产成品、在产品、半成本等自制或委托外单位加工完成的存货的成本由采购成本、加工成本以及使存货达到目前场所和状态所发生的其他支出构成。实务中具体按以下原则确定。

① 购入的存货,其成本包括:买价、运杂费(包括运输费、装卸费、保险费、包装费和仓储费等)、运输途中的合理损耗、入库前的挑选整理费用(包括挑选整理中发生的工、费支出和挑选整理过程中所发生的数量损耗,并扣除回收的下脚废料价值)以及按规定应计入成本的税费和其他费用。

② 自制的存货,包括自制原材料、自制包装物、自制低值易耗品、自制半成品及库存商品等,其成本包括直接材料、直接人工和制造费用等的各项实际支出。

③ 委托外单位加工完成的存货,包括加工后的原材料、包装物、低值易耗品、半成品、产成品等,其成本包括实际耗用的原材料或者半成品、加工费、装卸费、保险费、委托加工的往返运输费用以及按规定应计入成本的税费。

但是,下列费用不应计入存货成本,而应在其发生时计入当期损益。

(1) 非正常消耗的直接材料、直接人工和制造费用,应在发生时计入当期损益,不应计入存货成本。如由于自然灾害而发生的直接材料、直接人工和制造费用,不应计入存货成本,而应确认为当期损益。

(2) 仓储费用,指企业在存货采购入库后发生的储存费用,应在发生时计入当期损益。

但是，生产过程中为达到下一个生产阶段所必需的仓储费用应计入存货成本。如某种酒类产品生产的酒达到规定的产品质量标准，而必须发生的仓储费用，应计入酒的成本，而不应计入当期损益。

（3）不能归属于使存货达到目前场所和状态的其他支出，应在发生时计入当期损益，不得计入存货成本。

3. 发出存货的计价方法

日常工作中，企业发出的存货，可按实际成本核算，也可以按计划成本核算。如采用计划成本核算，会计期末应调整为实际成本。

企业应当根据各类存货的实物流转方式、企业管理的要求、存货的性质等实际情况，合理地确定发出存货成本的计算方法，以及当期发出存货的实际成本。对于性质和用途相同的存货，应当采用相同的成本计算方法确定发出存货的成本。在实际成本核算方式下，企业可以采用的发出存货成本的计价方法包括个别计价法、先进先出法、月末一次加权平均法和移动加权平均法等。

（1）个别计价法。亦称个别认定法、具体辨认法、分批实际法。采用这一方法是假设存货具体项目的实物流转与成本流转相一致，按照各种存货逐一辨认各批发出存货和期末存货所属的购进批别或生产批别，分别按其购入或生产时所确定的单位成本计算各批发出存货和期末存货成本的方法。在这种方法下，是把每一种存货的实际成本作为计算发出存货成本和期末存货成本的基础。

个别计价法的成本计算准确，符合实际情况，但在存货收发频繁情况下，其发出成本分辨的工作量较大。因此，这种方法适用于一般不能替代使用的存货、为特定项目专门购入或制造的存货以及提供的劳务，如珠宝、名画等贵重物品。

（2）先进先出法。是指以先购入的存货应先发出（销售或耗用）这样一种存货实物流动假设为前提，对发出存货进行计价的一种方法，采用这种方法。先购入的存货成本在后购入存货成本之前转出，据此确定发出存货和期末存货的成本。具体方法是：收入存货时，逐笔登记收入存货的数量、单价和金额；发出存货时，按照先进先出的原则逐笔登记存货的发出成本和结存金额。

先进先出法可以随时结转存货发出成本，但较繁琐；如果存货收发业务较多、且存货单价不稳定时，其工作量较大。在物价持续上升时，期末存货成本按近市价，而发出成本偏低，会高估企业当期利润和库存存货价值；反之，会低估企业存货价值和当期利润。

（3）月末一次加权平均法。是指以本月全部进货数量加上月初数量作为权数，去除本月全部进货成本加上月初存货成本，计算出存货的加权平均单位成本，以此为基础计算本月发出存货的成本和期末存货的成本的一种方法。计算公式如下：

存货单位成本=

$$\frac{\text{月初库存存货的实际成本}+\sum(\text{本月各批进货的实际单位成本}\times\text{本月各批进货的数量})}{\text{月初库存存货数量}+\text{本月各批进货数量之和}}$$

本月发出存货的成本=本月发出存货的数量×存货单位成本

本月月末库存存货成本=月末库存存货的数量×存货单位成本

或

本月月末库存存货成本=月初库存存货的实际成本+本月收入存货的实际成本
　　　　　　　　　　－本月发出存货的实际成本

采用加权平均法只在月末一次计算加权平均单价,比较简单,有利于简化成本计算工作,但由于平时无法从账上反映发出和结存的单价及金额,因此不利于存货成本的日常管理与控制。

(4) 移动加权平均法。它是指以每次进货的成本加上原有库存存货的成本,除以每次进货数量加上原有库存存货的数量,据以计算加权平均单位成本,作为在下次进货前计算各次发出存货成本依据的一种方法。计算公式如下:

$$\text{存货单位成本}=\frac{\text{原有库存存货的实际成本}+\text{本次进货的实际成本}}{\text{原有库存存货数量}+\text{本次进货数量}}$$

本次发出存货的成本=本次发出存货数量×本次发货前存货的单位成本

本月月末库存存货成本=月末库存存货的数量×本月月末存货的单位成本

采用移动加权平均法能够使企业管理当局及时了解存货的结存情况,计算的平均单位成本和结存的存货成本比较客观。但由于每次收货都要计算一次平均单价,计算工作量较大,对收发频繁的企业不适用。

3.3.2 原材料

原材料是指企业在生产过程中经过加工改变其形态或性质并构成产品主要实体的各种原料、主要材料和外购半成品,以及不构成产品实体但有助产品形成的辅助材料。原材料具体包括原料及主要材料、辅助材料、外购半成品(外购件)、修理用备件(备品备件)、包装材料、燃料等。原材料和燃料是旅游企业为完成其经营活动的主体物质资料之一。原材料是指企业库存和在途的各种原料、材料,包括饮食业的食品、原材料,照相、洗染、修理等服务业的库存原材料。燃料是指企业库存和在途的各种燃料,如生产加工、烧水取暖等耗用的煤、液化气、石油制品等。原材料的日常收发及结存,可以采用实际成本核算,也可以采用计划成本核算。

1. 采用实际成本核算

材料按实际成本计价核算时,材料的收发及结存,无论总分类核算还是明细分类核算,均按照实际成本计价。使用的会计科目有"原材料"、"在途物资"等,"原材料"科目的借方、贷方及余额均以实际成本计价,不存在成本差异的计算与结转问题。但采用实际成本核算,日常反映不出材料成本是节约还是超支,从而不能反映和考核物资采购业务的经营成果。因此这种方法通常适用于材料收发业务较少的企业。在实务工作中,对于材料收发业务较多并且计划出版资料较为健全、准确的企业,一般可以采用计划成本进行材料收发的核算。

"原材料"科目。本科目用于核算库存各种材料的收发与结存情况。在原材料按实际成本核算时,本科目的借方登记入库材料的实际成本,贷方登记发出材料的实际成本,期末余额在借方,反映企业库存材料的实际成本。

"在途物资"科目。本科目用于核算企业采用实际成本(进价)进行材料、商品等物资的日常核算、货款已付尚未验收入库的各种物资(即在途物资)的采购成本,本科目应按供应单位和物资品种进行明细核算。本科目的借方登记企业购入的在途物资的实际成本,贷方登记验收入库的在途物资的实际成本,期末余额在借方,反映企业在途物资的采购成本。

"应付账款"科目。本科目用于核算企业因购买材料、商品和接受劳务等经营活动应支付的款项。本科目的贷方登记企业因购入材料、商品和接受劳务等尚未支付的款项,借方登记偿还的应付账款,期末余额一般在贷方,反映企业尚未支付的应付账款。

"预付账款"科目。本科目用于核算企业按照合同规定预付的款项。本科目的借方登记预付的款项及补付的款项,贷方登记收到所购物资时根据有关发票账单记入"原材料"等科目的金额及收回多付款项的金额,期末余额在借方,反映企业实际预付的款项;期末余额在贷方,则反映企业尚未预付的款项。预付款项情况不多的企业,可以不设置"预付账款"科目,而将此业务在"应付账款"科目中核算。

(1)购入材料

由于支付方式不同,原材料入库的时间与付款的时间可能一致,也可能不一致,在会计处理上也有所不同。

(2)贷款已经支付或开出、承兑商业汇票,同时材料已验收入库。

【例 3-33】 中门公司购入 C 材料一批,增值税专用发票上记载的货款为 500000 元,增值税额 85000 元,另对方代垫包装费 1000 元,全部款已用转账支票付讫,材料已验收入库。

借:原材料——C 材料　　　　　　　　　501 000
　　应交税费——应交增值税(进项税额)　85 000
　　贷:银行存款　　　　　　　　　　　586 000

本例属于发票账单与材料同时到达的采购业务,企业材料已验收入库,因此应通过"原材料"科目核算,对于增值税专用发票上注明的可抵扣的进项税额,应借记"应交税费——应交增值税(进项税额)"科目。

【例 3-34】 中门公司持银行汇票 1874000 元购入 D 材料一批,增值税专用发票上记载的货款为 1600000 元,增值税额 27200 元,对方代垫包装费 2000 元,材料已验收入库。

  借:原材料——D 材料   1 602 000
    应交税费——应交增值税(进项税额) 272 000
   贷:其他货币资金——银行汇票   1 874 000

【例 3-35】 中门公司采用托收承付结算方式购入 E 材料一批,货款 40000 元,增值税 6800 元,对方代垫包装费 5000 元,款项在承付期内以银行存款支付,材料以验收入库。

  借:原材料——E 材料   45 000
    应交税费——应交增值税(进项税额) 6 800
   贷:银行存款   51 800

(3) 贷款已经支付或以开出、承兑商业汇票,材料尚未到达或尚未验收入库。

【例 3-36】 中门公司采用汇兑结算方式购入 F 材料一批,发票及账单以收到,增值税专用发票上记载的货款为 20000 元,增值税额 3400 元。支付保险费 1000 元,材料尚未到达。

  借:在途物资   21 000
    应交税费——应交增值税(进项税额) 3 400
   贷:银行存款   24 400

本例属于已经付款或已开出、承兑商业汇票,但材料尚未到达或尚未验收入库的采购业务,应通过"在途物资"科目核算;待材料到达、入库后,再根据收料单,由"在途物资"科目转入"原材料"科目核算。

【例 3-37】 承【例 3-36】,上述购入的 F 材料已收到,并验收入库。

  借:原材料   24 400
   贷:在途物资   24 400

(4) 货款尚未支付,材料已经验收入库。

【例 3-38】 中门公司采用托收承付结算方式购入 G 材料一批,增值税专用发票记载的货款为 50000 元,增值税额 8500 元,对方代垫包装费 1000 元,银行转来的结算凭证已到,款项尚未支付,材料已验收入库。

  借:原材料——G 材料   51 000
    应交税费——应交增值税(进项税额) 8 500
   贷:应付账款   59 500

【例 3-39】 中门公司采用委托收款结算方式购入 H 材料一批,材料已验收入库,月末发票账单尚未收到也无法确定其实际成本,暂估价值为 30000 元。

  借:原材料   30 000
   贷:应付账款——暂估应付账款   30 000

下月初作相反的会计分录予以冲回：
借：应付账款——暂估应付账款　　　　　　30 000
　　贷：原材料　　　　　　　　　　　　　　　　　30 000

在这种情况下，发票账单未到也无法确定实际成本，期末应按照暂估价值先入账，但是，下期出作相反的会计分录予以冲回，收到发票账单后再按照实际金额记账。即，对于材料已到达并已验收入库，但发票账单等结算凭证未到，货款尚未支付的采购业务，应于期末，按材料的暂估价值，借记"原材料"科目，贷记"应付账款——暂估应付账款"科目。下期出作相反的会计分录予以冲回，以便下月付款或开出、承兑商业汇票后，按正常程序，借记"原材料"、"应交税费——应交增值税（进项税额）"科目，贷记"银行存款"或"应付票据"等科目。

【例3-40】　承【例3-39】，上述购入的H材料于次月收到发票账单，增值税专用发票上记载的货款为31000元，增值税额5270元，对方代垫保险费2000元，已用银行存款付讫。
借：原材料——H材料　　　　　　　　　　　33 000
　　应交税费——应交增值税（进项税额）　　5 270
　　贷：银行存款　　　　　　　　　　　　　　　　38 270

（5）贷款已经预付，材料尚未验收入库。
【例3-41】　根据与某厂的购销合同规定，南岗公司为购买J材料向该厂预付100000元货款的80%，计80000元，已通过汇兑方式汇出。
借：预付账款　　　　　　　　　　　　　　　80 000
　　贷：银行存款　　　　　　　　　　　　　　　　80 000

【例3-42】　承【例3-41】，南岗公司收到该厂发运来的J材料，已验收入库。有关发票账单记载，该批货物的货款100000元，增值税额17000元，对方代垫包装费3000元，所欠款项以银行付讫。
① 材料入库时：
借：原材料——J材料　　　　　　　　　　　103 000
　　应交税费——应交增值税（进项税额）　　17 000
　　贷：预付账款　　　　　　　　　　　　　　　120 000
② 补付货款时：
借：预付账款　　　　　　　　　　　　　　　40 000
　　贷：银行存款　　　　　　　　　　　　　　　　40 000

2. 发出材料

【例3-43】　新龙公司2007年3月1日结存B材料3000公斤，每公斤实际成本为10元；3月5日和3月20日分别购入该材料9000公斤和6000公斤，每公斤实际成本分别为11元和12元；3月10日和3月25日分别发出该材料10500公斤和6000公斤。按先进先出法核算时，发出和结存材料的成本如表 3-3 所示。

表 3-3 发出和结存材料成本表

2007年		凭证号	摘要	收入			发出			结存		
月	日			数量	单价	金额	数量	单价	金额	数量	单价	金额
3	1	略	期初结存							3 000	10	30 000
	5		购入	9 000	11	99 000				3 000 9 000	10 11	30 000 90 000
	10		发出				3 000 7 500	10 11	30 000 82 500	1 500	11	16 500
	20		购入	6 000	12	72 000				1 500 6 000	11 12	16 500 72 000
	25		发出				1 500 4 500	11 12	16 500 54 000	1 500	12	18 000
	31		合计	15 000		171 000	16 500		183 000	1 500	12	18 000

【例 3-44】承【例 3-43】，采用月末一次加权平均法计算 B 材料的成本如下：

B 材料平均单位成本 $=\dfrac{30000+171000}{3000+15000}=11.17$（元）

本月发出存货的成本 $=16500\times 11.17=184305$（元）

月末库存存货的成本 $=30000+171000-184305=16695$（元）

【例 3-45】承【例 3-41】，采用移动加权平均法计算 B 材料的成本如下：

第一批收货后的平均单位成本 $=\dfrac{30000+99000}{3000+9000}=10.75$（元）

第一批发货存货成本 $=10500\times 10.75=112875$（元）

当时结存的存货成本 $=1500\times 10.75=16125$（元）

第二批收货后的平均单位成本 $=\dfrac{16125+72000}{1500+6000}=11.75$（元）

第二批发货存货成本 $=6000\times 11.75=70500$（元）

当时结存的存货成本 $=1500\times 11.75=17625$（元）

B 材料月末结存 1500 公斤，月末库存货成本为 17625 元；本月发出存货成本合计为 183375（112875＋70500）元。

企业各生产单位及有关部门领用的材料具有种类多、业务频繁等特点。为了简化核算，可以在月末根据"领料单"或"限额领料单"中有关领料单位、部门等加以归类，编制"发料凭证汇总表",据以编制记账凭证、登记入账。发出材料实际成本的确定,可以由企业从上述个别计价法、先进先出法、月末一次加权平均法和移动加权平均法等方法中选择。计价方法一经确定,不得随意变更。如需变更,应在附注中予以说明。

【例 3-46】 中门公司根据"发料凭证汇总表"的记录,1月份基本生产车间领用 K 材料 500000 元,辅助生产车间领用 K 材料 40000 元,车间管理部门领用 K 材料 5000 元,企业行政部门领用 K 材料 4000 元,计划成本 549000 元。

借:生产成本——基本生产成本　　　　　　500 000
　　　　　　——辅助生产成本　　　　　　 40 000
　　制造费用　　　　　　　　　　　　　　　5 000
　　管理费用　　　　　　　　　　　　　　　4 000
　　贷:原材料——K 材料　　　　　　　　　　　　549 000

2. 采用计划成本核算

材料采用计划成本核算时,材料的收发及结存,无论总分类核算还是明细分类核算,均按照计划成本计价。使用的会计科目有"原材料"、"材料采购"和"材料成本差异"等。材料实际成本与计划成本的差异,通过"材料成本差异"科目核算。

"原材料"科目。本科目用于核算库存各种材料的收发与结存情况。在材料采用计划成本核算时,本科目的借方登记入库材料的计划成本,贷方登记发出材料的计划成本,期末余额在借方,反映企业库存材料的计划成本。

"材料采购"科目。本科目借方登记采购材料的实际成本,贷方登记入库材料的计划成本。借方大于贷方表示超支,从本科目贷方转入"材料成本差异"科目的借方;贷方大于借方表示节约,从本科目借方转入"材料成本差异"科目的贷方;期末为借方余额,反映企业在途材料的采购成本。

"材料成本差异"科目。本科目反映企业已入库各种材料的实际成本与计划成本的差异,借方登记超支差异及发出材料应负担的节约差异,贷方登记节约差异及发出材料应负担的超支差异。期末如为借方余额,反映企业库存材料的实际成本大于计划成本的差异(即超支差异);如为贷方余额,反映企业库存材料的实际成本小于计划成本的差异(即节约差异)。

(1)购入材料

① 贷款已经支付,同时材料验收入库。

【例 3-47】中门公司购入 L 材料一批,专用发票上记载的货款为 3000000 元,增值税额 510000 元,发票账单已收到,计划成本为 3200000 元,已验收入库,全部款项以银行存款支付。

借:材料采购　　　　　　　　　　　　　　　3 000 000
　　应交税费——应交增值税(进项税额)　　　510 000
　　贷:银行存款　　　　　　　　　　　　　　　　3 510 000

② 款已经支付，材料尚未验收入库。

【例 3-48】 中门公司用汇兑方式购入 M_1 材料一批，专用发票上记载的货款为 200000 元，增值税额 34000 元，发票账单已收到，计划成本为 180000 元，材料尚未入库。

借：材料采购　　　　　　　　　　　　　　　　　200 000
　　应交税费——应交增值税（进项税额）　　　　 34 000
　贷：银行存款　　　　　　　　　　　　　　　　　234 000

③ 货款尚未支付，材料已经验收入库。

【例 3-49】 南岗公司采用商业汇票支付方式购入 M_2 材料一批，专用发票上记载的货款为 500000 元，增值税额 85000 元，发票账单已收到，计划成本为 520000 元，材料已经入库。

借：材料采购　　　　　　　　　　　　　　　　　500 000
　　应交税费——应交增值税（进项税额）　　　　 85 000
　贷：应付票据　　　　　　　　　　　　　　　　　585 000

【例 3-50】 南岗公司购入 M_3 材料一批，材料已经入库，月末按照计划成本 600000 元估价入账。

借：原材料　　　　　　　　　　　　　　　　　　600 000
　贷：应付账款——暂估应付账款　　　　　　　　 600 000

下个月初作相反的会计分录予以冲回：

借：应付账款——暂估应付账款　　　　　　　　　600 000
　贷：原材料　　　　　　　　　　　　　　　　　 600 000

在这种情况下，对于尚未收到发票账单的收料凭证，月末应按计划成本暂估入账，借记"原材料"等科目，贷记"应付账款——暂估应付账款"科目，下期初做相反分录予以冲回，借记"应付账款——暂估应付账款"科目，贷记"原材料"科目。

企业购入验收入库的材料，按计划成本，借记"原材料"科目，按实际成本，贷记"材料采购"科目，按实际成本大于计划成本的差异，借记"材料成本差异"科目，贷记"材料采购"科目；实际成本小于计划成本的差异，借记"材料采购"科目，贷记"材料成本差异"科目。

【例 3-51】 承【例 3-49】和【例 3-50】，月末，南岗公司汇总本月已付款或已开出并承兑商业汇票的入库材料的计划成本 3720000 元（即 3200000+520000）。

借：原材料——L 材料　　　　　　　　　　　　3 200 000
　　　　　——M_2 材料　　　　　　　　　　　　520 000
　贷：材料采购　　　　　　　　　　　　　　　3 720 000

上述入库材料的实际成本为 3500000 元（即 3000000+500000），入库材料的成本差异为节约 220000 元（即 3500000－3720000）。

借：材料采购　　　　　　　　　　　　　　　　 220 000

贷：材料成本差异——L 材料　　　　　　　　　200 000
　　　　　　　　　　　——M₂ 材料　　　　　　　　20 000

（2）发出材料

月末，企业根据领料单等编制"发料凭证汇总表"结转发出材料的计划成本，应当根据所发出材料的用途，按计划成本分别记入"生产成本"、"制造费用"、"销售费用"、"管理费用"等科目。

【例 3-52】　南岗公司根据"发料凭证汇总表"的记录，某月 L 材料的消耗（计划成本）为：基本生产车间领用 2000000 元，辅助生产车间领用 600000 元，车间管理部门领用 250000 元，企业行政管理部门领用 50000 元。

　　　借：生产成本——基本生产成本　　　　　　2 000 000
　　　　　　　　　　——辅助生产成本　　　　　　600 000
　　　　　制造费用　　　　　　　　　　　　　　 250 000
　　　　　管理费用　　　　　　　　　　　　　　　50 000
　　　　贷：原材料——L 材料　　　　　　　　　2 900 000

根据《企业会计准则第一号——存货》，企业日常采用计划成本核算的，发出的材料成本应由计划成本调整为实际成本，通过"材料成本差异"科目进行结转，按照所发出材料的用途，分别记入"生产成本"、"制造费用"、"销售费用"、"管理费用"等科目。发出材料应负担的成本差异应当按期（月）分摊，不得在季末或年末一次计算。

$$\text{本期材料成本差异率} = \left[\begin{array}{c}\text{期初结存}\\\text{材料的成}\\\text{本差异}\end{array} + \begin{array}{c}\text{本期验收入}\\\text{库材料的成}\\\text{本差异}\end{array}\right] \div \left[\begin{array}{c}\text{期初结存}\\\text{材料的计}\\\text{划成本}\end{array} + \begin{array}{c}\text{本期验收入}\\\text{库材料的计}\\\text{划成本}\end{array}\right] \times 100\%$$

期初材料成本差异率=期初结存材料的成本差异÷期初结存材料的计划成本×100%

发出材料应负担的成本差异=发出材料的计划成本×材料成本差异率

【例 3-53】　承【例 3-47】和【例 3-52】，南岗公司某月月初结存 L 材料的计划成本为 1000000 元，成本差异率为超支流 30740 元；当月入库 L 材料的计划成本地区 3200000 元，成本差异率为节约 200000 元。则：

$$\text{材料成本差异率} = \frac{30740 - 200000}{1000000 + 3200000} \times 100\% = -4.03\%$$

结转发出材料的成本差异的分录为：

　　　借：材料成本差异——L 材料　　　　　　　　116 870
　　　　贷：生产成本——基本生产成本　　　　　　 80 600
　　　　　　　　　　——辅助生产成本　　　　　　 24 180
　　　　　　制造费用　　　　　　　　　　　　　　 10 075
　　　　　　管理费用　　　　　　　　　　　　　　 2 015

3.4.3 物料用品

1. 物料用品概念

物料用品是指除原材料、燃料、低值易耗品以外的用品物资。包括企业的日常用品、办公用品、包装物品、日常维修用材料、零配件等。

(1) 日常用品。指为游客备用的茶叶、小食品、纪念品等以及客房、餐厅等营业部门的清洁用品、纸制用品、碗筷瓷器及玻璃器皿等。

(2) 办公用品。指为客人备用的文具纸张、企业办公室卫生用品、办公用品等。

(3) 包装物品。指企业的各种桶、筐、坛、袋等包装用品。

(4) 日常维修用材料。指维修工具、修理用材料等,如螺丝刀、灯泡、铁锁、玻璃和木材等。

(5) 零配件。指维修用的零件、配件等。

2. 物料用品的核算

从市场上购买来的物料用品并验收入库后,应借记"原材料——物料用品"科目,贷记"银行存款"等科目。

【例3-54】 麻丘大酒店7月5日购进一批维修用配件,金额为6000元,货款以银行支票支付。又以现金支付运费50元。这批配件已验收入库。

根据支票存根、采购计划、发票和运费单据,编制会计分录:

借:原材料——物料用品——零配件　　　　　　　6 050
　　贷:银行存款　　　　　　　　　　　　　　　　　6 000
　　　　现金　　　　　　　　　　　　　　　　　　　　50

物料用品发出时,要求有关部门和人员应填制领料单,办理领料手续,保管人员应将领料单定期汇总编制"耗用物料用品汇总表",送交财务部门凭以入账,财务部门根据不同的领用部门借记"销售费用"或"管理费用"科目,贷记"原材料——物料用品"科目。

【例3-55】 南岗旅游公司餐饮部进行设备维修,领用零配件2500元,管理部门领用办公用品1000元。

根据有关单据,编制会计分录:

借:销售费用——餐饮部——零配件　　　　　　　2 500
　　管理费用——办公费用　　　　　　　　　　　　1 000
　　贷:原材料——物料用品——零配件　　　　　　　2 500
　　　　　　　　　　——办公用品　　　　　　　　　1 000

3.3.4 低值易耗品

低值易耗品是指不能作为固定资产核算的各种劳动资料,如柜台、货架、家具、管理用具、玻璃器皿、劳动保护用品、针棉织品以及经营过程中使用的包装容器等。低值易耗品的特点是价值低、品种多、数量大和易损耗，有的使用期限较短，购置和报废比较频繁。为了方便管理和简化核算，将低值易耗品列入流动资产进行核算。

为了反映低值易耗品的增减变化及结存情况，应设置"低值易耗品"账户进行核算。这个账户属于资产类账户，借方表示低值易耗品的购进、自制、盘点或其他原因的增加数，贷方表示低值易耗品的领用、摊销、报废、出售或其他原因的减少数，余额一般在借方，表示低值易耗品的期末实存数。

1. 低值易耗品的购进

企业购进低值易耗品，应以低值易耗品的买价，加上可以直接认定的运杂费为实际成本，记入"周转材料——低值易耗品"借方，运杂费不易按品种划分的，可列"销售费用——运杂费"账户。

【例3-56】 麻丘大酒店5月3日购入行李推车2台，单价目100元，金额200元，以银行转账支票支付，同时用现金支付运费30元。行李推车已验收入库。根据发票、支票存根、入库单等凭证，编制会计分录：

借：周转材料——低值易耗品　　　　　　　　230
　　贷：现金　　　　　　　　　　　　　　　　30
　　　　银行存款　　　　　　　　　　　　　200

2. 低值易耗品的领用和摊销

低值易耗品要投入使用，并且在使用过程中不断磨损，从而使其价值逐渐减少，直至报废。因此，必须按一定的方法计算低值易耗品的磨损价值，一次或分次摊入有关费用。低值易耗品摊销的方法有一次摊销法或分期摊销法，企业可根据低值易耗品的各种特点和管理的要求选用。

（1）一次摊销法

一次摊销法是指低值易耗品在领用时，将低值易耗品的全部价值借记营业费用（管理费）—低值易耗品摊销账户，贷记"低值易耗品"账户。采用一次摊销法的优点是核算手续简便，缺点是企业费用负担不均衡，不利于实物管理。这种方法适用于价值低、使用期限短、一次领用不多的低值易耗品。

（2）分期摊销法

分期摊销法是指将领用的低值易耗品价值按其估计使用期限平均摊入费用的方法。在领用时，借记"待摊费用"账户，贷记"低值易耗品"账户；分期摊入有关成本费用账户时，借记"管理费用"、"营业费用"等账户，贷记"待摊费用"账户。分期摊销的期限不得超过12个月，但可以跨年度。

【例3-57】 某大酒店前台部领用行李推车2台，单价115元，金额230元，采用分

别摊销法,从领用之月起分 8 个月摊销。领用行李推车时,编制会计分录如下:
    借:待摊费用   230
      贷:低值易耗品   230
当每月末分期摊销时,编制会计分录如下:
    借:营业费用——低值易耗品摊销   28.75
      贷:待摊费用   28.75
采用分期摊销法使企业费用负担较为均衡,但核算手续较麻烦,这种方法适用于单价较高、使用期较长的低值易耗品。

3.3.5 库存商品核算

库存商品是指饭店商品部,餐饮部或附设商场等库存的各种商品,以及进行生产、加工服务的照相等企业附设小卖部库存的商品如烟、酒、服装、工艺品等。对库存商品的核算,一般采用"售价核算法"即"售价记账,实物负责制",就是按所经营商品的品种、类别划分为若干柜组,按营业柜组确定实物负责人,实物负责人对其所经营的全部商品付息额,财会部门设置"库存商品"账户,同时按商品类别或实物负责人设置"库存商品"明细账,用售价金额核算各实物负责人的商品进销存情况,售价与进价的差额记入"商品进销差价"科目,"商品进销差价"明细账也与"库存商品"明细账一样按照类别或实物负责人设置。期末通过计算进销差价率的办法计算本期已销商品应分摊的进销差价,并据调整本期销售成本。

$$进销差价率 = \frac{期初库存商品进销差价 + 本期购进商品进销差价}{期初库存商品售价 + 本期购进商品售价}$$

本期已销售应分摊的进销差价=本期商品销售收入×进销差价率

【例 3-58】 麻丘饭店商品部购进一批工艺品,不含税价 10000 元,进项增值税 1700 元,共计 11700 元。该批工艺品销售价预定为 15000 元。商品验收入库,货款通过银行支付。本期销售收入不含税价 12000 元,销项增值税 2040 元,共计 14040 元。根据购销业务有关的原始凭证,编制会计分录如下:
(1)购物商品并验收入库时
    借:库存商品——工艺品组   15 000
      应交税费——进项税   1 700
      贷:银行存款   11 700
        商品进销差价——工艺品组   5 000
(2)销售商品时
    借:银行存款   14 040
      贷:主营业务收入——商品部   12 000
        应交税费——销售税   2 040

(3) 平时结转商品销售成本

借：主营业务成本——商品成本　　　12 000
　　贷：库存商品——工艺品组　　　　　　12 000

(4) 期末调整成本时

进销差价率＝$\dfrac{0+5000}{0+15000}\times100\%=33.33\%$

本期已销商品应分摊的进销差价＝12000×33.33%＝4000（元）

借：商品进销差价——工艺品组　　　4 000
　　贷：主营业务成本——商品成本　　　　4 000

3.3.6　存货的期末计价

1. 存货跌价准备的计提和转回

企业会计制度规定，企业的存货应当在期末时按成本与可变现净值孰低计量，对可变现净值低于存货成本的差额，计提存货跌价准备。这里的"成本"，是指期末存货的实际成本，"可变现值净值"是指存货的预计未来净现金流量，而不是存货的售价或合同价。

存货成本高于其可变现净值的，应当计提存货跌价准备，计入当期损益。以前减记存货价值的影响因素消失的，减记的金额应当予以恢复，并在原已计提的货跌价准备金额转回，转回的金额计入当期损益。

2. 存货跌价准备的会计处

企业应当设置"存货跌价准备"科目，核算存货的存货跌价准备，贷方登记计提的存货跌价准备金额；借方登记实际发生的存货跌价损失金额和冲减的存货跌价准备金额，期末余额一般在贷方，反映企业已计提但尚未转销的存货跌价准备。

当存货成本高于其可变现净值时，企业应当按照存货可变现净值低于成本的差额，借记"存货减值损失——计提的存货跌价准备"科目，贷记"存货跌价准备"科目。

转回已计提的存货跌价准备金额时，按恢复增加的金额，借记"存货跌价准备"科目，贷记"存货减值损失——计提的存货跌价准备"科目。

企业结转存货销售成本时，对于已计提存货跌价准备的，借记"存货跌价准备"科目，贷记"主营业务成本"、"其他业务成本"等科目。

【例3-59】　中门饭店采用"成本与可变现净值孰低法"进行期末存货计价。2004年年末存货的账面成本为100000元，可变现净值为95000元，应计提的存货跌价准备为5000元。

借：管理费用——计提的存货跌价准备　　　5 000
　　贷：存货跌价准备　　　　　　　　　　　　5 000

假若 2005 年年末存货的种类和数量未发生变化（下同），且存货的可变现净值为 90000 元，应计提的存货跌价准备为 10000 元（100000－90000）。由于前期已计提 5000 元，现在只应补提跌价准备 5000 元。

借：管理费用——计提的存货跌价准备　　　5 000
　　贷：存货跌价准备　　　　　　　　　　　　5 000

假若 2006 年年末存货的可变现净值为 97000 元，应冲减已计提的存货跌价准备 7000（97000－90000）元。

借：存货跌价准备　　　　　　　　　　　　7 000
　　贷：管理费用——计提的存货跌价准备　　　7 000

假若 2007 年年末存货的可变现净值为 101000 元，应冲减已计提的存货跌价准备 3000 元（100000－97000）（注：以"存货跌价准备"科目余额冲减至零为限）。

借：存货跌价准备　　　　　　　　　　　　3 000
　　贷：管理费用——计提的存货跌价准备　　　3 000

存货的转销，是指将存货的账面价值全部转入当期损益。企业会计制度规定，当存在以下一项或若干项情况时，应将存货账面价值全部转入当期损益。

① 已霉烂变质的存货；
② 已过期且无法转让的存货；
③ 生产经营中已不再需要，并且已无使用价值和转让价值的存货；
④ 其他足以证明已无使用价值和转让价值的存货。

企业当期发生上述情况时，应按存货的账面价值，借记"管理费用——计提的存货跌价准备"科目，按已计提的存货跌价准备，借记"存货跌价准备"科目，按存货的账面余额，贷记"库存商品"等存货科目。

3.3.7　存货的清查

存货清查是通过对存货的实物盘点，确定存货的实有数量，并与账面结存数核对，从而确定各项存货的实存数与账面结存数是否相符的一种专门方法。

由于存货种类繁多、收发频繁，在日常收发过程中可能发生计量错误、计算错误、自然损耗，还有可能损坏变质以及贪污、盗窃等情况，造成账实不符，形成存货的盘盈盘亏。对于存货的盘盈盘亏，应填写存货盘点报告（如实存账存对比表），及时查明原因，按照规定程序报批处理。

为了反映企业在财产清查中查明的各种存货的盘盈、盘亏和毁损情况，企业应当设置"待处理财产损溢"科目，借方登记存货的盘亏、毁损金额及盘盈的转销金额，贷方登记存货的盘盈金额及盘亏的转销金额。企业清查的各种存货损溢，应在期末结账前处理完毕，期末处理后，本科目应无余额。

1. 存货盘盈的核算

企业发生存货盘盈时，借记"原材料"、"库存商品"等科目，贷记"待处理财产损溢"科目；在按管理权限报批后，借记"待处理财产损溢"科目，贷记"管理费用"科目。

【例3-60】 南岗旅游公司餐饮部在财产清查中，盘盈香菇100公斤，实际单位成本60元，经查属于材料收发计量方面的错误。应作如下会计处理。

（1）批准处理前：

借：原材料　　　　　　　　　　　6 000
　　贷：待处理财产损溢　　　　　　　　6 000

（2）批准处理后：

借：待处理财产损溢　　　　　　　6 000
　　贷：管理费用　　　　　　　　　　　6 000

2. 存货盘亏及毁损的核算

企业发生存货盘亏及毁损时，借记"待处理财产损溢"科目，贷记"原材料"、"库存商品"等科目。在按管理权限报批后应作如下会计处理：对于入库的残料价值，记入"原材料"等科目；对于应由保险公司、过失人的赔款，记入"其他应收款"科目；扣除残料价值和应由保险公司、过失人的赔款后的净损失，属于一般性经营损失的部分，记入"管理费用"科目；属于非常损失的部分，记入"营业外支出"科目。

【例3-61】 南岗旅游公司餐饮部在财产清查中，发现盘亏大米50公斤，实际单位成本5元。经查，属于一般经营损失。应作如下会计处理：

（1）批准处理前：

借：待处理财产损溢　　　　　　　250
　　贷：原材料　　　　　　　　　　　　250

（2）批准处理后：

借：管理费用　　　　　　　　　　250
　　贷：待处理财产损溢　　　　　　　　250

【例3-62】 南岗旅游公司餐饮部在财产清查中，发现毁损某材料30公斤，实际单位成本10元，经查属于材料保管员的过失造成的，按规定由其个人赔偿100元，残料已办理入库手续，价值50元。应作如下会计处理：

（1）批准处理前：

借：待处理财产损溢　　　　　　　300
　　贷：原材料　　　　　　　　　　　　300

（2）批准处理后：

① 由过失人赔款部分

借：其他应收款　　　　　　　　　100
　　贷：待处理财产损溢　　　　　　　100
② 残料入库
借：原材料　　　　　　　　　　　50
　　贷：待处理财产损溢　　　　　　　50
③ 材料毁损净损失
借：管理费用　　　　　　　　　　150
　　贷：待处理财产损溢　　　　　　　150

【练习题】

1. 名词解释
（1）货币资金　　（2）外汇　　（3）交易性金融资产
（4）存货　　　　（5）材料成本差异

2. 选择题
（1）流动资产是指可以在一年或超过一年的一个营业周期内（　　）的资产。
　　A. 购进　　　B. 出口　　　C. 入库　　　D. 变现或耗用
（2）企业的现金限额由开户银行根据单位的实际需要核定，一般按照单位（　　）天日常零星开支的需要确定。
　　A. 15　　　　B. 10　　　　C. 7　　　　D. 3～5
（3）企业已收款入账，银行尚未收款入账的款项是（　　）。
　　A. 应收账款　B. 应付账款　C. 预收账款　D. 未达款项
（4）资产负债表日，交易性金融资产应当按照公允价值计量，公允价值与账面余额之间的差额计入当期（　　）。
　　A. 收入　　　B. 成本　　　C. 损益　　　D. 费用
（5）采用分期（　　）使企业费用负担较为均衡，但核算手续较麻烦，这种方法适用于单价较高、使用期较长的低值易耗品。
　　A. 预提法　　B. 摊销法　　C. 综合法　　D. 分折法

3. 判断题
（1）开户单位收入现金应于当日送存开户银行，当日送存确有困难的，由开户银行确定送存时间。　　　　　　　　　　　　　　　　　　　　　　　　　　　　　　　　（　　）
（2）外埠存款是指企业为了到外地进行临时或零星采购，而汇往采购地银行开立采购专户的款项。该账户的存款也计利息、只付不收、付完清户，采购人员可从中提取大量现金，也可采用转账结算。　　　　　　　　　　　　　　　　　　　　　　　　　　　（　　）
（3）间接标价法是一定的本国货币来计算折合若干单位的外国货币，例如纽约外汇市

场 20××年×月×日 1 英镑=1.8724 元美元。（　　）

（4）企业取得交易性金融资产时，应当按照该金融资产取得时的购买价值作为其初始确认金额。（　　）

（5）存货成本高于其可变现净值的，应当计提存货跌价准备，计入当期损益。以前减记存货价值的影响因素消失的，减记的金额应当予以恢复，并在原已计提的货跌价准备金额转回，转回的金额计入当期损益。（　　）

4. 问答题

（1）现金管理的主要内容有哪些？

（2）银行转账的结算方式有几种？它们各有什么特点？

（3）什么是坏账损失？坏账损失的核算有哪几种方法？

（4）什么是存货？存货发出有几种计价方法？

（5）低值易耗品的领用、摊销和报废如何进行核算？

5. 核算题。南岗旅游公司 2007 年发生以下经济业务，请编制会计分录。

（1）职工徐丽君预借差旅费 3000 元，以现金支付；

（2）开出转账支票支付购买原材料的货款 18900 元，运杂费 1100 元，材料已验收入库；

（3）预付货款 9000 元购买食品材料，以银行存款支付；

（4）收到银行转来某旅行社付前欠旅行团的旅行费用 29000 元；

（5）供应科去外地采购材料，委托银行开立 25000 元外埠采购专户存款，以开出委托书；

（6）某日，销售商品货款 19000 元（含增值税）尚未收回；

（7）A 客户所欠账款 4500 元，由于 A 公司已撤销，确认全部无法收回，经批准作坏账处理；

（8）销售商品一批，价格合计 20000 元，对方交来为期 6 个月的银行承兑汇票一张，票面金额为 20000 元，签发日为 8 月 5 日；

（9）购物料用品 A20 包，@50 元，物料用品 B10 包，@16 元，物料用品已验收入库，货款尚未支付，@表示单价；

（10）购入燃料乙 10 吨，@400 元，运杂费 150 元，燃料已验收入库，货款已支付；

（11）徐丽君出差回来报销差旅费 2600 元，余额退回；

（12）企业因急需资金将 8 月 5 日收到的为期 6 个月的无息商业汇票向银行申请贴现，面值为 20000 元，贴现率 12%，贴现日为 8 月 25 日，贴现金额已收存银行。如果上述票据属有息票据，年息率为 6%，其他条件不变，作为贴现账务处理；

（13）收到以前年度已转为坏账的应收账款 18000 元，款项已存入银行；

（14）本月领用材料汇总如下：

客房部	餐饮部		企业管理部门
食品原材料	5 600		
燃料	1 200	890	600
物料用品	670	350	450

（15）原材料盘亏20公斤@1.3元，经调查，其中3公斤属定额内消耗，其余17公斤属仓库保管人员失职造成的，经批准决定由管理人员赔偿。

第4章 长期资产的核算

【内容提要】

长期资产指使用期或摊销期超过一年的资产或费用,它包括固定资产、无形资产、长期待摊费用等。

【学习目标】

> 了解固定资产的折旧方法。
> 掌握固定资产权利的核算。
> 熟悉长期待摊费用的账务处理。

4.1 固定资产概述

4.1.1 固定资产划分标准

1. 概念

固定资产是指使用年限在一年以上的房屋、建筑物、机器、机械、运输工具和其他与生产经营有关的设备、器具、工具等。不属于生产经营主要设备的物品,单位价值在2000元以上,并且使用期限超过两年的,也作为固定资产。

2. 固定资产特点

固定资产与流动资产相比较,具有以下特点:(1)可长期的服务于业务经营过程,并在较短的使用期限不明显改变原来的实物形态。(2)购置的价值一般较高,其投入的资金不能像投入的原材料那样可以一次性从产品销售收入中得到回收,而是在使用过程中,随着磨损程度以折旧的形式逐渐地、部分地计入费用,并从服务收入或产品销售收入中得到补偿。因此其核算的方法也不同于流动资产。

固定资产与低值易耗品的区别在与使用年限和价值大小的不同。但有些如玻璃器皿和专用工具虽然符合固定资产条件,因易损坏也列为低值易耗品。

4.1.2 固定资产的分类

1. 固定资产按用途分类

（1）经营用固定资产，是指直接参加企业生产经营活动或服务于企业经营工程的固定资产。如房屋、机械设备、交通运输工具等。

（2）非经营用固定资产，是指不直接参加和服务于旅游企业经营活动的固定资产。如职工食堂、托儿所、俱乐部、医务室等用于职工生活和福利的房屋、设备等。

按用途分类，便于分类管理和监督不同经济用途的固定资产之间的组成、变化情况，使企业合理配置固定资产。

2. 固定资产按使用情况分类

（1）使用中的固定资产，是指正在使用的营业用和非营业用固定资产。对于淡季停用和大修理暂停使用以及存放在使用部门备用的机器设备，均应列入使用中的固定资产。

（2）未使用固定资产，指旅游企业购进而尚未使用、尚待安装及进行改建扩建的固定资产和经批准停止使用的固定资产。

（3）不使用固定资产，指不适于本企业使用或多余的等待处理的固定资产。

按使用情况分类，可以正确反映和监督旅游企业固定资产的使用情况，促使其提高固定资产使用效益，便于正确计提固定资产折旧。

3. 固定资产综合分类

（1）房屋及建筑物，房屋指企业各部门用房以及与房屋不可分离的附属设备，如电梯、卫生设备等。建筑物指房屋以外的围墙、水塔和企业内花园、喷水池等。

（2）机器设备，指用于经营业务服务的厨房设备、洗衣设备，用于产业电力、冷暖气的各种设备，以及各种通讯设备、电子计算机系统设备等。

（3）交通运输工具，指用于经营服务和企业内部运输的各种车辆，如小汽车、卡车、电瓶车的等。

（4）家具设备，指用于经营服务和企业管理部门的各种家具设备、办公设备、各类地毯等。

（5）电器及影视设备，指用于企业经营服务或管理用的闭路电视播放设备、音响、电视机、电冰箱、摄像机等。

（6）文体娱乐设备，指健身房、娱乐厅用的各种设备，如台球桌、各种乐器等。

（7）其他设备，指不属于以上各类的其他经营管理用固定资产，如工艺摆设、消防设备。

这种分类可以反映各类不同的固定资产类别，并为确定不同类别的固定资产的折旧年限奠定了基础。

4.1.3 固定资产账户的设置

1. 固定资产的总分类核算

为了便于对固定资产的取得、折旧和减少的核算，旅游企业应设置"固定资产"、"累计折旧"、"在建工程"、"固定资产清理"、"工程物资"、"固定资产减值准备"等科目。

（1）"固定资产"科目，是核算固定资产原始价值及结存情况的科目。固定资产原价增加时，记入借方；固定资产原价减少时，记入贷方；余额在借方，反映现有固定资产原价。

（2）"累计折旧"科目，是"固定资产"科目的备抵科目。通过"固定资产"和"累计折旧"科目的对比，可以得出固定资产净值。"累计折旧"科目，是核算现有固定资产折旧累计数额增减变化及结存情况的科目。计提折旧时，记入贷方；转出减少的固定资产折旧时，记入借方；余额在贷方，反映现的固定资产的折旧累计数。

（3）"在建工程"科目，核算企业进行基建工程、安装工程、技术改造工程、大修理工程等发生的实际成本，包括需要安装设备的价值，应分别设置"建筑工程"、"安装工程"、"在安装设备"、"技术改造工程"、"大修理工程"和"其他支出"等明细科目进行核算。

（4）"固定资产清理"科目，核算旅游企业因出售、报废和毁损等原因转入清理的固定资产净值及其在清理过程中所发生的清理费用清理变价收入。该科目借方反映出售或报废和毁损固定资产的净值、清理费用等，贷方反应出售固定资产的价款、残料变价收入、保险公司赔款或过失人赔款等。该科目借方大于贷方，为清理净损失；贷方大于借方则为清理净收益。清理的净资产或净损失，应分别转入"营业外收入"或"营业外支出"科目。

（5）"工程物资"科目，核算旅游企业为基础工程、更新改造工程和大修理工程准备的各种物资的实际成本，包括为工程准备的材料、尚未交付安装的需要安装设备的实际成本，以及预付大型设备款和基本建设期间根据项目概算购入为生产准备的工具及器具等实际成本。"工程物资"科目应分别设置"专用材料"、"专用设备"、"预付大型设备款"、"为生产准备的工具及器具"等明细科目进行核算。

（6）"固定资产减值准备"科目，企业应当在期末或者至少在每年年度终了时，对固定资产逐项进行检查，如果由于市价持续下跌，或技术陈旧、损坏、长期闲置等原因导致其可收回金额低于账面价值的，应当将可以收回金额低于账面价值的差额作为固定资产减值准备。固定资产减值准备应按单项资产计提。企业发生固定资产减值时借记"营业外支出——计提的固定资产减值准备"科目，贷记本科目，如已计提减值准备的固定资产价值又得以恢复，应在原已提减值准备的范围转回，借记本科目，贷记"营业外支出——计提的固定资产减值准备"科目。本科目期末贷方余额，反映企业已提取的固定资产减值准备。

2. 固定资产明细分类核算

旅游企业财会部门应设置固定资产明细账进行明细核算。可以采用固定资产卡片或固定资产登记簿，对每项固定资产进行有效的控制。

4.1.4 固定资产的计价

旅游企业为正确核算成本，如实反映固定资产新旧程度和使用情况，必须对所有固定资产正确评估。而固定资产以货币计价，可以综合核算的必要条件。固定资产的计价有原始价值、重置价值和净值三种。

（1）原始价值。原始价值又称原值或原价，是指旅游企业在购建或以其他方式取得固定资产时所发生的全部支出，具体包括全部建造安装成本或买价加上包装费、运杂费和安装费。如从国外进口的，还包括依法交纳增值税和关税。改扩建的固定资产，应按扩建前的固定资产价值，加上改扩建支出减去改扩过程中的变价收入的净额作为其原始价值。

（2）重置价值。重置价值是按照目前的生产条件，重新构建全新的同样固定资产所需的全部支出。一般情况下，这种计价方式在发现账外固定资产和接受捐赠固定资产时采用，或按国家规定对固定资产重新估价时使用。

（3）净值。净值又称折余价值，是指固定资产原始价值减去累计折旧额后的余额，反映其现有价值。

原始价值、重置价值可以如实反应固定资产的原始投资额和作为计算折旧的依据，净值可以反映企业当前实际占用在固定资产方面的资金。净值和原始价值相比可了解其新旧程度。

4.2 固定资产取得的核算

4.2.1 固定资产的价值构成

固定资产应按其取得时的成本作为入账的价值，取得时的成本包括买价、进口关税、运输和保险等相关费用，以及为使用固定资产达到预定可使用状态前所必要的支出。固定资产取得时的成本应当根据具体情况分别确定。

（1）购置的不需要经过建造过程即可使用的固定资产，按实际支付的买价、包装费、运输费、安装成本、交纳的有关税金等，作为入账价值。

外商投资企业因采购国产设备而收到税务机关退还的增值税款，应冲减固定资产的入账价值。

（2）自行建造的固定资产，按建造该项资产达到预定可使用状态前所发生的全部支出，作为入账价值。

（3）投资者投入的固定资产，按投资各方确认的价值，作为入账价值。

（4）融资租入的固定资产，按租赁开始日租赁资产的原账面价值与最低租赁付款额的现值两者中较低者，作为入账价值。如果融资租赁资产占企业资产总额比例等于或小于30%的，在租赁开始日，企业也可按最低租赁付款额，作为固定资产的入账价值。

（5）在原有固定资产的基础上进行改建、扩建的，按原固定资产的账面价值，加上由于改建、扩建而是该项资产达到预定可使用状态前发生的支出，减改建、扩建工程中发生的变价收入，作为入账价值。

（6）企业接受的在债务人以非现金资产抵偿债务方式取得的固定资产，或以应收债务换入固定资产的，按应收债务的账面价值加上应支付的相关税费，作为入账价值。涉及补价的，按以下规定确定受让的固定资产的入账价值：

① 收到补价时，按应收债券的账面价值减去补价，加上应支付的相关税费，作为入账价值；

② 支付补价的，按应收债权的账面价值加上支付的补价和应支付的相关税费，作为入账价值。

（7）以非货币性交易换入的固定资产，按换出资产的账面价值加上应支付的相关税费，作为入账价值。涉及补价的，按以下规定确定换入固定资产的入账价值。

① 收到补价的，按换出资产的账面价值加上确定的收益和应支付的相关税费减去补价后的余额，作为入账价值；

② 支付补价的，按换出资产的账面价值加上应支付的相关税费和补价，作为入账价值。

（8）接受捐赠的固定资产，应按以下规定确定其入账价值：

① 捐赠方提供了有关凭据，按凭据上标明的金额加上应支付的相关税费，作为入账价值。

② 捐赠方没有提供相关凭据的，按以下顺序确定其入账价值。

- 同类或类似固定资产存在活跃市场的按同类或类似固定资产的市场价格估计的金额，加上应支付的相关税费，作为入账价值；
- 同类或类似固定资产不存在活跃市场的，按该接受捐赠的固定资产的预计未来现金流量现值，作为入账价值。

③ 如受赠的系旧的固定资产，按照上述方法确定的价值，减去按该项资产的新旧程度估计的价值损耗的余额，作为入账价值。

（9）盘盈的固定资产，按同类或类似固定资产的市场价格，减去该项资产的新旧程度估计的价值损耗后的余额，作为入账价值。

（10）经批准无偿调入的固定资产，按调出单位的账面价值加上发生的运输费、安装费等相关费用，作为入账价值。

固定资产的入账价值中，还应当包括企业为取得固定资产而交纳的契税、耕地占有税、车辆购置税等相关税费。

企业购置计算机硬件所附带的、未单独计价的软件，与所购置的计算机硬件一并作为固定资产管理。

已达到预定可使用状态但尚未办理竣工决算手续的固定资产，可先按估计价值记账，待确定实际价值之后，再进行调整。

4.2.2 购入的固定资产

企业购入固定资产可分为不需要安装和需要安装的两种。

1. 不需要安装

购入不需要安装的固定资产，其入账的原始价值包括购进价、运杂费和包装费等。

【例 4-1】 某宾馆购入货车一辆，价款 100000 元，以转账支票支付，货车已验收使用。作如下分录：

借：固定资产　　　　　　　　　　　　100 000
　　贷：银行存款　　　　　　　　　　　　100 000

2. 需要安装

购入需要安装的固定资产，其入账价值除了包括购进价、运杂费和包装费外，还要加上安装费。核算时，先在"在建工程"科目核算，待工程完工后，再由"在建工程"科目转入"固定资产"科目。

【例 4-2】 某饭店购入需要安装的洗涤设备一台，价值 80000 元，并支付安装费 800 元。

（1）购入验收入库时，作分录如下：
借：工程物资——专用设备　　　　　　80 000
　　贷：银行存款　　　　　　　　　　　　80 000
（2）领用安装时，作分录如下：
借：在建工程——安装洗涤设备　　　　80 000
　　贷：工程物资——专用设备　　　　　　80 000
（3）支付工程费用时，作分录如下：
借：在建工程——安装洗涤设备　　　　800
　　贷：银行存款　　　　　　　　　　　　800
（4）当安装完毕，交付使用时，作分录如下：
借：固定资产　　　　　　　　　　　　80 800
　　贷：在建工程——安装洗涤设备　　　　80 800

4.2.3 自行建造的固定资产

旅游企业自行建造的固定资产，可以有自营建造和出包建造两种方式，应按不同的方式分别进行会计处理。

1. 自营建造

旅游企业采用自营方式进行固定资产工程主要通过"工程物资"和"在建工程"科目

进行核算。

【例 4-3】 某饭店采用自营方式建筑房屋一栋，为工程购置物资 190000 元，全部用于工程建设，为工程支付的建设人员工资 48000 元，为工程借款发生利息 21000 元，工程完工验收交付使用。

（1）购买工程物资，作分录如下：
借：工程物资——专用材料　　　　　　190 000
　　贷：银行存款　　　　　　　　　　　　　　190 000
（2）领用工程物资，作分录如下：
借：在建工程——房屋工程　　　　　　190 000
　　贷：工程物资——专用材料　　　　　　　　190 000
（3）支付建设人员工资，作分录如下：
借：在建工程——房屋工程　　　　　　 48 000
　　贷：应付职工薪酬　　　　　　　　　　　　 48 000
（4）结转为工程借款而发生的利息，作分录如下：
借：在建工程——房屋工程　　　　　　 21 000
　　贷：长期借款　　　　　　　　　　　　　　 21 000
（5）工程完工验收，结转工程成本，作分录如下：
借：固定资产——房屋　　　　　　　　259 000
　　贷：在建工程——房屋　　　　　　　　　　259 000

2. 出包建造

旅游企业采用出包价建造固定资产，工程的具体支出在承包单位核算，在这种方式下，"在建工程"账户实际成为企业与承包单位的结算账户。

【例 4-4】 某饭店—出包方式建造仓库一座，预付工程款 200000，工程完工决算，根据竣工工程决算表，需补付工程价款 15000 元。作分录如下：

（1）预付工程款
借：在建工程——仓库工程　　　　　　200 000
　　贷：银行存款　　　　　　　　　　　　　　200 000
（2）补付工程款
借：在建工程——仓库工程　　　　　　 15 000
　　贷：银行存款　　　　　　　　　　　　　　 15 000
（3）根据竣工工程决算表，结转工程成本
借：固定资产——仓库　　　　　　　　215 000
　　贷：在建工程——仓库工程　　　　　　　　215 000

4.2.4 投资转入的固定资产

由其他单位投资转入的固定资产，应按投出单位的账面原价借记"固定资产"账户；按评估确认的价值，贷记"实收资本"账户，如果账面价值大于评估确认价值，则其差额贷记"累计折旧"。

【例 4-5】 某饭店接受某宾馆投资转入的固定资产一台，账面原价 550000 元，经双方评估确认净值 480000 元，在收到该项固定资产时，作分录如下：

借：固定资产　　　　　　　　　　550 000
　贷：实收资本　　　　　　　　　　480 000
　　　累计折旧　　　　　　　　　　 70 000

4.2.5 融资租入的固定资产

融资租入的固定资产，应当单设明细科目进行核算。企业应在租赁开始日，按租赁资产开始日租赁资产的原账面价值与最低租赁付款额的现值两者中较低者作为入账价值，借记本科目，按最低租赁付款贷记"长期应付款——应付融资租赁款"科目，按其差额借记"未确认融资费用"科目。租赁期满，如合同规定将设备所有权转归承租企业，应进行转账，将固定资产从"融资租赁固定资产"明细科目转入有关明细科目。

如果融资租赁资产占企业资产总额比例等于或小于30%的，在租赁开始日，企业也可以按最低租赁付款额作为固定资产的入账价值，企业应按最低租赁付款额借记本科目，贷记"长期应付款——应付融资租赁款"科目。

4.2.6 接受捐赠的固定资产

接受捐赠的固定资产，按确定的入账价值借记本科目，按本来应交的所得税贷记"递延税款"科目，按确定的入账价值减去未来应交所得税后的余额贷记"资本公积"科目，按应支付的相关税费贷记"银行存款"科目。

外商投资企业接受捐赠的固定资产，按确定的入账价值借记本科目，按应计入待转资产价值的金额贷记"转资产价值"科目，按应付的相关税费待记"银行存款"等科目。

4.2.7 无偿调入的固定资产

企业按照有关规定并报经有关部门批准无偿调入的固定资产，按调出单位的账面价值加上新的安装成本、包装费、运杂费等，作为调入固定资产的入账价值。企业调入需要安装的固定资产，按调入固定资产的原账面价值以及发生的包装费、运杂费等借记"在建工程"等科目，按调入固定资产的原账面价值贷记"资本公积——无偿掉入的固定资产"科目，按所发生的支出贷记"银行存款"等科目；发生的安装费用，借记"在建工程"等科目,贷记"银行存款"、"应付工资"等科目。工程达到可使用状态时,按工程的实际成本,借记本科目,贷记"在建工程"科目。

4.3 固定资产折旧核算

折旧是指固定资产在使用过程中,由于损耗而逐渐地、部分地转移到费用中去的那部分以货币表现的价值。

4.3.1 固定资产折旧的性质

企业的固定资产可以长期参加生产经营活动而仍保持其原有的实物形态,但其价值是随着固定资产的使用而逐渐转移到生产的产品中或构成费用,然后通过销售商品收回贷款、弥补了成本费用,从而使这部分价值损耗得到补偿。

固定资产的损耗分为有形损耗和无形损耗两种。有形损耗是指固定资产由于使用和自然力的影响而引起的使用价值和价值的损失,如机械磨损和自然条件的侵蚀等。无形损耗是指由于科技技术进步,产品升级换代等引起的固定资产价值的损失。随着科学技术的飞速发展,无形损耗造成的固定资产贬值显得越来越突出。

4.3.2 固定资产折旧的范围

(1) 以下固定资产应计提折旧
① 房屋和建筑物;
② 在使用的机器设备、仪器仪表、运输工具;
③ 季节性使用、大修理停用的设备;
④ 融资租入和以经营租赁方式租出的固定资产。
(2) 以下固定资产不计提折旧
① 未使用、不需要的机器设备;
② 以经营租赁方式租入的固定资产;
③ 在建工程项目交付使用以前的固定资产;
④ 已提足折旧继续使用的固定资产;
⑤ 未提足折旧提前报废的固定资产;
⑥ 国家规定不折旧的其他固定资产。

3. 固定资产折旧的方法

会计上计算折旧的方法很多，如直线法、工作量法、加速折旧法等。固定资产折旧方法的选用直接影响到企业成本、费用的计算以及企业的收入和纳税，从而影响国家的财政收入。这里重点介绍以下四种计算折旧的方法：

(1) 平均年限法

平均年限法又称直线法，是将固定资产的折旧均衡的分摊到各期的一种方法。计算公式如下：

$$\text{固定资产年折旧额} = \frac{\text{固定资产原值} - \text{预计净残值}}{\text{固定资产预计使用年限}}$$

$$\text{月折旧额} = \frac{\text{年折旧额}}{12}$$

固定资产折旧率，是指某期间固定资产折旧额和原值的比率。它反映了固定资产在某期间内的磨损和损耗程度。运用固定资产折旧率来计算固定资产折旧的公式为：

$$\text{固定资产折旧率} = \frac{1 - \text{预计净残值率}}{\text{固定资产预计使用年限}} \times 100\%$$

月折旧率＝年折旧率/12

年折旧率＝固定资产原值×年折旧率

月折旧额＝年折旧额/12

由于固定资产种类繁多，数额大且经常变化，运用折旧率来计算折旧可以避免计提折旧手续的繁琐。同时，固定资产折旧率可以分为个别率（单项折旧率）、分类折旧率和综合折旧率，应根据具体情况与需要来计算固定资产的折旧。

【例 4-6】 某饭店游客车一辆，原值 150 000 元，预计净产值率为 5%，预计使用年限 15 年。求月折旧率和月折旧额。

$$\text{月折旧率} = \frac{1 - 5\%}{15 \times 12} \times 100\% = 0.53\%$$

月折旧额＝150000×0.53%＝791.7（元）

(2) 工作量法

工作量法是根据实际工作量计提折旧的一种方法，计算公式如下：

$$\text{每一工作量折旧额} = \frac{\text{固定资产原值} \times (1 - \text{净残值率})}{\text{预计总工作量}}$$

某项固定资产月折旧率＝该项固定资产当月工作量×每一工作量折旧额

【例 4-7】 某饭店有冷藏车一辆，原值 63000 元，在预计使用年限内可以行驶 500000 千米。本月份共行驶 12000 千米。计算该项固定资产折旧额。

单位工作量应折旧额＝63000/500000＝0.126（元/千米）

本月份应计提折旧额＝0.126×12000＝1512（元）

(3) 双倍余额递减法

双倍余额递减法是在不考虑固定资产净残值的情况下,根据每期期初固定资产账面余额和双倍的直线法折旧率计算固定资产折旧的一种方法。计算公式为:

$$折旧额 = \frac{2}{预计使用年限} \times 100\%$$

折旧额=(原值-已计提折旧额)×折旧率=固定资产账面净值×折旧率

实行双倍余额递减法计提固定资产折旧,应当在其固定资产折旧年限到期以前两年内,将固定资产净值扣除残值之后平均摊销。

【例 4-8】 某饭店有大型空调一台,原值 90000 元,预计使用 5 年,残值 6000 元。其折旧额计算如下:

折旧率=2/5×100%=40%

第一年折旧额=90000×40%=36000(元)

第二年折旧额=(90000-36000)×40%=21600(元)

第三年折旧额=(54000-21600)×40%=12960(元)

$$第四、五年折旧额 = \frac{(32400-12960)-6000}{2} = 6720(元)$$

(4) 年数总和法

年数总和法是将固定资产的原值减去净残值后的净额乘以一个逐年递减的分数计算每年的折旧额。这个分数代表固定资产尚可使用的年数,分母分别代表使用年数的逐年数字总和。计算公式如下:

$$年折旧率 = \frac{尚可使用年数}{预计使用年限的年数总和}$$

$$= \frac{预计使用年限-已使用年限}{预计使用年限\times(预计使用年限+1)\div 2}$$

年折旧额=(固定资产原值-预计净残值)×年折旧率

【例 4-9】 某饭店固定资产原值 50000 元,预计使用年限为 5 年,预计净残值 2000 元。用年数总和法计算,如表 4-1 所示。

表 4-1 年限平均法各年折旧额计算表

年份	尚可使用年限	原值-净残值	变动折旧率	每年折旧额
1	5	48 000	5/15	16 000
2	4	48 000	4/15	12 800
3	3	48 000	3/15	9 600
4	2	48 000	4/15	6 400
5	1	48 000	1/15	3 200

4. 固定资产折旧的会计处理

固定资产计提折旧时，应以月初可提取折旧的固定资产账面原值为依据。当月增加的固定资产，当月不计提折旧，从下月起计提折旧；当月内减少的固定资产，当月仍计提折旧，从下月起停止计提折旧。因此，企业各月计算提取折旧时，可以在上月计提折旧的基础上，对上月固定资产的增减情况进行调整后计算当月应计提的折旧额。

当月固定资产应计提的折旧额=上月固定资产应计提的折旧额+上月增加固定资产应计提的折旧额-上月减少固定资产应计提的折旧额

在会计实务中，各月计提折旧的工作一般是通过编制"固定资产折旧计算表"来完成的。例如：某宾馆某月份的固定资产折旧计算表如表 4-2 所示。

表 4-2 固定资产折旧计算表

使用部门	固定资产项目	上月折旧额	上月增加固定资产		上月减少固定资产		本月折旧额	分配费用
			原价	折旧额	原价	折旧额		
客房部	房屋	3 000					3 000	销售费用
	电器设备	15 000					15 000	
	家具	900					900	
	小计	18 900					18 900	
餐饮部	房屋	2 000					2 000	
	电器设备	12 000	40 000	200			12 200	
	小计	14 000					14 200	
商品部	房屋	2 100					2 100	
	运输工具	14 000			30 000	900	13 100	
	小计	16 100					15 200	
管理部	房屋建筑	1 200					1 200	管理费用
	运输工具	1 500					1 500	
	小计	2 700					2 700	
合计		51 700	40 000	200	30 000	900	51 000	

根据表 4-2 固定资产折旧计算资料，编制如下会计分录：

借：销售费用——客房部　　　　　　　　18 900
　　　　　　——餐饮部　　　　　　　　14 200
　　　　　　——商品部　　　　　　　　15 200
　　管理费用——管理部　　　　　　　　2 700
　　贷：累计折旧　　　　　　　　　　　51 000

"累计折旧"是固定资产的备抵科目，当计提固定资产折旧额和增加固定资产而相应增加其已计提折旧时,记入该科目贷方;因出售、报废清理、盘亏等原因减少固定资产而相应转销其所提折旧时,记入该科目借方;该科目的余额在贷方,反映企业现有固定资产的累计折旧额。在资产负债表中,累计折旧作为固定资产的减项单独列示。

4.4 固定资产减少的核算

在企业生产经营过程中,对那些不适合或不需要的固定资产,可以出售转让,也可以用固定资产对外投资、捐赠、抵偿债务,还可能由于挑拨、盘亏等原因发生固定资产的减少。

4.4.1 固定资产的投资转出

旅游企业经常以自己拥有的固定资产作价投入其他企业参与企业的经营,来拓宽经营渠道,开创盈利新途径。对外投资时,应以评估确认的价值作为其投资额,加上应付的相关税费,借记"长期股权投资"科目,按该项固定资产已提折旧借记"累计折旧"科目,按固定资产账面原值贷记"固定资产"科目,按应支付的相关税费贷记"银行款项"、"应交税金"等科目。

【例4-10】 麻丘宾馆以一辆轿车向B宾馆投资,小轿车账面原值160000元,已提折旧39000元,已计提的减值准备1000元,经双方协调同意以净值作为投资,轿车已交付对方。麻丘宾馆可作如下分录:

```
借:长期投资——其他投资           120 000
    累计折旧                     39 000
    固定资产减值准备              1 000
  贷:固定资产                            160 000
```

4.4.2 固定资产的出售、报废

企业因出售、报废、捐赠、毁损等原因减少的固定资产应通过"固定资产清理"科目核算。

1. 固定资产的出售

企业中存在不需用的固定资产,需要予以出售。固定资产的出售与报废都须在报经领导批准后方能执行。企业出售固定资产,取得收入时,借记"银行存款"科目,贷记"固定资产清理"科目;发生出售费用时,借记"固定资产清理"科目,贷记"银行存款"等科目。通过"固定资产清理"科目来核算固定资产净收益或净损失。按照有关规定企业销

售不动产还应按销售额计算交纳营业税。

【例 4-11】 中门宾馆有一建筑物,原价 2000000 元,已使用六年,计提折旧 300000 元,固定资产减值准备 10000 元,支付清理费 10000 元,出售价格收入为 19000000 元,营业税率为 5%。编如下分录:

(1) 固定资产转入清理

借:固定资产清理	1 690 000
累计折旧	300 000
固定资产减值准备	10 000
贷:固定资产	2 000 000

(2) 支付清理费用

借:固定资产清理	10 000
贷:银行存款	10 000

(3) 收到价款后

借:银行存款	1 900 000
贷:固定资产清理	1 900 000

(4) 计算应缴纳的营业税(1900 000×5%=95000 元)

借:固定资产清理	95 000
贷:应交税金——应交营业税	95 000

(5) 上交营业税

借:应交税金——应交营业税	95 000
贷:银行存款	95 000

至此,固定资产的净收益=1900000－1690000－10000－95000=105000(元)

(6) 结转固定资产清理后的净收益

借:固定资产清理	105 000
贷:营业外收入	105 000

2. 固定资产的报废

旅游企业购入的固定资产由于长期使用而不断磨损,以致丧失了使用功能,就需要进行报废清理。企业在清理报废的固定资产过程中,所发生的各种支出称为清理费用。如房屋、建筑物的拆除费用和机器设备的拆卸费用。固定资产清理过程中所取得各种收入,称为固定资产变价收入。企业取得固定资产变价收入时,借记"银行存款"科目,贷记"固定资产清理"科目;发生清理费用时,借记"固定资产清理"科目,贷记"银行存款"等科目。并通过"固定资产清理"科目来核算固定资产清理的净收益或净损失。固定资产报废而清理的净收益作为"营业外收入",净损失作为"营业外支出"。

【例 4-12】 后房宾馆有住房一幢，原值 450000 元，已提折旧 435000 元，使用期满经批准报废。清理工程中以银行存款支付清理费 12700 元，拆除的残料变卖收入 16800 元存入银行，编入下分录：

(1) 借：固定资产清理　　　　　　　　　　15 000
　　　　累计折旧　　　　　　　　　　　435 000
　　　贷：固定资产　　　　　　　　　　　450 000
(2) 支付清理费用
　　借：固定资产清理　　　　　　　　　　127 000
　　　贷：银行存款　　　　　　　　　　　127 000
(3) 残料出售收入
　　借：银行存款　　　　　　　　　　　　16 800
　　　贷：固定资产清理　　　　　　　　　 16 800
此固定资产的净损失=16800－15000－12700=－10900（元）
(4) 结转固定资产清理净损失
　　借：营业外支出——处理固定资产净损失　10 900
　　　贷：固定资产清理　　　　　　　　　 10 900

3. 固定资产无偿调出

企业按照有关规定并经报有关部门批准无偿调出固定资产，调出固定资产的账面价值以及清理固定资产所发生的费用，仍然通过"固定资产清理"科目核算，清理所发生的净损失冲减资本公积。企业应按调出固定资产账面价值借记"固定资产清理"科目，按已提折旧借记"累计折旧"等科目，按该项固定资产已计提的减值准备借记"固定减值准备"科目，按固定资产原价贷记"固定资产"科目；发生的清理费用借记"固定资产清理"科目，贷记"银行存款"、"应付工资"等科目；调出固定资产发生的净损失，借记"资本公积——无偿调出固定资产"科目，贷记"固定资产清理"科目。

4.4.3　固定资产清查

企业于每年编制年度财务报告前，应当对固定资产进行全面的清查。平时，可根据需要，组织局部的轮流清查或抽查。固定资产的清查方法是实地盘点。

企业应对固定资产定期或者至少每年实地盘点一次。对盘亏、盘盈、毁损等固定资产应当查明原因，写书面报告并根据企业管理权限，经股东大会或董事会或经理（厂长）会议或类似机构批准后在期末结账前处理完毕。如盘亏、盘盈、毁损的固定资产在期末的结账前尚未经批准的，在对外提供财务会计报告时应按上述规定进行处理，并在会计报表附注中做出说明。如果期后批准处理的金额与已处理的金额不一致，应当按其差额调整会计报表相关项目的年初数。

1. 盘盈固定资产

在财产清理时，如果盘盈固定资产，按会计制度规定应按同类或类似固定资产的市场价格，减去该项资产的新旧程度估计的价值损耗后的余额，借记"固定资产"科目，贷记"待处理财产损益"科目。盘盈的固定资产，报经批准后，转入"营业外收入"科目，贷记"待处理财产损益"科目，贷记"营业外收入"科目。

【例 4-13】 盘盈彩电一台，经调查市场上同类的价格为 3500 元，经考察有六成新。根据以上资料编制会计分录如下。

（1）盘盈时：固定资产入账价值=（3500×60%）=2100（元）

借：固定资产　　　　　　　　　　　　　　　2 100
　　贷：待处理财产损益——待处理固定资产损益　　2 100

（2）报经批准后予以核销转账

借：待处理财产损益——待处理固定资产损益　　2 100
　　贷：营业外收入——处理固定资产净收入　　　2 100

2. 盘亏固定资产

企业发生固定资产盘亏时，应按盘亏固定资产的账面价值借记"待处理财产损益——待处理固定资产损益"科目，按已计提折旧借记"累计折旧"科目，按该项固定资产已计提的减值准备借记"固定资产减值准备"科目，按固定资产的原价贷记"固定资产"科目。盘亏的固定资产报经批准转销时，借记"营业外支出——固定资产盘亏"科目，贷记"待处理财产损益——待处理固定资产损益"科目。

【例 4-14】 某企业进行财产清查时盘亏设备一台，其账面原价为 50000 元，已提折旧为 15000 元，该设备已计提的减值准备为 5000 元。有关账务处理如下。

（1）盘亏固定资产

借：待处理财产损益——待处理固定资产损益　　30 000
　　累计折旧　　　　　　　　　　　　　　　　15 000
　　固定资产减值准备　　　　　　　　　　　　5 000
　　贷：固定资产　　　　　　　　　　　　　　　50 000

（2）报经批准转销

借：营业外支出——固定资产盘亏　　　　　　　30 000
　　贷：待处理财产损益——待处理固定资产损益　30 000

4.4.4 固定资产减值准备

为了客观、真实、准确的反映期末固定资产的实际价值，企业在编制资产负债表时，应合理的确定固定资产的期末价值。企业的固定资产在使用工程中，由于存在有形损耗（如自然磨损等）和无形磨损（如技术陈旧等）以及市场变化等预计原因，导致其可收回金额低于其账面价值，这种情况称之为固定资产价值减值。

企业会计制度规定，企业应当定期或者至少于每年年度终了时对各项资产逐项进行检查，如果由于市场持续下跌，或技术陈旧、损坏、长期闲置等原因导致其可收回金额低于账面价值的，应当将可收回金额低于在账面价值的差额作为固定资产的减值准备。对存在下列情况之一的固定资产，应当按照该项固定资产的账面价值全额计提固定资产减值准备：

（1）长期闲置不用，在可预见的未来不会在使用，且已无转让无转让价值的固定资产；
（2）由于技术进步等原因，已不可使用的固定资产；
（3）虽然固定资产尚可使用，但是用后产生大量不合格的固定资产；
（4）已遭毁损，以至于不再具有实用价值和转让价值的固定资产；
（5）其他实质上已经不能再给企业带来经济利益的固定资产。

旅游企业应当合理的计提固定资产减值准备，但不得设置秘密准备。

旅游企业发生固定资产减值时，应按可收回金额低于其账面价值的差额，借记"营业外收入——计提的固定资产减值准备"科目，贷记"固定资产减值准备"科目；如已计提减值准备的固定资产又得以恢复，应在原以计提减值准备的范围内转回，借记"固定资产减值准备"科目，贷记"营业外支出——计提的固定资产减值准备"科目。

旅游企业已全额计提减值准备的固定资产，不再计提折旧。在资产负债表中，固定资产减值准备应当作为固定资产净值的减项反映。

旅游企业的在建工程也应当定期或者至少每年年度终了时对其进行全面检查，如果有证据表明在建工程已经发生了减值，也应当计提减值准备。

4.5 无形资产的核算

4.5.1 无形资产概述

1. 概念

无形资产是指企业拥有或者控制的没有实物形态的可辨认非货币资产。

2. 内容

无形资产一般包括：专利权、非专利技术、商标权、著作权、土地使用权、特许经营权、商誉等。

专利权是指一国政府或专利局依法授予发明创造人或其权利受让人在一定期限内对该发明创造所享有的独占或专有的权利。

商标权是商标专用权的简称，它是经工商管理局核准注册的商标，得到国家法律确认和保护，商标注册人对注册商标享有专用的权利。注册商标是企业保护自己独有的商标区别于其他经营者经营同一商品的特殊标志。

土地使用权。我国的城镇土地一律归国家所有，但在一定时间和条件下其使用权归属某个单位和个人，这就在客观上形成了企业的一定资产。企业为自己的发展、对外联营，可以用土地使用权作价对外投资，来参与另一企业的经营，从而从另一企业分得利润。

特许经营权也称专营权，是指企业在某一地区经营或销售某种特定商品的权利，或是一家企业接受另一家企业试用期商标、商号、技术秘密等的权利。前者一般是由政府机构授权，准许企业使用或在一定地区享有经营某种业务的特权，如水、电、邮电通讯等专营权、烟草专卖权、饭店管理公司品牌特许经营权等；后者是指企业间依照签订的合同，有限期或无限期使用另一家企业的商标、商号、技术秘密等的权利，如连锁店使用总店的名称等。

商誉是企业由于其长时间的精心经营后由于其优越地理位置而在顾客心目中形成的特殊声誉，为企业带来经济效益的一种商业信誉。

非专利技术是指尽管不构成或未达到申请专利权的某项技术，却由于使用这项技术能为企业带来一定收益的一种技术。

3. 特征

（1）不具有实物形态。无形资产不具有物质实体，不是人们直接可以看见、触摸的，是隐形存在的资产。

（2）具有可辨认性。资产满足下列条件之一，符合无形资产定义中的可辨认性标准。

① 能够从企业中分离或者划分出来，并能单独或者与相关合同、资产或负债一起，用于出售、转移、授予许可、租赁或者交换。

② 源自合同性权利或其他法定权利，无论这些权利是否可以从企业或其他权利和义务中转移或者分离。

商誉的存在无法与企业自身分离，不具有可辨认性，不在本节规范。

③ 属于非货币性长期资产。无形资产属于非货币性资产且能够在多个会计期间为企业带来经济利润。无形资产的使用年限在一年以上，其价值将在各个受益期间逐渐摊销。会计期间为企业提供经济效益。

4.5.2 无形资产的计价

企业会计制度按无形资产取得方式的不同，对无形资产成本的确定做了明确规定。

（1）购入的无形资产，按实际支付的价款作为实际成本。对于一揽子购入的无形资产，其成本通常应按该无形资产和其他资产的公允价值相对比例确定。如果一揽子购入的无形资产与其资产在使用上不可分离，在使用年限方面也基本一致，则无需将其资产分开来核算。

（2）投资者投入的无形资产，按投资者各方面确认的价值作为实际成本。

（3）旅游企业接受捐赠的无形资产，按其实际成本确定。在捐赠方没有相关价值凭据的情况下，往往要借助于对其未来现金流量现值的计算来确定其入账价值。

（4）旅游企业自行开发并按法律程序申请取得的无形资产，按依法取得的发生的注册费、聘请律师等费用，作为无形资产的实际成本。在研究与开发无形资产过程中发生的材料费用、直接参与开发人员的工资及福利费、开发过程中发生的租金、借款费用等，直接计入当期损益。

（5）企业购入的土地使用权，或以支付土地出让金方式取得的土地使用权，按实际支付的价款作为实际成本，并作为无形资产核算；待该项土地开发时再将其账面价值转入相关在建工程（房地产开发企业将需开发使用权账面价值转入开发成本）。

4.5.3 无形资产的账务处理

1. 无形资产的取得

（1）购入的无形资产。企业购入无形资产时，应按实际支付的价款，借记"无形资产"科目，贷记"银行存款"等科目。

（2）投资者投入的无形资产。一般情况下，投资者以无形资产向企业投资时，企业应按投资各方确认的价值，借记"无形资产"科目，贷记"实收资本"或"股本"等科目。为首次发行股票而接受投资者投入的无形资产，应按该无形资产在投资方的账面价值，借记"无形资产"科目，贷记"实收资本"或"股本"等科目。

（3）接受捐赠的无形资产。企业接受其他单位捐赠的无形资产，应按确定的实际成本，借记"无形资产"科目，按未来应交的所得税，贷记"递延税款"科目，按确定的价值减去未来应缴税后的差额，贷记"资本公积"科目，按应支付的相关税费，贷记"银行存款"、"应交税金"等科目。

（4）自行开发的无形资产。企业自行开发并按法律程序申请取得的无形资产，应按依法取得时发生的注册费、聘请律师等费用，借记"无形资产"科目，贷记"银行存款"等科目。企业在研究与开发过程中发生的材料费用、直接参与开发人员的工资与福利费、开发过程中发生的租金借款费用等直接计入当期损益，借记"管理费用"科目，贷记"银行存款"等科目。

（5）购入的土地使用权。企业购入的土地使用权，或以支付土地出让金方式取得的土地使用权，应按照实际支付的价款，借记"无形资产"科目，贷记"银行存款"等科目。

待该项土地开发时再将其账面价值转入相关在建工程（房地产开发企业将需开发的土地使用权账面价值转入开发成本），借记"在建工程"科目，贷记"无形资产"科目。

【例4-15】 麻丘饭店从当地政府购入一块土地使用权，以银行存款支付转让价款3 800 000元，并开始进行建造房屋建筑等开发工程。有关账务处理如下：

① 支付转让价款时

借：无形资产——土地使用权　　　　　　　3 800 000
　　贷：银行存款　　　　　　　　　　　　　　　　3 800 000

② 转入开发时

借：在建工程　　　　　　　　　　　　　　3 800 000
　　贷：无形资产——土地使用权　　　　　　　　　3 800 000

2. 无形资产的摊销

无形资产属于企业的长期资产，能在较长的时间里给企业带来效益。但无形资产通常也有一定的有效期限，其价值将随着时间的推移而消失，因此，企业应将入账的无形资产在一定年限内摊销，其摊销的金额计入管理费用，并同时冲减无形资产的账面价值。

企业会计制度规定，无形资产应当自取得当月起在预计使用年限内分期平均摊销。如预计使用年限超过了相关合同规定的受益年限或法律规定的有效年限，该无形资产的摊销年限按如下原则确定：

（1）合同规定了收益年限但法律没有规定有效年限的，摊销年限不应超过合同规定的收益年限；

（2）合同没有规定受益年限但法律规定了有效年限的，摊销年限不应超过法律规定的有效年限；

（3）合同规定了收益年限，法律也规定了有效年限的，摊销年限不应超过受益年限和有效年限两者之中较短者；合同没有规定受益年限，法律也没有规定有效年限，摊销年限不超过10年。

无形资产的摊销期限一经确定，不得任意变更。无形资产摊销时，应按计算的摊销额，借记"管理费用——无形资产摊销"科目，贷记"无形资产"科目。

3. 无形资产的处理

（1）出售无形资产

企业出售无形资产，应按实际取得的转让收入，借记"银行存款"等科目，按该无形资产已计提的减值准备，借记"无形资产减值准备"科目，按无形资产的账面余额，贷记"无形资产"科目，按应支付的相关税费，贷记"银行存款"、"应交税金"等科目，按其差额，贷记"营业外收入——出售无形资产收益"科目或借记"营业外支出——出售无形资产损失"科目。

【例 4-16】 中门饭店将拥有的一项专利权出售，取得收入 150000 元，应交的营业税 7500 元。该专利权的摊余价值为 123760 元，已计提的减值准备为 5000 元。有关账务处理如下：

借：银行存款		150 000
无形资产减值准备		5 000
贷：无形资产		123 760
应交税费——应交营业税		7 500
营业外收入——非流动资产处置利得		23 740

（2）出租无形资产

企业出租无形资产时，所取得的租金收入，借记"银行存款"等科目，贷记"其他业务收入"等科目；发生的相关支出，借记"其他业务成本"科目，贷记"银行存款"等科目。

4．无形资产减值

如果无形资产将来为企业创造的经济利益还不足以补偿无形资产的成本（摊余成本），则说明无形资产发生了减值，具体表现为无形资产的账面价值超过了其可收回金额。

（1）检查账面价值

企业应定期对无形资产的账面价值进行检查，至少于每年末检查一次。在检查中，如果发现以下情况，则应对无形资产的可收回金额进行评估，并将该无形资产的账面价值超过可收回金额的部分确认为减值准备：

① 该无形资产已被其他新技术等所取代，使其为企业创造经济利益的能力受到重大不利影响；

② 该无形资产的市价在当期大幅下跌，在剩余摊销年限内预期不会恢复；

③ 某项无形资产已超过法律保护期限，但仍然具有部分使用价值；

④ 其他足以表明该无形资产实质上已经发生了减值的情形。

（2）可收回金额

无形资产的可收回金额指以下两项金额：

① 无形资产的销售净价，即该无形资产的销售价格减去因出售该无形资产所发生的律师费和其他相关税费后的余额；

② 预计从无形资产的持续使用和使用年限结束时的处置中发生的预计未来现金流量的现值。

（3）计提减值准备

如果无形资产的账面价值超过其可收回金额，则应按超过部分确认无形资产减值准备。企业计提的无形资产减值准备计入当期的"营业外支出"，即借记"营业外支出——计提的无形资产减值准备"科目，贷记"无形资产减值准备"科目。

（4）已确认减值损失的转回

无形资产的价值受到许多因素的影响。当市场减值情况得以恢复时，旅游企业可在以计提减值准备的范围内，将以前年度以确认的减值损失予以全部或部分转回时，借记"无形资产减值准备"科目，贷记"营业外支出——计提的无形资产减值准备"科目。

【例4-17】 2005年1月1日，麻丘饭店外购A无形资产，实际支付的价款为120万元。根据相关法律，A无形资产的有效年限10年。该企业估计A无形资产预计使用年限为6年。2006年12月31日，由于与A无形资产相关的经济因素发生不利变化，导致A无形资产减值，麻丘饭店估计其可收回金额为25万元。2007年12月31日，甲酒店发现，导致A无形资产在2006年发生减值损失的不利因素已经全部消失，且此时估计A无形资产的可收回金额为40万元。假定不考虑所得税及其他相关税费的影响。麻丘饭店有关账务处理如下：

(1) 2005年1月1日，购入无形资产
借：无形资产　　　　　　　　　　　　　1 200 000
　　贷：银行存款　　　　　　　　　　　　　　1 200 000
(2) 2005年，无形资产摊销[120万元/6(年)=20万元]
借：管理费用——无形资产摊销　　　　　200 000
　　贷：无形资产　　　　　　　　　　　　　　200 000
(3) 2006年无形资产摊销同2005年
借：管理费用——无形资产摊销　　　　　200 000
　　贷：无形资产　　　　　　　　　　　　　　200 000
(4) 2006年计提减值准备[120－20－20－25=55（万元）]
借：营业外支出——集体的无形资产减值准备　550000
　　贷：无形资产减值准备　　　　　　　　　　550 000
(5) 2007年无形资产摊销[账面价值25万元/4（年）=6.25万元]
借：管理费用——无形资产摊销　　　　　62 500
　　贷：无形资产　　　　　　　　　　　　　　62 500
(6) 2008年无形资产摊销同2007年
借：管理费用——无形资产摊销　　　　　62 500
　　贷：无形资产　　　　　　　　　　　　　　62 500
(7) 2008年12月31日，减值损失转回[40－6.25－6.25=27.5（万元）]
借：无形资产减值准备　　　　　　　　　275 000
　　贷：营业外支出——集体的无形资产减值准备　275 000
(8) 2009年无形资产摊销[账面价值40/2（年）=20万元]
借：管理费用——无形资产摊销　　　　　200 000
　　贷：无形资产　　　　　　　　　　　　　　200 000

(9) 2010 年无形资产摊销同 2009 年
借：管理费用——无形资产摊销　　　　　　　　200 000
　　贷：无形资产　　　　　　　　　　　　　　　　200 000
(10) 2011 年转销无形资产和相关减值准备的余额
借：无形资产减值准备　　　　　　　　　　　　　275 000
　　贷：无形资产　　　　　　　　　　　　　　　　275 000

4.6　长期摊销费用的核算

4.6.1　长期摊销费用的概述

长期待摊费用是指企业已经支出，但摊销期限在 1 年以上（不含 1 年）的各种费用，包括固定资产修理支出、租入固定资产的改良支出以及摊销期限在 1 年以上的其他摊销费用。

(1) 固定资产修理支出，指固定资产大修理所发生的数额较大、受益期较长的费用支出，它的摊销是修理间隔期分期平均摊销。对受益期不到 1 年的大修理费用应计入"待摊费用"账户。超过 1 年的大修理费用应在"长期摊销费用"核算。

(2) 租入固定资产改良支出，由于租入的固定资产不属于本企业所有，对其改良支出，不应计入"固定资产"账户，而作为长期待摊费用分期摊销，进入管理费用。其摊销时间是固定资产改良而受益的期限或工程耐用期，其摊销方法也是平均分期摊销。

(3) 开办费，指企业在筹建时发生的各项费用，包括筹建期间的员工工资，业务培训费、办公费、差旅费、印刷费、注册登记费以及不计入固定资产价值的借款费用等。应当在开始生产经营的当月起一次计入开始生产经营当月的损益。

(4) 企业发生的长期摊销费用，借记本科目，贷记有关科目。摊销时，借记"制造费用"、"销售费用"、"管理费用"等科目，贷记本科目。

(5) 本科目应按费用种类设置明细账，进行明细核算，并在会计报表附注中按照费用项目披露其摊余价值、摊销期限、摊销方式等。

(6) 本科目期末借方余额，反映企业尚未摊销的各项长期摊销费用的摊余价值。

4.6.2　长期摊销费用的账务处理

【例 4-18】某饭店在筹建期间以银行存款支付员工工资 12000 元，培训费 7000 元和办公费 5000 元，作分录如下：
借：长期摊销费用——开办费　　　　　　　　　　24 000

  贷：银行存款   24 000

开办费一般按五年（5×12个月）摊销，所以每月摊销额为：$\dfrac{24000}{5\times12}$=400（元）

  借：管理费用——开办费摊销   400
    贷：长期摊销费用——开办费   400

【练习题】

1. 名词解释
（1）长期资产　　　（2）固定资产折旧　　　（3）无形资产减值
（4）长期待摊费用　（5）双倍余额递减法

2. 选择题
（1）不属于生产经营主要设备的物品，单位价值在 2000 元以上，并且使用期限超过（　　）的，也作为固定资产。
  A．半年　　　B．一年　　　C．两年　　　D．三年
（2）已达到预定可使用状态但尚未办理竣工决算手续的固定资产，可先按估计价值记账，待确定（　　）之后，再进行调整。
  A．预估价值　　B．合同价值　　C．实际价值　　D．净值
（3）融资租入的固定资产，应当单设明细科目进行核算。企业应在租赁开始日，按租赁资产开始日租赁资产的原账面价值与最低租赁付款额的现值两者中（　　）作为入账价值。
  A．较高的　　B．较低者　　C．任意选一个　　D．有利的
（4）专利权是指一国政府或专利局依法授予发明创造人或其权利受让人在一定期限内对该发明创造所享有的（　　）的权利。
  A．公有　　　B．独占或专有　　C．共享受　　D．公平
（5）固定资产修理支出，指固定资产大修理所发生的数额较大、受益期较长的费用支出，它的摊销是修理间隔期（　　）摊销。
  A．分期平均　　B．递增　　C．递减　　D．加速

3. 判断题
（1）固定资产与低值易耗品的区别在与使用年限和价值大小的不同。（　　）
（2）以非货币性交易换入的固定资产，按换出资产的账面价值加上应支付的相关税费，作为净值价值。（　　）
（3）外商投资企业因采购国产设备而收到税务机关退还的增值税款，不应冲减固定资产的入账价值。（　　）
（4）固定资产无形损耗是指由于科技技术进步，产品升级换代等引起的固定资产价值

的损失。（　）

（5）非专利技术是指尽管不构成或未达到申请专利权的某项技术，却由于使用这项技术也不能为企业带来一定收益的一种技术。（　）

4．问答题

（1）什么是固定资产？它具备哪些特征？

（2）固定资产如何分类？

（3）固定资产有几种计价方法？

（4）什么是固定资产折旧？折旧的主要方法有哪些？

（5）什么是融资租入的固定资产？

（6）企业的固定资产增加、减少各有哪些情况？

（7）什么是无形资产？简述其特点及内容。

（8）什么是长期摊销费用？主要包括哪几种？

（9）什么是固定资产减值准备？怎样计提？

（10）什么是无形资产减值准备？怎样进行账务处理？

5．经济业务题

麻丘宾馆2007年发生下列业务，请编制会计分录。

（1）2月1日，上级投入空调两台，价值100000元，作为国家投资。

（2）2月3日，天海酒家将八成新一台机器售给发达宾馆，原价12000元，双方协商作价9000元，机器验收收入交付使用，财务部门开出支票一张支付价款。

（3）2月4日，南丽公司拨付九成新客货两用车两辆，每辆原值20000元，双方协商，每辆以19000元作为其投资，经审核无误，入账。

（4）2月7日，向长城电脑公司购进5台计算机，每台40000元，计价款200000元，包装费200元，运杂费100元，款项已支付，验收入库。

（5）2月10日，请安装队安装并联网，领用电线、电缆等材料1000元，予以转账。

（6）2月14日，支付安装费500元，予以转账。

（7）2月15日，安装完毕，调试成功，验收合格交付使用，予以转账。

（8）2月21日，盘盈升级机一台，重值完全价值3000元，估计八成新，转入经营固定资产。2月28日，盘盈的升降机一台，报请领导批准，予以核销转账。

（9）3月1日，融资租入房屋一幢，租赁合同规定租赁费在5年内付清，要按月支付。该房屋原价1000000元，利息200000元，手续费2000元，全部租赁费11202000元，房屋已验收使用。

（10）4月5日，将电子计算机5台拨付联营的大方饭店，5台电子计算机共计原始价值180000元。已计提折旧60000元，双方经评估，统一以账面净值作为投资额，予以转账。

第 5 章 持有至到期投资及长期股权投资

【内容提要】
本章主要讲述持有至到期投资和长期股权投资的确认与计量。

【学习目标】
- 了解持有至到期投资的类别。
- 理解持有至到期投资的取得。
- 了解持有至到期投资的确认投资的票面利率法和溢折价摊销的直线法。
- 掌握持有至到期投资的投资收益和溢折价摊销的实际利率法。
- 了解长期股权投资的类别。
- 掌握不同类别下长期股权成本的确认。
- 理解长期股权投资核算的成本法。
- 掌握长期股权投资核算的权益法。
- 了解成本法与权益法的转换。

5.1 持有至到期投资

5.1.1 持有至到期投资概述

持有至到期投资是指企业购入的到期日固定、回收金额固定或可确定,且企业有明确意图和能力持有至到期的各种债券,如国债和企业债券等。

作为持有至到期投资购入的债券,按债券还本付息情况,一般分为三类:
(1) 到期一次还本付息;
(2) 到期一次还本分期付息;
(3) 分期还本分期付息。不同类型的债券分别采用不同的确认与计量方法。

为了反映各项持有到期投资的取得、收益、处置,可以设置"持有至到期投资"科目,并设置"债券面值"、"溢折价"、"应计利息"等明细科目。

5.1.2 持有至到期投资的取得

1. 债券溢折价的原因

企业购入的准备持有至到期的债券，有些是按债券面值购入的；有些是按高于债券面值的价格购入的，即溢价购入；有些是按低于债券面值的价格购入的，即折价购入。债券的溢价、折价，主要是由于金融市场利率与债券票面利率不一致造成的。当债券票面利率高于金融市场利率时，债券发行者按债券票面利率会多付利息，在这种情况下，可能会导致债券溢价。这部分溢价差额，属于债券购买者由于日后多获利息而给予债券发行者的利息返还。反之，当债券票面利率低于金融市场利率时，债券发行者按债券票面利率会少付利息，在这种情况下，可能会导致债券折价。这部分折价差额，属于债券发行者由于日后少获利息而给予债券购买者的利息补偿。

2. 持有至到期投资的初始投资成本

持有至到期投资，应按购入时实际的支付的价款作为初始投资成本，实际支付的价款包括支付的债券实际买价以及手续费、佣金等交易费用。但是，实际支付的价款中如果含有发行日或付息日至购买日之间分期会息的利息，按照重要性原则，应作为一项短期债权处理，不计入债券的初始投资成本。

企业在发行日或付息日购入债券时，实际支付的价款中不包含有利息，应按照购入债券的面值，借记"持有至到期投资——债券面值"科目；按照实际支付的全部价款扣除面值以后的差额，借记或贷记"持有至到期投资——溢折价"科目；按实际支付的全部价款，贷记"银行存款"科目。

企业在发行日后或两个付息日之间购入债券时，实际支付的价款中包含有自发行日或付息日至购入日之间的利息。这部分利息应分别不同情况进行处理。其中，到期一次付息债券的利息由于不能在1年以内收回，应计入投资成本，借记"持有至到期投资——应计利息"科目；分期付息债券的利息一般在1年以内能够收回，不计入投资成本，可以视为短期债权，借记"应收利息"科目。

5.1.3 持有至到期投资的收益及摊余成本

企业持有至到期投资收益的主要来源是利息收入。企业购入不同还本付息方式有债券，投资收益的核算方法所有不同。

1. 到期一次还本付息债券

企业购入的债券，有些是按照债券面值购入的，有些则是溢价或折价购入的。在企业按面值购入债券的情况下，各期投资收益的确认有票面利率法和实际利率法两种方法。在企业按溢价折价购入债券的情况下，各期溢折价的摊销有直线法和实际利率法两种方法。我国现行会计准则规定，应采用实际利率法确认投资收益和债券溢折价摊销，并在此基础上确认债券的摊余成本。摊余成本是指初始投资成本调整应计利息和溢折价摊销以后的余额。

直线法的特点是各期的摊销额和投资收益固定不变，但由于随着溢价、折价的摊销，债券投资成本在不断变化，因而各期的投资收益率也在变化。采用直线法能够简化计算工作，但在一项投资业务中各期投资收益率同，不能客观反映各期的经营业绩。

实际利率法的特点是各期的投资收益率保持不变，但由于债券投资额在不断变化，使得各期的投资收益也在不断变化；实际利率法下，债券溢价、折价摊销额是票面利息与投资收益（即实际利息）的差额，在票面利息不变而投资收益变化的情况下，摊销额也是在不断变化的。采用实际利率法能够使一项投资业务中各期投资收益率相同，客观反映各期经营业绩，但计算工作较为复杂。

（1）按面值购入债券的投资收益确认与计量。在企业按面值购入债券的情况下，各期投资收益的确认有票面利率法和实际利率法两种方法。

采用票面利率法确认各期的投资收益，应根据票面价值和各期票面利率计算利息收入，并确认为投资收益。结转各期投资收益时，应按票面利息借记"持有至到期投资—应计利息"科目，贷记"投资收益"科目。在债券利息收入数额不是很大的情况下，一般可以在年末结转债券投资收益；如果数额很大，则应分月结转。采用票面利率法确认投资收益，核算方法简便，但只是按照单利计算，未考虑复利因素，尽管各期的投资收益相同，但由于确认的利息收入在到期之前尚未收到，应增加投资成本，从而会导致各期的投资收益率不同。

采用实际利率法确认各期的投资收益，首先应以债券到期时的面值与票面利息之和作为终值，以债券的初始投资成本作为现值，计算债券的折现率，即实际利率（企业确定的折现期不同，实际利率也不同）；然后按照初始投资额成本或摊余成本乘以实际利率计算利息收入，确认投资收益。采用实际利率法确认各期的投资收益，由于以投资成本为基础确认投资收益，而债券面值、溢折价和应计利息均属于投资成本，可以将其视为一个整体，不必进行划分，因此，"持有至到期投资"科目下，可以只设"投资成本"明细科目，不再设置"溢折价"和"应计利息"明细科目。

【例5-1】 南岗公司2006年1月1日购入A公司当天发行的2年期债券作为持有至到期投资，票面价值100000元，票面利率10%，到期一次还本付息，用银行存款实际支付价款100000元，未发生交易费用。该公司采用票面利率法确认投资额收益。会计分录如下：

① 2006年1月1日购入债券

借：持有至到期投资——债券面值　　　　　　100 000
　　　贷：银行存款　　　　　　　　　　　　　　　　100 000

② 2006年12月31日及2007年12月31日确认投资收益

票面利息=100000×10%=10000（元）

借：持有至到期投资——应计利息　　　　　　　10 000
　　贷：投资收益　　　　　　　　　　　　　　　　　10 000

到期日，"持有至到期投资"科目余额为120000元，其中"债券面值"为100000元，"应计利息"为20000元。

【例 5-2】 沿用例 5-1 的资料。假定该公司采用实际利率法于每年年末确认投资额收益。则分计分录如下：

① 2006 年 1 月 1 日购入债券

借：持有至到期投资——投资成本（债券面值）　　100 000
　　贷：银行存款　　　　　　　　　　　　　　　　　100 000

② 2006 年 12 月 31 日确认投资收益

到期价值=100000×（1+10%×2）=120000（元）

实际利率=$\sqrt{\dfrac{120000}{100000}}-1=0.09545=9.545\%$

实际利息=100000×9.545%=9545（元）

摊余成本=100000+9545=109545（元）

借：持有至到期投资——应计利息　　　　　　　　9 545
　　贷：投资收益　　　　　　　　　　　　　　　　　9 545

③2007 年 12 月 31 日确认投资收益

实际利息=109545×9.545%=10455（元）（含尾数调整）

摊余成本=109545+10455=120000（元）

借：持有至到期投资——投资成本（应计利息）　　10 455
　　贷：投资收益　　　　　　　　　　　　　　　　　10 455

（2）溢价购入债券的投资收益确认与计量

企业溢价购入债券，各期的票面利息收入并不是真正的投资收益。因为企业在购入债券时，已经多支付债券发行者一部分价款，这部分价款属于给发行者的利息返还，应在债券的存续期内分期摊销，抵减债券的票面利息收入。企业溢价购入债券的投资收益，为票面利息与溢价摊销额的差额。

采用直线法摊销债券溢价，即在债券存续期内将溢价平均摊销，结转各期投资收益时，应按票面利息，借记"持有至到期投资——应计利息"科目；按溢价摊销额，贷记"持有至到期投资——溢折价"科目；按票面利息与溢价摊销额的差额，贷记"投资收益"科目。

采用实际利率法摊销债券溢价及确认投资收益，可以采用与面值购入债券相同的方法直接确认投资收益，也可以在确认投资收益的基础上分别确认票面利息和溢价摊销额。如果采用后者，则应根据确认的票面利息和按照实际利率确认的投资收益的差额，确认溢价摊销额。

【例 5-3】 南岗公司 2006 年 1 月 1 日购入 B 公司当天发行的 2 年期债券作为持有至

到期投资，票面价值 200000 元，票面利率 10%，到期一次还本付息，用银行存款实际支付价款 206000 元，未发生交易费用。该公司采用直线法摊销溢价。会计分录如下：

① 2006 年 1 月 1 日购入债券

借：持有至到期投资——债券面值　　　　　　200 000
　　　　　　　　　　——溢折价　　　　　　　6 000
　贷：银行存款　　　　　　　　　　　　　　206 000

② 2006 年 12 月 31 日及 2007 年 12 月 31 日确认投资收益

票面利息 = 200000×10% = 20000（元）

溢价摊销 = $\dfrac{6000}{2}$ = 3000（元）

投资收益 = 20000 − 3000 = 17000（元）

借：持有至到期投资——应计利息　　　　　　20 000
　贷：持有至到期投资——溢折价　　　　　　 3 000
　　　投资收益　　　　　　　　　　　　　　17 000

到期日，"持有至到期投资"科目余额为 240000 元，其中"债券面值"为 200000 元，"应计利息"为 40000 元。

【例 5-4】　沿用【例 5-3】的资料。假定该公司采用实际利率法于每年年末确认投资收益。则分计分录如下：

① 2006 年 1 月 1 日购入债券

借：持有至到期投资——投资成本　　　　　　206 000
　贷：银行存款　　　　　　　　　　　　　　206 000

或

借：持有至到期投资——债券面值　　　　　　200 000
　　　　　　　　　　——溢折价　　　　　　　6 000
　贷：银行存款　　　　　　　　　　　　　　206 000

② 2006 年 12 月 31 日确认投资收益

到期价值 = 200000×（1+10%×2）= 240000（元）

实际利率 = $\sqrt{\dfrac{240000}{206000}} - 1 = 0.07937 = 7.937\%$

实际利息 = 206000×7.937% = 16350（元）

摊余成本 = 206000 + 16350 = 222350（元）

借：持有至到期投资——投资成本　　　　　　16 350
　贷：投资收益　　　　　　　　　　　　　　16 350

如果分别确认票面利息和溢价摊销额：

票面利息 = 200000×10% = 20000（元）

溢价摊销=20000－16350=3650（元）

借：持有至到期投资——应计利息　　　　　20 000
　　贷：持有至到期投资——溢折价　　　　　　3 650
　　　　投资收益　　　　　　　　　　　　　16 350

③ 2007年12月31日确认投资收益

实际利息=222350×7.937%=17650（元）（含尾数调整）

摊余成本=222350+17650=240000（元）

借：持有至到期投资——投资成本（应计利息）　17 650
　　贷：投资收益　　　　　　　　　　　　　17 650

如果分别确认票面利息和溢价摊销额：

票面利息=200000×10%=20000（元）

溢价摊销=20000－17650=2350（元）

借：持有至到期投资——应计利息　　　　　20 000
　　贷：持有至到期投资——溢折价　　　　　　2 350
　　　　投资收益　　　　　　　　　　　　　17 650

（3）折价购入债券的投资收益确认与计量

企业折价购入债券，各期的票面利息收入也不是真正的投资收益。因为企业在购入债券时，已经少支付债券发行者一部分价款，这部分价款属于发行者给予的利息补偿，应在债券的存续期内，分期转为债券投资收益。企业折价购入债券的投资收益，为票面利息与折价摊销额之和。

采用直线法摊销债券折价，即在债券存续期内平均摊销，结转各期投资收益时，应按票面利息，借记"持有至到期投资——应计利息"科目；按折价摊销额，借记"持有至到期投资——溢折价"科目；按票面利息与折价摊销额之和，贷记"投资收益"科目。

采用实际利率法摊销债券折价及确认投资收益，可以采用与面值购入债券相同的方法直接确认投资收益，也可以在确认投资收益的基础上分别确认票面利息和折价摊销额。如果采用后者，也应根据确认的票面利息和按照实际利率确认的投资收益的差额，确认折价摊销额。

【例5-5】　南岗公司2006年7月1日购入C公司当年1月1日发行的2年期债券作为持有至到期投资，票面价值200000元，票面利率10%，到期一次还本付息，用银行存款实际支付价款204000元，其中包含发行半年后的应计利息10000元（200000×10%÷2），未发生交易费用。该公司采用直线法摊销溢价。会计分录如下：

① 2006年7月1日购入债券

借：持有至到期投资——应计利息　　　　　10 000
　　　　　　　　　　——债券面值　　　　　200 000
　　贷：持有至到期投资——溢折价　　　　　　6 000
　　　　银行存款　　　　　　　　　　　　　204 000

② 2006年12月31日摊销债券折价并确认投资收益（半年）

票面利息=200000×10%÷2=10000（元）

溢价摊销=$\frac{6000}{3}$=2000（元）

投资收益=10000+2000=12000（元）

借：持有至到期投资——应计利息　　　　10 000
　　　　　　　　　　——溢折价　　　　　 2 000
　　贷：投资收益　　　　　　　　　　　　12 000

③ 2007年12月31日摊销债券折价并确认投资收益（1年）

票面利息=200000×10%=20000（元）

溢价摊销=$\frac{6000}{3}$×2=4000（元）

投资收益=20000+4000=24000（元）

借：持有至到期投资——应计利息　　　　20 000
　　　　　　　　　　——溢折价　　　　　 4 000
　　贷：投资收益　　　　　　　　　　　　24 000

【例 5-6】沿用【例 5-5】的资料。假定该公司采用实际利率法于每年6月末和年末确认投资收益。则分计分录如下：

① 2006年7月1日购入债券

借：持有至到期投资——投资成本　　　　2 040 000
　　贷：银行存款　　　　　　　　　　　　2 040 000

或：

借：持有至到期投资——债券面值　　　　 200 000
　　　　　　　　　　——应计利息　　　　 10 000
　　贷：持有至到期投资——溢折价　　　　 6 000
　　　　银行存款　　　　　　　　　　　　 204 000

② 2006年12月31日确认投资收益

到期价值=200000×（1+10%×2）=240000（元）

实际利率=$\sqrt[3]{\frac{240000}{204000}}-1$=0.05567=5.567%

实际利息=204000×5.567%=11356（元）

摊余成本=204000+11356=215356（元）

借：持有至到期投资——投资成本　　　　 11 356
　　贷：投资收益　　　　　　　　　　　　 11 356

如果分别确认利息和折价摊销额

票面利息=100000×10%=10000（元）
溢价摊销=11356－10000=1356（元）

借：持有至到期投资——债券面值　　　　　10 000
　　　　　　　　　　——应计利息　　　　　1 356
　　贷：投资收益　　　　　　　　　　　　　11 356

③ 2007年6月30日确认投资收益
实际利息=215356×5.567%=11989（元）
摊余成本=215356+11989=227345（元）

借：持有至到期投资——投资成本　　　　　11 989
　　贷：投资收益　　　　　　　　　　　　　11 989

如果分别确认利息和折价摊销额
票面利息=100000×10%=10000（元）
溢价摊销=11989－10000=1989（元）

借：持有至到期投资——债券面值　　　　　10 000
　　　　　　　　　　——应计利息　　　　　1 989
　　贷：投资收益　　　　　　　　　　　　　11 989

④ 2007年12月31日确认投资收益
实际利息=227345×5.567%=12655（元）
摊余成本=227345+12655=240000（元）

借：持有至到期投资——投资成本　　　　　12 655
　　贷：投资收益　　　　　　　　　　　　　12 655

如果分别确认利息和折价摊销额
票面利息=100000×10%=10000（元）
溢价摊销=12655－10000=2655（元）

借：持有至到期投资——债券面值　　　　　10 000
　　　　　　　　　　——应计利息　　　　　2 655
　　贷：投资收益　　　　　　　　　　　　　12 655

2. 分期付息债券

　　分期付息债券的投资收益确认与计量，与到期一次还本付息债券的投资收益确认与计量基本相同，只是确认的应收票面利息作为短期债权处理，通过"应收利息"科目核算。债券溢折价的摊销也有直线法和实际利率法两种方法。我国会计准则规定，应采用实际利率法进行债券溢折价摊销，并在此基础上确认债券的摊余成本。

　　【例5-7】　南岗公司2006年1月1日购入D公司当天发行的2年期债券作为持有至到期投资，票面价值200000元，票面利率10%，每半年付息一次，付息日为7月1日和1

月 1 日，到期还本。用银行存款实际支付价款 207259 元，未发生交易费用。该公司采用实际利率法进行溢价摊销，实际利率为 8%。会计分录如下：

（1）购入债券。

借：持有至到期投资——债券面值　　　　　200 000
　　　　　　　　　　——溢折价　　　　　　　7 259
　　贷：银行存款　　　　　　　　　　　　　207 259

（2）各期投资收益、溢价摊销以及会计分录如表 5-1 所示。

表 5-1　一次还本债券溢价摊销表

单位：元

计息日期	票面利息 借：应收利息 ①=200000× 10%÷2	投资收益 贷：投资收益 ②=期初价值 ×10%÷2	溢价摊销 贷：持有至到期投资——溢折价 ③=①－②	持有至到期投资 账面余额 ④=期初价值－③
06/01/01				207259
06/06/30	10000	8290	1710	205549
06/12/31	10000	8222	1778	203771
07/06/30	10000	8151	1849	201922
07/12/31	10000	8078	1922	200000
合计	40000	32741	7259	——

【例 5-8】　南岗公司 2006 年 1 月 1 日购入 E 公司当天发行的 2 年期债券作为持有至到期投资，票面价值 200000 元，票面利率 10%，每半年付息一次，付息日为 7 月 1 日和 1 月 1 日，到期还本。用银行存款实际支付价款 193069 元，未发生交易费用。该公司采用实际利率法进行溢价摊销，实际利率为 12%。会计分录如下：

（1）购入债券。

借：持有至到期投资——债券面值　　　　　200 000
　　贷：持有至到期投资——溢折价　　　　　　6 931
　　　　银行存款　　　　　　　　　　　　　193 069

（2）各期投资收益、溢价摊销以及会计分录如表 5-2 所示。

表 5-2　一次还本债券溢价摊销表

单位：元

计息日期	票面利息 借：应收利息 ①=200000 ×12%÷2	投资收益 贷：投资收益 ②=期初价值 ×12%÷2	折价摊销 贷：持有至到期投资——溢折价 ③=②－①	持有至到期投资账面余额 ④=期初价值＋③
06/01/01				193069
06/06/30	10000	1584	1584	194653
06/12/30	10000	11679	1679	196332
07/06/30	10000	11780	1780	198112
07/12/31	10000	11888	1888	200000
合计	40000	46931	6931	—

3. 分期还本分期付息债券

债券分期还本分期付息，一般有两种情况：一是发行方按语债券号码等确定还本期，同时偿付利息；二是发行方对所有债券均在发行期内分期还本，在还本时偿付债券利息。对购买者来说，如果购入第一种债券，则某一号码债券仍可视为一次还本付息债券，不同号码债券可视为不同期限一次还本付息债券，其核算方法与前述一次还本付息债券的核算方法相同，这里不再重复；如果购入第二种债券，由于还本方式不同，核算方法也有所不同。下面所讲的分期还本分期付息债券，是指第二种债券。

分期还本分期付息债券，利息和本金一并分期偿付，其溢折价的摊销，可以采用直线法或实际利率法。有所不同。分期还本债券溢折价摊销的直线法与一次还本债券溢折价摊销的直线法在分期还本的条件下，由于债券各期的面值余额不同，因而不能简单地将溢折价差额在各期平均摊销，而应按债券各期面值余额之和的比例摊销。采用实际利率法，结转投资收益时，应首先根据期初债券投资账面价值和实际利率计算实际利息，即投资收益；然后根据尚未偿还的本金和票面利率计算票面利息；最后根据各期实际利息与票面利息的差额，计算溢折价摊销额。

【例 5-9】　某公司 2006 年 1 月 1 日购入 F 公司 4 年期债券作为持有至到期投资，票面价值 200000 元，票面利率 5%，每年还付息一次，还本付息日为 1 月 1 日，用银行存款实际支付价款 204627 元，未发生交易费用。实际利率为 4%。根据以上资料，编制会计分录如下：

（1）购入债券。

借：持有至到期投资——债券面值　　　　　　200 000
　　　　　　　　　　　——溢折价　　　　　　　4 627
　　贷：银行存款　　　　　　　　　　　　　　204 627

(2) 采用直线法，各期投资收益及溢折价摊销如表 5-3 所示。

表 5-3　分期还债券溢折价摊销

(直线法)　　　　　　　　　　　　　　　　　　　　　　　　　　　　　　　单位：元

计息日期	收取本金 ①=面值总额÷4	收取利息 ②=期初⑥×5%	摊销比例 ③=期初⑥÷⑥合计	溢价摊销 ④=溢价总额×③	投资收益 ⑤=②-④	债券面值 ⑥=期初⑥-①	债券溢价 ⑦=期初⑦-④
06/01/01						200000	4627
06/12/31	50000	10000	4/10	1851	8149	150000	2776
07/12/31	50000	7500	3/10	1388	6112	100000	1388
08/12/31	50000	5000	2/10	925	4075	50000	463
09/12/31	50000	2500	1/10	463	2037	0	0
合计	200000	25000	10/10	4627	20373	500000	—

编制会计分录：

2006 年 12 月 31 日确认利息收入。

　　借：应收利息　　　　　　　　　　　　　10 000
　　　　贷：持有至到期投资——溢折价　　　　　1 851
　　　　　　投资收益　　　　　　　　　　　　 8 149

2007 年 1 月 1 日收取本息。

　　借：银行存款　　　　　　　　　　　　　60 000
　　　　贷：持有至到期投资——债券面值　　　50 000
　　　　　　应收利息　　　　　　　　　　　　10 000

2007 年 12 月 31 日确认利息收入。

　　借：应收利息　　　　　　　　　　　　　 7 500
　　　　贷：持有至到期投资——溢折价　　　　　1 388
　　　　　　投资收益　　　　　　　　　　　　 6 112

2008 年 1 月 1 日收取本息。

　　借：银行存款　　　　　　　　　　　　　57 500
　　　　贷：持有至到期投资——债券面值　　　50 000
　　　　　　应收利息　　　　　　　　　　　　 7 500

2008 年 12 月 31 日确认利息收入。

　　借：应收利息　　　　　　　　　　　　　 5 000
　　　　贷：持有至到期投资——溢折价　　　　　 925
　　　　　　投资收益　　　　　　　　　　　　 4 075

2009年1月1日收取本息。
借：银行存款　　　　　　　　　　　　　　55 000
　　贷：持有至到期投资——债券面值　　　　50 000
　　　　应收利息　　　　　　　　　　　　　5 000
2009年12月31日确认利息收入。
借：应收利息　　　　　　　　　　　　　　2 500
　　贷：持有至到期投资——溢折价　　　　　463
　　　　投资收益　　　　　　　　　　　　　2 037
2010年1月1日收取本息。
借：银行存款　　　　　　　　　　　　　　5 2500
　　贷：持有至到期投资——债券面值　　　　50 000
　　　　应收利息　　　　　　　　　　　　　2 500

（3）采用实际利率法，各期投资收益扩溢价摊销如表5-4所示。

表5-4　分期还债券溢折价摊销

（实际利率法）　　　　　　　　　　　　　　　　　　　　　　　　　单位：元

计息日期	收取本金 ①=面值总额÷4	收取利息 ②=期初⑥×5%	投资收益 ③=期初[⑥+⑥]×4%	溢价摊销 ④=②－③	债券面值 ⑤=期初⑤－①	债券溢价 ⑥=期初⑥－④
06/01/01					200000	4627
06/12/31	50000	10000	8185	1815	150000	2812
07/12/31	50000	7500	6112	1388	100000	1424
08/12/31	50000	5000	4057	943	50000	481
09/12/31	50000	2500	2019	481	0	0
合计	200000	25000	20373	4627	——	——

编制会计分录：
2006年12月31日确认利息收入。
借：应收利息　　　　　　　　　　　　　　10 000
　　贷：持有至到期投资——溢折价　　　　　1 815
　　　　投资收益　　　　　　　　　　　　　8 185
2007年1月1日收取本息。
借：银行存款　　　　　　　　　　　　　　60 000
　　贷：持有至到期投资——债券面值　　　　50 000
　　　　应收利息　　　　　　　　　　　　　10 000

2007 年 12 月 31 日确认利息收入。
借：应收利息　　　　　　　　　　　　　　　7 500
　　贷：持有至到期投资——溢折价　　　　　　　　1 388
　　　　投资收益　　　　　　　　　　　　　　　6 112
2008 年 1 月 1 日收取本息。
借：银行存款　　　　　　　　　　　　　　　57 500
　　贷：持有至到期投资——债券面值　　　　　　 50 000
　　　　应收利息　　　　　　　　　　　　　　 7 500
2008 年 12 月 31 日确认利息收入。
借：应收利息　　　　　　　　　　　　　　　5 000
　　贷：持有至到期投资——溢折价　　　　　　　　 943
　　　　投资收益　　　　　　　　　　　　　　　4 057
2009 年 1 月 1 日收取本息。
借：银行存款　　　　　　　　　　　　　　　55 000
　　贷：持有至到期投资——债券面值　　　　　　 50 000
　　　　应收利息　　　　　　　　　　　　　　 5 000
2009 年 12 月 31 日确认利息收入。
借：应收利息　　　　　　　　　　　　　　　2 500
　　贷：持有至到期投资——溢折价　　　　　　　　 481
　　　　投资收益　　　　　　　　　　　　　　　2 019
2010 年 1 月 1 日收取本息。
借：银行存款　　　　　　　　　　　　　　　52 500
　　贷：持有至到期投资——债券面值　　　　　　 50 000
　　　　应收利息　　　　　　　　　　　　　　 2 500

【例 5-10】　某公司 2006 年 1 月 1 日购入 G 公司 4 年期债券作为持有至期到期投资，票面价值 200000 元，票面利率 5%，每年还付息一次，还本付息日为 1 月 1 日，用银行存款实际支付价款 195543 元，未发生债券费用。实际利率为 6%。根据以上资料，编制会计分录如下：

（1）购入债券。
借：持有至到期投资——债券面值　　　　　　　200 000
　　贷：持有至到期投资——溢折价　　　　　　　　4 457
　　　　银行存款　　　　　　　　　　　　　　195 543

(2) 采用直线法，各期投资收益及溢折价摊销如表 5-5 所示。

表 5-5 分期还债券溢折价摊销

（直线法） 单位：元

计息日期	收取本金 ①=面值总额÷4	收取利息 ②=期初⑥×5%	摊销比例 ③=期初⑥÷⑥合计	溢价摊销 ④=溢价总额×③	投资收益 ⑤=②+④	债券面值 ⑥=期初⑥-①	债券溢价 ⑦=期初⑦-④
06/01/01						200000	4457
06/12/31	50000	10000	4/10	1783	11783	150000	2674
07/12/31	50000	7500	3/10	1337	8837	100000	1337
08/12/31	50000	5000	2/10	891	5891	50000	446
09/12/31	50000	2500	1/10	446	2946	0	0
合计	200000	25000	10/10	4457	29457	500000	—

编制会计分录：

2006 年 12 月 31 日确认利息收入。

借：应收利息 10 000
  持有至到期投资——溢折价 1 783
 贷：投资收益 11 783

2007 年 1 月 1 日收取本息。

借：银行存款 60 000
 贷：持有至到期投资——债券面值 50 000
  应收利息 10 000

2007 年 12 月 31 日确认利息收入。

借：应收利息 7 500
  持有至到期投资——溢折价 1 337
 贷：投资收益 8 837

2008 年 1 月 1 日收取本息。

借：银行存款 57 500
 贷：持有至到期投资——债券面值 50 000
  应收利息 7 500

2008 年 12 月 31 日确认利息收入。

借：应收利息 5 000
  持有至到期投资——溢折价 891
 贷：投资收益 5 891

2009 年 1 月 1 日收取本息。

借：银行存款　　　　　　　　　　　　55 000
　　贷：持有至到期投资——债券面值　　50 000
　　　　应收利息　　　　　　　　　　　5 000

2009 年 12 月 31 日确认利息收入。

借：应收利息　　　　　　　　　　　　2 500
　　持有至到期投资——溢折价　　　　　446
　　贷：投资收益　　　　　　　　　　　2 946

2010 年 1 月 1 日收取本息。

借：银行存款　　　　　　　　　　　　52 500
　　贷：持有至到期投资——债券面值　　50 000
　　　　应收利息　　　　　　　　　　　2 500

（3）采用实际利率法，各期投资收益扩溢价摊销如表 5-6 所示。

表 5-6　分期还债券溢折价摊销

（实际利率法）　　　　　　　　　　　　　　　　　　　　　　　　单位：元

计息日期	收取本金 ①=面值总额÷4	收取利息 ②=期初⑥×5%	投资收益 ③=期初[⑤－⑥]×6%	溢价摊销 ④=③－②	债券面值 ⑤=期初⑤－①	债券溢价 ⑥=期初⑥－④
06/01/01					200000	4457
06/12/31	50000	10000	11733	1733	150000	2724
07/12/31	50000	7500	8837	1337	100000	1387
08/12/31	50000	5000	5917	917	50000	470
09/12/31	50000	2500	2970	470	0	0
合计	200000	25000	29457	4457	——	——

编制会计分录：

2006 年 12 月 31 日确认利息收入。

借：应收利息　　　　　　　　　　　　10 000
　　持有至到期投资——溢折价　　　　　1 733
　　贷：投资收益　　　　　　　　　　　11 733

2007 年 1 月 1 日收取本息。

借：银行存款　　　　　　　　　　　　60 000
　　贷：持有至到期投资——债券面值　　50 000
　　　　应收利息　　　　　　　　　　　10 000

2007 年 12 月 31 日确认利息收入。

借：应收利息　　　　　　　　　　　　7 500
　　持有至到期投资——溢折价　　　　　1 337

　　　　贷：投资收益　　　　　　　　　　　　　8 837
2008 年 1 月 1 日收取本息。
　　借：银行存款　　　　　　　　　　　　　57 500
　　　　贷：持有至到期投资——债券面值　　　50 000
　　　　　　应收利息　　　　　　　　　　　　7 500
2008 年 12 月 31 日确认利息收入。
　　借：应收利息　　　　　　　　　　　　　 5 000
　　　　持有至到期投资——溢折价　　　　　　 917
　　　　贷：投资收益　　　　　　　　　　　　5 917
2009 年 1 月 1 日收取本息。
　　借：银行存款　　　　　　　　　　　　　55 000
　　　　贷：持有至到期投资——债券面值　　　50 000
　　　　　　应收利息　　　　　　　　　　　　5 000
2009 年 12 月 31 日确认利息收入。
　　借：应收利息　　　　　　　　　　　　　 2 500
　　　　持有至到期投资——溢折价　　　　　　 470
　　　　贷：投资收益　　　　　　　　　　　　2 970
2010 年 1 月 1 日收取本息。
　　借：银行存款　　　　　　　　　　　　　52 500
　　　　贷：持有至到期投资——债券面值　　　50 000
　　　　　　应收利息　　　　　　　　　　　　2 500

5.1.4　持有至到期投资的到期兑现

　　持有至到期投资的到期兑现，是指一次还本债券的到期兑现。如果是一次付息的债券，到期时企业可以收回债券面值和利息；如果是分期付息的债券，到期时企业可以收回债券面值。一般来说，在债券投资到期时，溢价、折价金额已经摊销完毕，不论是按面值购入，还是溢价或折价购入，"持有至到期投资"科目的余额均为面值和应计利息。收回债券面值及利息，应借记"银行存款"科目，贷记"持有至到期投资"科目。

　　【例 5-11】　沿用【例 5-4】的资料。2008 年 1 月 1 日收回本息时，编制会计分录如下：
　　借：银行存款　　　　　　　　　　　　　240 000
　　　　贷：持有至到期投资——投资成本　　 240 000

5.1.5　持有至到期投资的减值

　　企业应当在资产负债表日对持有至到期投资的账面价值进行检查，有客观证据表明该金融资产发生减值的,应当计提减值准备。持有至到期投资发生减值时,应当将该持有至到期投资的账面价值减记至预计未来现金流量现值,减记的金额确认为资产减值损失,计入当期损益,借记"资产减值损失"科目,贷记"持有至到期投资减值准备"科目。预计未来现金流量现值,可以按照该持有至到期投资初始确定的实际利率折现计算,也可以采用合同规定的现行实际利率折现计算。

持有至到期投资确认减值损失后,如有客观证据表明该金融资产价值得以恢复,且客观上与确认该损失后发生的事项有关,原确认的减值损失应当予以转回,计入当期损益。但是该转回的账面价值不应超过假定不计提减值准备情况下持有至到期投资在转回日的摊余成本。

5.2 长期股权投资

5.2.1 长期股权投资概述

1. 长期股权投资的性质

长期股权投资是指通过各种资产取得被投资企业股权且不准备随时出售的投资。其主要目的是为了长远利益而影响、控制其他在经济业务上相关联的企业。企业进行长期股权投资后,成为被投资企业的股东,有参与被投资企业经营决策的权利。

2. 投资企业与被投资企业的关系

按照投资企业对被投资企业的影响程度,投资企业与被投资企业的关系可以分为以下几种类型。

(1) 控制。控制是指投资企业有权决定被投资企业的财务和经营决策,并能据以从该企业的经营活动中获取利益。一般来说,企业的重大财务和经营决策需要股东大会半数以上表决通过,因此投资企业持有被投资企业半数以上表决资本,通常认为对被投资企业具有控制权;此外,如果投资企业未持有被投资企业半数以上表决资本,但能够通过章程、协议、法律等其他方式拥有半数以上投票权等,也视为对被投资企业拥有控制权。拥有控制权的投资企业一般称为母公司;被母公司控制的企业,一般称为子公司。

(2) 共同控制。共同控制是指按照合同约定与其他投资者对被投资企业共有的控制,一般来说,具有共同控制权的各投资方所持有的表决权资本相同。在这种情况下,被投资企业的重要财务和经营决策只有分享控制权的投资方一致同意才能通过。被各投资方共同控制的企业,一般称为企业的合营企业。

(3) 重大影响。重大影响是指对一个企业的财务和经营决策有参与的权利,但并不能够控制或者与其他方一起共同控制这些决策的制定。一般来说，投资企业在被投资企业的董事会中派有董事，或能够参与被投资企业的财务和经营决策的制定，则对被投资企业形成重大影响。被投资企业如果受到投资企业的重大影响，一般称为投资企业的联营企业。

（4）无重大影响。无重大影响是指投资企业对被投资企业不具有控制和共同控制权，也不具有重大影响。

5.2.2 长期股权投资的取得

企业的长期股权投资，可分为两大类：一类是企业合并取得的，另一类是非企业合并取得的。企业合并取得的长期股权投资，又分为同一控制下企业合并和非同一控制下企业合并取得的长期股权投资。不同方式取得的长期股权投资，会计处理方法有所不同。

1. 同一控制下企业合并取得的长期股权投资

同一控制下的企业合并，是指参与的企业在合并前后均受同一方或相同的多方最终控制，且该控制并非暂时性的。例如，A公司为B公司和C公司的母公司，A公司将其持有60%的股权转让给B公司。转让股权后，B公司持有C公司60%的股权，但B公司和C公司仍由A公司所控制。

同一控制下的企业合并，在合并日取得对其他参与合并企业控制权的一方为合并方，参与合并的其他企业为被合并方。合并日是指合并方实际取得对被合并方控制权的日期。

同一控制下的企业合并，合并双方的合并行为不完全是自愿进行和完成的，这种企业合并并不属于交易行为，而是参与合并各方资产和负债的重新组合，因此，合并方可以按照被合并方的账面价值进行初始计量。

合并方以支付货币资金，转让非现金资产或承担债务等方式取得被合并方的股权，应在合并日按照享有被合并方所有者权益账面价值的份额作为长期股权投资的初始投资成本，借记"长期股权投资——投资成本"科目；按照支付现金或转让非现金资产、承担债务的账面价值，贷记"银行存款"以及相应的资产或负债科目；按照长期股权投资初始投资成本与支付的现金、转让的非现金资产以及所承担债务账面价值之间的差额，调整资本公积，资本公积不足冲减的，调整留存收益，贷记"资本公积"或借记"资本公积"、"盈余公积"、"利润分配"科目。投资企业支付的价款中如果含有已宣告发放但尚未支取的现金股利，应作为债权处理，不计入长期股权投资成本。

合并方以发行股票等方式取得被合并方的股权，应在合并日按照取得被合并方所有者权益账面价值的份额作为长期股权投资的初始成本，借记"长期股权投资——投资成本"科目；按照发行股份的面值总额作为初始成本，贷记"股本"科目；按照长期股权投资投资初始成本现所发行股份面值总额之间的差额，调整资本公积，资本公积不足冲减的，调整留存收益，贷记"资本公积"或借记"资本公积"、"盈余公积"、"利润分配"科目。

合并方为进行企业合并发生的各项直接相关费用，包括为进行企业合并而支付的审计费用、评估费用、法律服务费用等，应当于发生时计入当期损益，借记"管理费用"科目，贷记"银行存款"等科目。

合并方发行债券或承担其他债务支付手续费、佣金等，应当计入所发行债券及其他债务的初始成本。企业合并中发行权益性证券发生的手续费、佣金等费用，应当抵减权益性证券溢价收入，溢价收入不足冲减的，冲减留存收益。

【例 5-12】 A 公司为 B 公司和 C 公司的母公司。2007 年 1 月 1 日，A 公司将其持有 C 公司 60%的股权转让给 B 公司，双方协商确定的价值为 8000000 元，以货币资金支付。合并日，C 公司所有者权益的账面价值为 12000000 元；B 公司资本公积余额为 2000000 元。根据 B 公司取得长期股权投资的会计分录如下：

B 公司初始投资成本=12000000×60%=7200000（元）

借：长期股权投资——投资成本	7 200 000
资本公积	800 000
贷：银行存款	8 000 000

【例 5-13】 A 公司为 B 公司和 C 公司的母公司，持有 B 公司 70%的股权，持有 C 公司 60%的股权。2007 年 1 月 1 日，B 公司以发行每股面值为 1 元的股票 2000000 股，换取 A 公司持有的 C 公司 60%的股权，并以银行存款支付发行股票手续费 20000 元。合并日，C 公司所有者权益的账面价值为 12000000 元。根据以上资料，编制 B 公司取得长期股权投资的会计分录如下：

B 公司初始投资成本=12000000×60%=7200000（元）

借：长期股权投资——投资成本	7 200 000
贷：股本	2 000 000
银行存款	20 000
资本公积	5 180 000

2. 非同一控制下企业合并取得的长期股权投资

非同一控制下的企业合并，是指参与合并的各方在合并前后不受同一方或相同的多方最终控制。相对于同一控制下的企业合并而言，非同一控制下的企业合并是合并各方自愿进行的交易行为，作为一种公平的交易，应当以公允价值为基础进行计量。

非同一控制下的企业合并，在购买日取得对其他参与合并企业控制权的一方为购买方，参与合并的其他企业为被购买方。购买日，是指购买方实际取得对被购买方控制权的日期。

非同一控制下的企业合并，购买方在购买日以支付现金的方式取得被购买方的股权，应以支付的现金作为初始投资成本，借记"长期股权投资——投资成本"科目，贷记"银行存款"科目。投资企业支付的价款中如果含有已宣告发放但尚未支取的现金股利，应作为债权处理，不计入长期股权投资成本。购买方在购买日以付出资产、发生或承担负债的发式取得被购买方的股权，应按照资产、负债的公允价值作为初始投资成本，借记"长期股权投资——

投资成本"科目;按照资产、负债的账面价值,贷记有关资产、负债科目;将其公允价值与账面价值的差额计入当期损益,借记"营业外支出"科目或贷记"营业外收入"科目。

购买方为进行长期股权投资发生的各项直接相关费用也应计入长期股权投资成本。

【例 5-14】 W 公司于 2007 年 1 月 1 日,以货币资金 10000000 元以及一批固定资产购入 X 公司 70%股权,固定资产的原始价值为 8000000 元,累计折旧为 3000000 元,公允价值为 6000000 元。购买日,X 公司所有者权益的账面价值为 20000000 元,W 公司与 X 公司不属于关联方。根据以上资料,编制 W 公司取得长期股权投资的会计分录如下:

W 公司初始投资成本=10000000+6000000=16000000(元)

借:长期股权投资——投资成本　　　　　　16 000 000
　　累计折旧　　　　　　　　　　　　　　 3 000 000
　　贷:固定资产　　　　　　　　　　　　　　8 000 000
　　　　银行存款　　　　　　　　　　　　　10 000 000
　　　　营业外收入　　　　　　　　　　　　 1 000 000

3. 非企业合并取得的长期股权投资

非企业合并取得的长期股权投资,其初始投资成本的确定与非同一控制下企业合并取得的长期股权投资成本的确定方法相同。以支付现金的方式取得被购买方的股权,应以支付的现金作为初始投资成本,借记"长期股权投资——投资成本"科目,贷记"银行存款"科目。以付出资产、发生或承担负债的方式取得被购买方的股权,应按照资产、负债的公允价值作为初始投资成本,借记"长期股权投资——投资成本"科目;按照资产、负债的账面价值,贷记有关资产、负债科目;将其公允价值与账面价值的差额计入当期损益,借记"营业外支出"科目或贷记"营业外收入"科目。

投资企业为进行长期股权投资发生的各项直接相关费用也计入长期股权投资成本。

【例 5-15】 A 公司于 2007 年 1 月 1 日购入联营企业 B 公司 40%的股权,实际支付价款 4000000 元;购买日,B 公司所有者权益账面价值 9000000 元,公允价值 10500000 元。根据以上资料,编制 A 公司取得长期股权投资的会计分录如下:

借:长期股权投资——投资成本　　　　　　4 000 000
　　贷:银行存款　　　　　　　　　　　　　　4 000 000

5.2.3 长期股权投资核算的成本法

1. 成本法的适用范围

(1)投资企业能够对被投资企业实施控制的长期股权投资。由于投资企业能够对被投资企业实施控制,需要编制合并财务报表,因此,长期股权投资可以按照成本计价,以免在编制合并财务报表时,抵消过多的内部重复计算项目。

投资企业对子公司的长期股权投资采用成本法核算，在编制合并财务报表时按照权益法进行调整。

（2）投资企业对被投资企业不具有共同控制或重大影响，并且在活跃市场中没有报价、公允价值不能可靠计量的长期股权投资。由于投资企业对被投资企业不具有影响力，因此，按照重要性原则，投资成本可以按照成本计价，不再反映在被投资企业所有者权益中享有份额的变动情况。

2. 成本法下投资成本的后续计量

采用成本法核算的长期股权投资，应按照初始投资成本计价，一般不予变更，只要在追加或收回投资时才调整长期股权投资的成本。

投资企业在被投资企业宣告发放现金股利时，应作为投资收益处理，借记"应收股利"等科目，贷记"投资收益"科目，如果收到的股利为购入时的应收股利，则应冲减应收股利；如果收到的股利为股票股利，则只调整持股数量，降低每股成本，不做账务处理。

投资企业收到的清算性股利，不作为投资收益，而是视为投资的收回，冲减投资成本。清算性股利是指企业累计实际收到的现金股利大于购买日起被投资企业累计净收益中本企业所占份额的差额，属于购入日以前的被投资企业未分配利润的分配额。从理论上讲，企业购入股票的价格，受到购买日被投资企业未分配利润的影响，其数额越多，股票价格越高。也就是说，购入股票的价格中，含有被投资企业未分配利润的因素，在被投资企业用这部分未分配利润现金股利时，投资企业理应冲减其投资成本。企业在收到清算性股利时，应借记"银行存款"等科目，贷记"长期股权投资——投资成本"科目。

【例 5-16】 某公司根据发生的有关长期股权投资业务，编制会计分录如下：

（1）购入 A 公司普通股股票 10000 股，占 A 公司普通投资成本的 10%，用银行存款实际支付买价 100000 元，手续费 300 元，共计 100300 元。采用成本法进行核算。

借：长期股权投资——投资成本　　　　　100 300
　　贷：银行存款　　　　　　　　　　　　100 300

（2）收到 A 公司发放的购买日以后形成的净利润所分配的现金股利 6000 元，存入银行。

借：银行存款　　　　　　　　　　　　　6 000
　　贷：投资收益　　　　　　　　　　　　6 000

（3）原持有 B 公司的股票 30000 股（2005 年 1 月购入），占 B 公司股本的 5%，实际成本为 150000 元，2005 年 12 月实收股利 9000 元，2006 年 12 月实收股利 12000 元。现（2007 年 12 月收到 B 公司发放的现金股利 15000 元，存入银行。B 公司 2004 年末未分配利润为 100000 元；2005 年净利润为 200000 元，发放股利用职权 180000 元；2006 年净利润为 250000 元，发放股利用职权 240000 元；2007 年净利润为 210000 元，发放股利用职权 300000 元。

购入股票后累计实收股利=9000+12000+15000=36000（元）

购入股票后 B 公司净利润中本企业所占的份额=（200000＋250000＋210000）×5%
=33000（元）

收回清算性股利=36000－33000=3000（元）

借：银行存款　　　　　　　　　　　　　15 000
　　贷：长期股权投资——投资成本　　　　3 000
　　　　投资收益　　　　　　　　　　　12 000

5.2.4　长期股权投资核算的权益法

1. 权益法的适用范围

长期股权投资的权益法，是指长期股权投资的账面价值要随着被投资企业的所有者权益变动而相应变动。大体上反映在被投资企业所有者权益中占有的份额。

投资企业对被投资企业具有共同控制或重大影响的长期股权投资，应采用权益法进行核算。在这种情况下，投资企业不编制合并财务报表，但由于在被投资企业中占有较大的份额，按照重要性原则，应对长期股权投资的账面价值进行调整，以客观反映投资状况。

2. 权益法核算的科目设置

采用权益法进行长期股权投资的核算，可以在"长期股权投资"科目下，设置"投资成本"、"损益调整"和"所有者权益其他变动"等明细科目。权益法下，"长期股权投资"科目的余额，反映全部投资成本。其中，"投资成本"明细科目反映购入股权时在被投资企业按公允价值确定的所有者权益中占有的份额；"损益调整"明细科目反映购入股权以后随着被投资企业留存收益的增减变动而享有份额的调整数；"所有者权益其他变动"明细科目反映购入股权以后随着被投资企业资本公积的增减变动而享有份额的调整数。

3. 权益法下初始投资成本的调整

采用权益法进行长期股权投资的核算，为了更为客观地反映在被投资企业所有者权益中享有的份额，应将初始投资成本按照被投资企业可辨认净资产公允价值和持股比例进行调整。可辨认净资产的公允价值，是指被投资企业可辨认资产的公允价值减去负债及或有负债公允价值后的余额。

长期股权投资的初始成本大于投资时应享有被投资企业可辨认净资产公允价值份额的差额，性质与商誉相同，不调整长期股权投资的初始投资成本，在投资期间也不摊销；长期股权投资的初始成本小于投资时应享有被投资企业可辨认净资产公允价值份额的差额，应计入当期损益，同时调整长期股权投资的初始投资成本，借记"长期股权投资——投资成本"科目，贷记"营业外收入"科目。

【例 5-17】 沿用例 5-15 的资料。假定 B 公司所有者权益均为可辨认净资产。

A 公司享有 B 公司可辨认净资产公允价值的份额=10500000×40%=4200000（元）

A 公司应调整投资成本=4200000－4000000=200000（元）

借：长期股权投资——初始成本　　　　　　　200 000
　　贷：营业外收入　　　　　　　　　　　　　　　200 000

4. 权益法下投资损益的确认

（1）投资收益的确认。企业持有对联营企业或合营企业的投资，一方面应按被投资企业净利润的份额确认为投资收益，另一方面作为追加投资，借记"长期股权投资—损益调整"科目，贷记"投资收益"科目。

权益法下，由于长期股权投资的初始投资成本已经按照被投资企业可辨认净资产的公允价值进行了调整，因此，被投资企业的净利润应以其各项可辨认资产等的公允价值为基础进行调整后加以确定，不应仅按照被投资企业的账面净利润与持股比例计算的结果简单确定。基于重要性原则，通常应考虑的调整因素为：以取得投资时被投资企业固定资产、无形资产的公允价值为基础计提的折旧额或摊销额以及减值准备的金额对被投资企业净利润的影响。其他项目如为重要的，也应进行调整。

如果无法合理确定取得投资时被投资企业各项可辨认资产的公允价值，或者投资时被投资企业可辨认资产的公允价值与账面价值相比，两者之间的差额不具有重要性，也可以按照被投资企业的账面净利润与持股比例计算的结果确认投资收益，但应在附注中说明这一事实，以及无法合理确定被投资企业各项可辨认资产公允价值的原因。

【例 5-18】 沿用【例 5-17】的资料。A 公司取得投资时 B 公司的固定资产账面价值为 3000000 元，公允价值为 4500000 元，其他可辨认资产公允价值现账面一致。按照固定资产账面计提的年折旧额为 200000 元，按照公允价值应计提的折旧额为 300000 元。被投资企业 2007 年度实现的账面净利润为 1500000 元，不考虑所得税影响，按照被投资企业的账面净利润计算确定的投资收益应为 600000 元（1500000×40%）；基于投资时固定资产的公允价值调整的净利润为 1400000 元[1500000－（300000－200000）]，A 公司按照持股比例计算确认的当期投资收益应为 560000 元（1400000×40%）。根据以上资料，编制 A 公司确认投资收益的会计分录如下：

借：长期股权投资——损益调整　　　　　　　560 000
　　贷：投资收益　　　　　　　　　　　　　　　　560 000

（2）投资损失的确认。如果被投资企业发生亏损，投资企业也应按持股比例确认应分担的损失，借记"投资收益"科目，贷记"长期股权投资——损益调整"科目。被投资企业的净亏损也应以其各项可辨认资产等的公允价值为基础进行调整后加以确定。

由于投资企业承担有限责任，因此投资企业在确认投资损失时，应以长期股权投资的账面价值以及其他实质上构成对被投资企业净资产的长期权益减记至零为限，投资企业负有承担额外损失义务的除外。其他实质上构成对被投资企业净投资的长期权益，通常是指长期性的应收项目，如企业对被投资企业的长期应收款，该款项的清偿没有明确的计划且可预见的未来期间难以收回的，实质上构成长期权益。企业存在其他实质上构成对被投资企业的长期权益项目的情况下，在确认应分担被投资企业发生的亏损时，应当按照以下顺序进行处理。

（1）减记长期股权投资的账面价值。

（2）长期股权投资的账面价值减至零时，如果存在实质上构成对被投资企业净投资的长期权益，应以该长期权益的账面价值为限减记长期股权投资的账面价值，同时确认投资损失。长期权益的账面价值不做调整。

（3）长期权益的价值减至零时，如果按照投资合同或协议约定需要企业承担额外义务的，应按预计承担的金额确认投资损失，同时减记长期股权投资的账面价值。

按照以上顺序处理后，如果仍有尚未确认的投资损失，投资企业应在备查账簿上登记，在被投资业以后期间实现盈利时，在其收益分享额弥补未确认的亏损分担额后，恢复确认分享额。

【例 5-19】 甲公司持有乙公司 30%的股权，采用权益法进行长期股权投资的核算。2007 年 12 月 31 日，甲公司长期股权投资的账面价值为 1200000 元，其中"投资成本"为 1000000 元，"损益调整"为 200000 元；长期应收款账面价值为 300000 元，属于实质上构成乙公司净投资的长期权益。2007 年度，乙公司发生巨额亏损，可辨认资产等公允价值为基础调整后的净亏损为 5300000 元。2008 年度，乙公司以可辨认资产等公允价值为基础调整后实现的净利润为 700000 元。根据以上资料，编制乙公司调整投资损益的会计分录如下：

① 2007 年末相关会计处理。

应分担的投资损失=5300000×30%=1590000（元）

以长期股权投资的长期权益账面价值为限实际确认的投资损失=1200000+300000
=1500000（元）

未确认的投资损失=1500000－1590000＝－90000（元）

借：投资收益　　　　　　　　　　　　　　1 500 000
　　贷：长期股权投资——损益调整　　　　　　　　1 500 000

2007 年末

长期股权投资账面价值：－300000 元

长期应收款账面价值：300000 元

② 2008 年度相关会计处理。

应享有的投资收益=700000×30%=210000（元）

实际确认的投资收益=210000－90000=120000（元）

借：长期股权投资——损益调整　　　　　　120 000
　　贷：投资收益　　　　　　　　　　　　　　　120 000

2008年末：

长期股权投资账面价值：-180000元

长期应收款账面价值： 300000元

5. 权益法下被投资单位分派股利的调整

采用权益法进行长期股权投资的核算，被投资企业分派的现金股利视为投资的收回。投资企业应按照被投资企业宣告他派的现金股利持股比例计算的应分得现金股利，相应减少长期股权投资的账面价值，借记"应收股利"科目，贷记"长期股权投资——损益调整"科目。

6. 权益法下被投资企业所有者权益其他变动的调整

采用权益法进行长期股权投资的核算，被投资企业除净损益以外所有者权益的增加，投资企业应调整长期股权投资的账面价值，并计入资本公积，借记"长期股权投资——所有者权益其他变动"科目，贷记"资本公积"科目。如果被投资企业除净损益以外所有者权益减少，投资企业做相反的处理。

5.2.5 长期股权投资的减值

1. 长期股权投资的可收回金额

每年年末，企业应对长期股权投资的账面价值进行检查。如果出现减值迹象，应对其可收回金额进行估计。可收回金额应根据长期股权投资的公允价值减去处置费用后的净额与长期股权投资预计未来现金流量的现值两者之间较高者确定。

2. 长期股权投资减值损失

如果长期股权投资可收回金额的计量结果表明其可收回金额低于账面价值，说明长期股权投资已经发生减值损失，应当将其账面价值减记至可收回金额，借记"资产减值损失"科目，贷记"长期股权投资减值准备"科目。

长期股权投资减值损失一经确认，在以后会计期间不得转回。

5.2.6 长期股权投资的处置

长期股权投资处置时，其账面价值与实际取得价款的差额，应当计入当期损益。投资企业应根据实际收到的价款，借记"银行存款"等科目；根据处置长期股权投资的账面价值，贷记"长期股权投资"等科目；根据两者的差额，借记或贷记"投资收益"科目。采用权益法核算的长期股权投资，因被投资企业除净损益外所有者权益的其他变动而计入资本化积,也应转入当期损益。

5.2.7 长期股权投资成本法与权益法的转换

1. 成本法转换为权益法

投资企业因减少投资等原因对被投资企业不再具有控制权,但仍存在共同控制或重大影响的,应当改按权益法进行核算,并以成本法下长期股权投资的账面价值作为按照权益法核算的初始投资成本,再按照权益法对投资成本进行后续计量。原在合并财务报表中采用权益法确认的损益进行相应的调整。

投资企业因追加投资等原因能够对被投资企业实施共同控制或重大影响但不构成控制的,也应当改按权益法进行核算,并以成本法下长期股权投资的账面价值作为按照权益法核算的初始投资成本,再按照权益法对投资成本进行后续计量。

2. 权益法转换为成本法

投资企业因减少投资等原因对被投资企业不再具有共同控制权或重大影响,应改按成本法核算,并以权益法下长期股权投资的账面价值作为按照成本法核算的初始投资成本。

投资企业因追加投资等原因能够对被投资企业实施控制,也应改按成本法核算。如果属于同一控制下的企业合并,应按享有被合并方所有者权益账面价值的份额作为长期股权投资的初始投资成本,初始投资成本与转换前长期股权投资账面价值之间的关额,调整资本公积,资本公积不足冲减的,调整留存收益。如果属于非同一控制下的合并企业合并,应按照长期股权投资的公允价值作为初始投资成本,将其公允价值与账面价值的差额计入当期损益。因被投资企业除净损益以外所有者权益的其他变动而计入资本公积的数额,也应一并结转。

3. 控制下的成本法与无重大影响下的成本法之间的转换

投资企业因减少投资等原因对被投资企业不再具有共同控制权或重大影响,仍应按成本法核算,长期股权投资的账面价值不需进行调整。但原在合并财务报表中采用权益法确认的损益等应进行相应的调整。

投资企业因追加投资等原因能够对被投资企业实施控制,也应继续采用成本法进行核算。如果属于同一控制下的企业合并,应按享有被合并方所有者权益账面价值的份额作为长期股权投资的初始投资成本,初始投资成本与转换前长期股权投资账面价值之间的关额,调整资本公积,资本公积不足冲减的,调整留存收益。如果属于非同一控制下的合并企业合并,应按照长期股权投资的公允价值作为初始投资成本,将其公允价值与账面价值的差额计入当期损益。

【练习题】

1. 名词解释
（1）持有至到期投资　　（2）摊余成本　　　　　（3）长期股权投资
（4）共同控制　　　　　（5）可辨认净资产的公允价值

2. 选择题
（1）企业购入的准备持有至到期的债券，不能按债券（　　）购入。
A. 净价　　　　B. 面值　　　　C. 溢价　　　　D. 折价
（2）企业持有至到期投资收益的主要来源是（　　）收入。
A. 营业　　　　B. 利息　　　　C. 股利　　　　D. 所得税
（3）企业折价购入债券，各期的票面利息收入（　　）真正的投资收益。
A. 可能是　　　B. 一定是　　　C. 不是　　　　D. 有时是
（4）被投资企业如果受到投资企业的重大影响，一般称为投资企业的（　　）企业。
A. 合作　　　　B. 合伙　　　　C. 合营　　　　D. 联营
（5）企业合并中发行权益性证券发生的手续费、佣金等费用，应当抵减权益性证券溢价收入，溢价收入不足冲减的，冲减（　　）。
A. 实心资本　　B. 留存收益　　C. 资本公积　　D. 盈余公积

3. 判断题
（1）持有至到期投资是指企业购入的到期日固定、回收金额固定或可确定，且企业有明确意图和能力持有至到期的各种债券，如国债和企业债券等。（　　）
（2）持有至到期投资，应按购入时一部分实际的支付的价款作为初始投资成本，实际支付的价款包括支付的债券实际买价以及手续费、佣金等交易费用。（　　）
（3）企业溢价购入债券，各期的票面利息收入就是真正的投资收益。（　　）
（4）长期股权投资是指通过各种资产取得被投资企业股权且不准备随时出售的投资。
（　　）
（5）长期股权投资处置时，其账面价值与实际取得价款的差额，应当计入当期损益。
（　　）

4. 问答题
（1）持有至到期的初始成本是什么？
（2）债券溢折价的原因是什么？债券折折价的原因是什么？
（3）在企业按溢价折价购入债券的情况下，各期溢折价的摊销有哪两种方法？
（4）什么是持有至到期投资减值准备？怎样计提持有至到期投资减值准备？
（5）什么是长期股权投资？
（6）怎样采用权益法进行长期股权投资的核算？

（7）怎样采用成本法进行长期股权投资的核算？

5．综合练习

编制以下各业务的会计分录。

（1）武溪公司于 2006 年 1 月 1 日购入乙公司面值发行的 5 年期债券 10000 元，年利率 10%，支付经纪人佣金等附加费用 300 元。2006 年末，按权责发生制应计利息 1000 元。

（2）新龙公司于 2007 年 1 月 1 日以 101000 元购入甲公司同日发行 5 年期年利率为 10% 的债券，面值为 100000 元（为简化起见，不考虑经纪人佣金）。2007 年末应计利息并分摊溢价。

（3）乐圩公司 2005 年 1 月 1 日以 99000 元购入丙公司发行的 3 年期债券，年利率为 10% 的面值为 100000 元，每年年末，应计利息、分摊折价并确定投资收益。

（4）团结公司从证券交易所购入丁公司股票 56000 股（只占丁公司全部股票的 5%），每股买价 3.20 元，共计划内 179200 元，期中含有已宣告发放的股利 14000 元，另支付手续费 3584 元，合计 182784 元，款项由银行支付，股票收到入库。10 天后，团结公司收到丁公司发放的股利 14000 元，款项已存入银行。

（5）巷上公司于 2000 年 1 月 1 日以 500000 元投资 A 公司的普通股，占 A 公司的普通股 20%。投资时 A 公司的所有者权益为 1400000 元。2001 年末，A 公司的实际净利润 1000000 元，宣告从中支付现金股利 500000 元。2002 年 A 公司发生亏损 600000 元。

第 6 章 负债的核算

【内容提要】

负债，可分为流动负债和非流动负债两类。本章介绍流动负债和非流动负债的会计处理。流动负债主要包括：流动负债、短期借款、应付票据、应付账款、其他应付款、应付职工薪酬、预提费用、应付税费和应付利润等；长期负债主要包括：长期借款、应付债券和长期应付款等。

【学习目标】

➢ 熟悉了解负债核算的内容。
➢ 了解利率、税率和各项计提比例及其计算。
➢ 掌握应付职工薪酬和税金的账务处理。

6.1 负 债 概 述

6.1.1 负债的特点及内容

我国《企业会计制度》中将负债定义为：负债是指过去的交易或事项形成的、预期会导致经济利益流出企业的现时义务。

负债具有如下基本特征。

（1）负债是基于企业过去的交易或事项而产生的。也就是说，导致负债的交易或事项必须已经发生，例如，企业向供应商购买货物会产生应付款（已经预付或是在交货时支付的款项除外），从银行借入款项则会产生偿还借款的义务等。企业正在筹划的未来交易或事项，如借款计划，并不会产生负债。

（2）负债是企业承担的现时义务，一般是由具有约束力的合同或因法定要求等而产生的。所谓现时义务，是指企业在现行条件下已承担的义务。未来发生的交易或事项形成义务不属于现时义务，因此也不属于负债。

（3）负债的发生往往伴随着资产或劳务的取得，或者费用或损失的发生；并且负债通常需要在未来某一特定时日用资产或劳务来偿付。

6.1.2 负债的分类

负债按照偿还期限长短，可分为流动负债和长期负债。

(1) 流动负债是指将在 1 年（含 1 年）或超过 1 年的一个营业周期内偿还的债务，其特点是：

① 偿还期短，流动负债在 1 年的一个营业周期内偿还；
② 流动负债的目的一般是为了满足企业正常生产经营周转的需要。

(2) 长期负债是指偿还期在 1 年以上或 1 年的一个营业周期以上的债务。其特点是：

① 偿还期长；
② 长期负债的主要目的是用于购置设备、改扩建或进行技术改造等资本性支出。

6.2 流动负债的核算

流动负债是指企业将在 1 年内（含 1 年）或超过 1 年的一个营业周期内偿还的债务、包括短期借款、应付票据、应付账款、其他应付款、应付职工薪酬、应付职工薪酬——应付福利费、预提费用、应付税金、应付利润等。

6.2.1 短期借款

短期借款是指企业为了生产经营的需要，从银行或其他金融机构借入偿还期在 1 年以内的各种借款，包括流动资金周转借款和结算借款等，它是企业流动负债的重要组成部分。

为了总括地反映和监督短期借款的取得和归还情况，会计上设置"短期借款"账户，该账户核算企业借入的短期借款金额，借方登记归还的借款，期末余额在贷方反映企业借入尚未归还的借款金额。企业按债权人或借款种类设置细账，进行分类核算。

1. 取得短期借款的处理

企业借入的各种短期借款，借记"银行存款"科目，贷记"短期借款"科目。

2. 短期借款利息的处理

按照货币的时间价值，企业在占用短期借款时间内或归还时，还应支付一定的借款利息。由于企业借入短期借款的目的是为了满足生产经营周转的需要，所以利息支出应记入财务费用。利息的支付方式不同，在会计核算上也应分别情况处理。

(1) 如果短期借款的利息按期支付或者到期还本付息，且金额较大，为了准确计算各期盈亏，可以按期预提计入费用。预提时，应按预提利息额借记"财务费用"，贷记"应付利息"。实际支出月份，按已经预提利息额，借记"应付利息"，贷记"银行存款"。本月应负担的利息额，直接借记"财务费用"，贷记"银行存款"。

（2）若企业的短期借款利息按月支付，或到期还本付息，但金额较小，可不采用预提办法，而将实际支付的短期借款利息一次记入"财务费用"。

下面举例说明短期借款的会计核算。

【例 6-1】 南岗旅行社企业 4 月 1 日向某金融机构借入一笔短期借款，金额 300 000 元，借款合同规定 7 月 15 日一次还本付息，年利率为 6%。

借入时应编制会计分录如下：

借：银行存款　　　　　　　　　　　　　300 000
　　贷：短期借款——某某金融机构　　　　　　300 000

假若企业采用预提利息办法，则每月（4 月、5 月、6 月）应预提利息 1500 元，编制会计分录如下：

借：财务费用——利息支出　　　　　　　1 500
　　贷：应付利息　　　　　　　　　　　　　1 500

到期还本付息，企业已累计预提利息 4500 元，而 7 月份应计算 14 天利息为 700 元（300000×6%/12×14/30＝700），不必再预提，可直接记入财务费用，编制会计分录如下：

借：短期借款——某某金融机构　　　　　300 000
　　应付利息　　　　　　　　　　　　　　4 500
　　财务费用——利息支出　　　　　　　　700
　　贷：银行存款　　　　　　　　　　　　　305 200

假若该企业不采用预提办法，而是将利息在支付时一次记入当期损益，则编制会计分录如下：

借：短期借款——某某金融机构　　　　　300 000
　　财务费用——利息支出　　　　　　　　5 200
　　贷：银行存款　　　　　　　　　　　　　305 200

3. 归还短期借款的处理

归还短期借款时，借记"短期借款"科目，贷记"银行存款"科目。

6.2.2 应付票据

应付票据是由出票人出票，由承兑人承诺在一定时期内支付一定金额的书面证明。在我国，应付票据是在商品购销活动中，由于采用商品业汇票结算的方式而发生的，由收款人或付款人（或承兑申请人）签发，承兑人承兑的票据。商业汇票按承兑人的不同分为商业承兑汇票和银行承兑汇票，适用于同城或异地结算，一般期限不超过 6 个月。

为了总括地反映监督应付票据的发生和偿还情况，会计上设置"应付票据"账户，企业开出承兑汇票或以承兑汇票抵付货款时，记入该账户贷方，借记"原材料"、"低值易耗品"、"库存商品"等账户；票据到期付款应借记本账户，贷记"银行存款"账户。

商业汇票按票面是否注明利率分为带息票据和不带息票据，在会计核算上应分别情况处理。

（1）带息票据的会计处理。应付票据若为带息票据，其应付利息在会计核算中有两种处理方法。

① 按期预提利息。企业按票据的票面价值和票据规定利率计算预提应付利息，借记"财务费用"，贷记"应付票据"。

② 利息支付时的处理。如果票据期限较短，且利息金额较小，为简化会计核算手续，可以在票据到期支付票据金额和利息时，将利息支出一次计入"财务费用"科目。

由于应付票据期限较短，最长承兑期不超过 6 个月，是否按期预提利息对损益计算影响不大，因此，我国的会计实务中一般采用第二种方法。

（2）不带息票据的处理。不带息票据，其面值就是票据到期时应支付的金额。有两种情况：一种是票据面值所载金额不含利息；另一种是面值中含有一部分利息，但票面上未注明利率。第一种情况，会计处理上按面值入账；第二种情况下，由于我国应付票据期限一般较短，利息不大，所以在会计实务中作为不带息票据核算，以面值入账。

现举例说明应付票据的会计核算。

【例 6-2】 南岗旅游企业于 4 月 15 日开出面值 117 000 元，于 5 月 15 日到期商业汇票一张。用于采购物料，采购价 100 000 元，增值税 17 000 元。

① 购入时，编制会计分录如下：

借：原材料——物料用品　　　　　　　　　　117 000
　　贷：应付票据　　　　　　　　　　　　　　　117 000

② 到期付款，编制会计分录如下：

借：应付票据　　　　　　　　　　　　　　　117 000
　　贷：银行存款　　　　　　　　　　　　　　　117 000

若为带息票据，到期付款时，企业除应支付票面金额外，还应支付利息。仍以上题为例，票面利率为 5%，则应付利息为 585 元。

① 购入时会计分录同前。

② 到期付款时，编制会计分录如下：

借：应付票据　　　　　　　　　　　　　　　117 000
　　财务费用——利息支出　　　　　　　　　　　585
　　贷：银行存款　　　　　　　　　　　　　　　117 585

若票据到期，企业账户中无款支付，则应将应付票据转入"应付账款"或"短期借款"中，以上题不带息票据为例，会计分录如下：

① 商业承兑汇票到期无款支付
借：应付票据　　　　　　　　　　　117 000
　　贷：应付账款　　　　　　　　　　　117 000
② 银行承兑汇票到期无款支付
借：应付票据　　　　　　　　　　　117 000
　　贷：短期借款　　　　　　　　　　　117 000

6.2.3 应付账款

应付账款是指因企业购买货物或接受劳务等而发生应付供应单位的款项。应付账款与应付票据是不同的，前者是尚未结清的债务，后者是延期付款的证明。

应付账款一般应按应付金额入额，而不应按到期应付金额的现值入账，如果购入资产形成应付账款是带有折扣〔现金折扣、销售折扣〕不影响账务处理。应付账款的入账金额确定有两种方法。

（1）总价法。即按发票上的记载的应付金额入账，如果在折扣期限内支付货款，所享受的购货折扣，应视为企业的理财收益，冲减当期财务费用。

（2）净价法。即按发票上记载的全部金额扣除最大折扣后的净额入账。如果企业超过折扣期付款，所丧失的折扣优惠，应视为企业资金调度不力，作为理财损失，计入财务费用。

我国一般采用总价法。

为了总括地反映忽然监督企业应付账款的发生和偿付，会计上设置"应付账款"账户。该账户核算企业因购买商品，材料，物资或接受劳务而应支付给供应者的款项。购入时借记"原材料"等相关账户。贷记本账户。付款时，借记本账户，贷记"银行存款"等相应账户。期末贷方余额表明应付未付款项。该账户应按客户分类设置明细账，进行分类核算。

现举例说明应付账款的会计核算。

【例6-3】　麻丘宾馆赊购原材料计30000元，发票标明折扣："2/10，n/20"，增值税5100元。
① 购入时，应编制会计分录如下：
借：原材料　　　　　　　　　　　　35 100
　　贷：应付账款　　　　　　　　　　　35 100
② 若10天内付款，则可享受折扣702元，编制会计分录如下：
借：应付账款　　　　　　　　　　　35 100
　　贷：银行存款　　　　　　　　　　　34 398
　　　　财务费用　　　　　　　　　　　　　702

③ 若10天后付款，则丧失折扣的优惠，编制会计分录如下：

借：应付账款　　　　　　　　　　　35 100
　　贷：银行存款　　　　　　　　　　　35 100

应付账款一般应在较短的期限内支付，有些应付账款由于债权单位撤消或其他原因使企业无法支付这笔应付款项，则将此款项直接记入资本公积。

仍以上题为例，若到期该笔款项无法支付，则编制会计分录如下：

借：应付账款　　　　　　　　　　　35 100
　　贷：资本公积——其他资本公积　　　35 100

6.2.4　其他应付款

其他应付款是指企业经营过程中发生的除应付账款、应付职工薪酬、应交税费等以外的其他各种应付或暂收其他单位或个人的款项，如应付租入固定资产和包装物租金，应付统筹退休金等。

为了总括地反映其他暂收及应付款项的发生，支付等情况，会计上设置"其他应付款"账户，该账户的贷方登记发生的各种其他暂收，应付款项，借方登记各种款项的偿付或转销，贷方余额反映应付未付款项，该账户应按应付，暂收等款项的类别或单位或个人设置明细账，进行分类核算。

现举例说明其他应付款的会计核算。

【例6-4】　中门宾馆20××年4月份发生下列其他应付款项：

（1）销售啤酒100箱，售价46.8元，收包装物押金200元，则编制会计分录如下：

借：银行存款　　　　　　　　　　　4 880
　　贷：主营业务收入　　　　　　　　　4 680
　　　　其他应付款——××单位押金　　200

（2）代扣职工本月应交水电费3 100元，编制会计分录如下：

借：应付职工薪酬　　　　　　　　　3 100
　　贷：其他应付款——代扣水电费　　　3 100

（3）月末收回包装物，退还押金及上缴水电费，编制会计分录如下：

借：其他应付款　　　　　　　　　　3 300
　　贷：银行存款　　　　　　　　　　　3 300

6.2.5　应付职工薪酬

应付职工薪酬是企业对职工个人的一项负债，实际企业使用职工的知识、技能、时间和精力而给予职工的一种补偿。会计核算上设置"应付职工薪酬"科目进行反映，包括在工资总额内的各种奖金、津贴、补贴等，不论是否本月支付，都应通过本科目核算。分配工资费用时，贷记本科目；发放工资时，借记本科目。

1. 工资总额

工资总额是单位在一定时间内支付给本单位全部在职职工的劳动报酬，工资总额组成的具体内容，按照国家统计局1989年第1号令发布《关于职工工资组成的规定》由下列6个部分组成。

（1）计时工资。
（2）计件工资。
（3）奖金，指支付给职工的超额劳动报酬和增收节支的劳动报酬。
（4）津贴和补贴，是指为了补偿职工特殊或额外劳动消耗和因其他特殊原因支付给职工的津贴，以及为了保证职工工资水平不受物价影响支付给职工的物价补贴。
（5）加班加点工资，是指按规定支付的加班工资和加点工资。
（6）特殊情况下支付的工资，包括：

① 根据国家法律、法规和政策规定，因病、工伤、产假、计划生育、婚丧假、事假、探亲假、定期休假、停工学习、执行国家或社会义务等原因，按计时工资标准或计时工资标准的一定比例支付的工资；

② 附加工资，保留工资。

2. 工资发放

旅游企业的工资形式一般以计时工资为主，企业以人事，劳动工资部门的职工录用，考勤，调动，工资级别调整和工资津贴变动情况的书面凭证作为工资核算的依据。

应付职工薪酬＝工资总额－事假应扣工资－病假应扣工资

但企业发给职工的工资，不一定是职工实际应得工资的全部，有些必须由职工个人负担的费用，需要由企业代扣代缴，如企业为职工代垫房租，水电费等。因此实发工资计算公式如下：

实发工资＝应发工资－代扣代缴款项

发放工资时，借"应付职工薪酬——工资"账户，贷记"现金"账户。

3. 工资分配

对于本月应发放的工资，在月份终了时都要进行分配，计入有关费用。工资应按照职工所在的岗位进行分配。如从事经营的职工，其工资应构成企业的经营费用，管理人员工资应计入管理费用，在建工程人员工资计入在建工程成本等。

现举例说明工资发放和分配的会计核算。

【例6-5】 南岗旅游公司本月发生下列工资支出事项：业务部门人员工资30000元，

管理部门人员工资 8000 元，基建工程人员工资 12000 元，其中代扣职工水电费 3500 元。

（1）本月从银行提取现金，编制会计分录如下：

借：现金　　　　　　　　　　　　　　　　46 500
　　贷：银行存款　　　　　　　　　　　　　46 500

（2）发放工资，编制会计分录如下：

借：应付职工薪酬——工资　　　　　　　　50 000
　　贷：现金　　　　　　　　　　　　　　　46 500
　　　　其他应付款——水电费　　　　　　　3 500

（3）月份终了将应付职工薪酬进行分配，计入相关费用，编制会计分录如下：

借：销售费用　　　　　　　　　　　　　　30 000
　　管理费用　　　　　　　　　　　　　　 8 000
　　在建工程　　　　　　　　　　　　　　12 000
　　贷：应付职工薪酬——工资　　　　　　　50 000

6.2.6　应付职工薪酬——应付福利费

应付职工薪酬——应付福利费是企业准备用于职工福利方面的资金，这是企业使用了职工的劳动，技能，知识等以后，除了有义务承担必要的劳动报酬外，还必须负担对职工个人福利方面的义务。

我国企业中按规定用于职工福利方面的资金来源，包括从费用中提取和税后利润中提取。从费用中提取的职工福利费，按工资总额的 14% 计提，主要用于职工个人福利，在会计核算上将其作为一项负债反映；而税后利润中提取的职工福利费在会计核算上作为所有者权益，用于集体福利。

为了总括地反映和监督职工福利费的提取和使用情况，会计账设置"应付职工薪酬——应付福利费"账户，该账户贷方登记职工福利费的提取数，借方登记使用数，期末余额一般在贷方，表示企业已提取尚未使用的职工福利费的结存数。如果余额在借方，则反映企业福利费的超支数。

按工资总额 14% 计提的福利费，应按照职工所在岗位分配。从事经营业务的人员的福利费计入营业成本，在建工程人员的福利费应计入在建工程成本，行政管理人员的福利费应计入管理费用。

现举例说明应付职工薪酬——应付福利费的计提，使用和分配的会计核算。

【例 6-6】　后房大酒店 2007 年 4 月份工资表中，业务人员工资 30000 元，在建工程人员工资 12000 元，管理人员工资 8000 元，按工资总额 14% 计提福利费。编制会计分录如下：

1. 计提分配时

借：销售费用　　　　　　　　　　　　4 200
　　在建工程　　　　　　　　　　　　1 680
　　管理费用　　　　　　　　　　　　1 120
　　贷：应付职工薪酬——应付福利费　　　7 000

2. 实际使用时

借：应付职工薪酬——应付福利费　　　7 000
　　贷：现金〔银行存款〕　　　　　　　7 000

6.2.7 应付利息

应付利息核算企业按照合同约定应支付的利息，包括分期付息到期还本的长期借款、企业债券应支付的利息。企业应当设置"应付利息"科目，按照债权人设置明细科目进行明细核算，该科目期末贷方余额反映企业按照合同约定应支付但尚未支付的利息。

【例 6-7】 企业借入 5 年期到期还本每年付息的长期借款 5000000 元，合同约定年利率为 3.5%，假定不符合资本化条件。该企业的有关会计处理如下：

（1）每年计算确定利息费用：

借：财务费用　　　　　　　　　　　17 5000
　　贷：应付利息　　　　　　　　　　175 000

企业每年应支付的利息=5000000×3.5%=175000（元）

（2）每年实际支付利息时：

借：应付利息　　　　　　　　　　　17 5000
　　贷：银行存款　　　　　　　　　　175 000

6.2.8 应付股利

应付股利是指企业根据股东大会或类似机构审议批准的利润分配方案分配给投资者的现金股利或利润。企业通过"应付股利"科目，核算企业确定或宣告支付但尚未实际支付的现金股利或利润。该科目贷方登记应支付的现金股利或利润，借方登记实际支付的现金股利或利润，期末贷方余额反映企业应付未付的现金股利或利润。该科目应按投资者设置明细科目进行明细核算。

企业根据股东大会或类似机构审议批准的利润分配方案分配，确认应付给投资者的现金股利或利润时，借记"利润分配——应付现金股利或利润"科目，贷记"应付股利"科目；向投资者实际支付现金股利或利润时，借记"应付股利"科目，贷记"银行存款"

等科目。

【例 6-8】 南岗旅游有限责任公司 2007 年实现净利润 800000 元，经董事会批准，决定 2007 年分配股利 5000000 元。股利已经用银行存款支付。南岗旅游有限责任公司的有关会计处理如下：

借：利润分配——应付现金股利或利润　　　5 000 000
　　贷：应付股利　　　　　　　　　　　　　　　　5 000 000
借：应付股利　　　　　　　　　　　　　　　5 000 000
　　贷：银行存款　　　　　　　　　　　　　　　　5 000 000

此外，需要说明的是，企业董事会或类似机构通过的利润分配方案中拟分配现金股利或利润，不做账务处理，不作为应付股利核算，但应在附注中披露。企业分配的股票股利不通过"应付股利"科目核算。

6.2.9 应交税费

税金是企业在经营过程中，按照国家税法规定向国家缴纳的一部分纯收入，是国家积累资金的主要来源之一。

旅游企业作为纳税义务人，按照现行税法规定，企业应缴纳的主要税费有：营业税、消费税、增值税、城市维护建设税、房产税、车船使用税、土地使用税、教育附加、矿产资源补偿费、印花税、所得税、耕地占用税等。

企业应通过"应交税费"科目，总括反映各种税费的交纳情况，并按照应交税费项目进行明细核算。该科目贷方登记应交纳的各种税费等，借方登记实际交纳的税费；期末余额一般在贷方，反映企业尚未交纳的税费，期末余额如在借方，反映企业多交或尚未抵扣的税费。旅游企业缴纳的印花税、耕地占用税不需要预计应交数的税金，不通过"应交税费"科目核算。

1. 营业税、城市维护建设税和教育附加

（1）营业税是指在我国境内提供劳务、转让无形资产或销售不动产的单位和个人按其营业收入征收的一种税。饭店、旅馆等企业应按营业收入计征营业税，旅行社应按营业收入净额〔营业收入扣除代收代缴房费、餐费和车费等〕计征营业税。旅游服务业率一般为5%，娱乐业的营业税税率为 5%～20%。

营业税应纳税额计算公式：

营业税应纳税额＝营业收入合计×适应税率

（2）城市维护建设税是国家为了扩大和稳定城市乡镇公共设施和基础建设，对享用市政设施的企业，以其应纳营业税、消费税和增值税为计税依据征收的一种地方税。因此，城市维护建设税，因企业所在地的不同而以不同的税率计征，并与营业税、消费税和增值税同时缴纳。城市维护建设税税率如下:纳税人所在地在市区,税率为7%,纳税人所在地在县城、镇的,税率为5%,纳税人所在地不在市县城、镇的,税率为1%。

城市维护建设税额计算公式:

城市维护建设税额=(营业税额+消费税额+增值税额)×适应税率

为了总括地反映和监督营业税的交纳情况,会计设置"应交增值税"、"应交营业税"和"应交城市维护建设税"等明细科目核算。这些本科目贷方发生额反映企业应交钠的税费,借方余额则表示多交税款金额。

城市维护建设税发生时,一并借记"营业税金及附加",记入当期费用。

(3)教育费附加

在实际工作中,与上述两项税金同时缴纳的还有教育费附加,它是以各单位和个人实际缴纳的增值税、营业税和消费税的税额为计征依据,教育费附加率为3%。教育费附加是国家为了发展我国的教育事业,提高人民文化素质而征收的一项费用。

教育费附加额计算公式:

教育费附加额=(营业税额+消费税额+增值税额)×适应税率

教育费附加列在"应交税费"科目下设置"应交教育费附加"明细科目。企业按规定计提教育费附加,借记"营业税金及附加",贷记本科目,交纳时,借记本科目,贷记"银行存款"科目。

现举例说明营业税、城市维护建设税和教育费附加发会计核算。

【例6-9】 麻丘旅馆2007年4月份主营业务收入为120000元,营业税税率为5%,城市维护建设税税率为7%,教育费附加率为3%。该旅馆以1个月为纳税期限。

3个项目计算如下:120000×5%=6000

6000×7%=420

6000×3%=180

合计   6600

① 4月30日,预提应交营业税与应交城市维护建设税,编制会计分录如下:

借:营业税金及附加   6 600
　　贷:应交税费——应交营业税   6 000
　　　　　　　——应交城市维护建设税   420
　　　　　　　——应交教育费附加   180

② 5月份纳税申报,并用银行存款缴纳,编制会计分录如下:

借:应交税费——应交营业税   6 000
　　　　　——应交城市维护建设税   420
　　　　　——应交教育费附加   180
　　贷:银行存款   6 600

2. 增值税

增值税是指对在我国境内销售货物或提供加工、修理修配劳务，以及进口货物的单位和个人，就其取得的货物或应劳务销售额以及进口货物金额计算税款，并实行税款抵扣的一种流转税。旅游服务企业从事的商品购销业务应缴纳增值税。

增值税的纳税人分为一般纳税人和小规模纳税人两种。小规模纳税人是指年销售在财政部门规定数额以下、会计核算不健全的纳税人，除此之外的应纳增值税纳税人为一般纳税人。它们的核算方法是不同的。小规模纳税人按4%的征收率计征增值税，购进商品时，增值税计入成本，不得抵扣。一般纳税人购进商品时，按专用发票上列明的税款，借记"应交税费-应交增值税（进项税额）"账户。

旅游服务企业主要以零售业务为主，在销售商品是一般填制普通发票或不填发票，商品的售价中已包含了增值税额，取得的销售收入也是含税收入。增值税是价外税，因此，在月末将含税收入调整为不含税的销售额，因此作为计税依据计算销项税额，其计算公式如下：

不含税销售额＝含税销售收入÷（1＋增值税税率）
销项税额＝销售额×增值税税率
应纳税额＝销项税额－进项税额

【例6-10】 麻丘宾馆本月购入饮料，共计100000元，进项税17000元，销售额128700元，购入彩电10台，单价2600元，共计26000元，进项税额4420元，用于职工福利购入啤酒等共计8000元。其中，彩电用于固定资产购置，用福利购入啤酒都不计增值税。只有饮料计算增值税，其增值税计算如下：

不含税销售额＝128700÷（1＋17%）＝110000元
销项税额＝110000×17%＝18700元

（1）月末计算销项税额，编制会计分录如下：

借：银行存款　　　　　　　　　　　　　　18 700
　　贷：应交税费——应交增值税（销项税额）　　18 700

（2）根据规定可予以抵扣的进项税额为17000元，因此缴纳增值税的会计分录为：

借：应交税费——应交增值税（已交税金）　　17 000
　　贷：银行存款　　　　　　　　　　　　17 000

3. 产税、车船使用税、土地使用税、印花税

房产税是指拥有房产的企业按其计税价值（余额或出租收入）征收的一种税。房产税依照房产原值一次扣除10%至30%的余额按1.2%的比例计算，分季交纳。

车船使用税由拥有并使用车船的单位和个人交纳。

土地使用税是国家为了合理利用城镇土地，调节土地级差收入，提高土地使用效益，

加强土地管理而开征的一种税。土地使用税以纳税人实际占用的土地面积为计税依据。

印花税是对书立、领受购销合同等凭证为征收的税款，实行由纳税人自行计算应纳税额，购买并一次贴足印花税票的办法。

房产税、车船使用税、土地使用税也通过"应交税费"账户核算。发生时，借记"管理费用"，贷记"应交税费——应交房产土地税、车船使用税"，而印花税采用由纳税人一次购买并贴足印花税票的纳税办法，因此在购买时借记"管理费用"，贷记"银行存款"。

4. 所得税

企业所得税是国家以企业的应纳税所得额为课税对象征收的一种税。它是国家以社会管理者身份参与企业收益分配的一种形式。这里的应纳税所得额是指企业收入总额按规定扣减有关项目后的计税所得，其计算公式如下：

纳税所得额=收入总额－（或＋）准予调整项目金额

应纳所得税额=纳税所得额×税率

收入总额包括生产经营收入、财产转让收入、利息收入、租赁收入、特许权使用费收入、股息收入。准予扣除项目包括成本、费用、税金和损失。不得扣除项目包括资本性支出、无形资产受让、开发支出，违法经营的罚款和被没收财务的损失，各项税收的滞纳金、罚金和罚款，自然灾害或者意外事故损失有赔偿的部分，超过国家规定允许扣除的公益、救济性的捐赠以及非公益、救济性的捐赠，各种赞助支出，与取得收入无关的其他各项支出。

【例6-11】 塘口宾馆2月份实现利润200000元，以超规定支出与罚没支出30000元，国债利息收入10000元，所得税率35%。其中，超规定支出与罚没支出应交所得税，而国债利息不计税，故计算应纳税所得额220000元（200000+30000－10000）。

编制会计分录如下：

借：所得税　　　　　　　　　　　　　　77 000
　　贷：应交税费——应交所得税　　　　　　77 000

5. 代扣代缴职工个人所得税

企业按规定计算的代扣代交的职工个人所得税，借记"应付职工薪酬"科目，贷记"应交税费——应交个人所得税"科目，贷记"银行存款"等科目。

【例6-12】 南岗旅游有限责任公司本月应付职工工资总额为200000元，代扣职工个人所得税共计2000元，实发工资198000元。有关会计分录如下：

借：应付职工薪酬——工资　　　　　　　2 000
　　贷：应交税费——应交个人所得税　　　　2 000

6.3 长期负债的核算

长期负债,又称非流动负债,它是指流动负债以外的负债,通常是指偿还期在一年内或超过一年的一个营业周期以上的债务,对于企业所有者来说,举借长期负债有以下几个方面的好处:

(1) 保证了控股权,若发行股票,则他们的控股权会因新股东的加入而减弱;
(2) 长期负债的资金成本较低,且不享受企业的额外利润;
(3) 长期负债的利息有抵税作用。

但长期负债也按合同或协议的规定承担固定的利息支出,且在到期还本前还要准备足够的资金。

长期负债主要有长期借款、应付债券、长期应付款。

6.3.1 长期借款

1. 长期借款的概念及来源

长期借款是按照国家规定向银行或其他单位借入的偿还期在一年以上的各种借款,一般用于购建固定资技术改造等资本性支出。主要来源有国家金融机构如银行等,还有投资公司、财务公司等。

2. 长期借款的账务处理

为了总括地反映和监督长期借款的借入以及本息的归还情况,会计上设置"长期借款"账户,该账户用来核算企业借入的期限在一年以上的各种借款。该账户贷方登记借款本息的增加数,借方登记借款本息的归还数,期末贷方余额反映尚未归还的借款本息,该账户应按借出单位设置明细账,分类核算。

对于长期借款的利息支出和有关费用以及外币借款的折算差额应分别情况处理。

(1) 属于筹建期间的长期借款,借记"长期待摊费用"贷记"长期借款"科目,于生产经营开始当月依次转入损益。

(2) 属于购建固定资产的专门借款有关的借款费用,在固定资产尚未交付使用,或者虽已交付使用按尚未办理竣工结算之前发生的,计入固定资产购建成本,固定资产办理竣工决算以后发生的,计入当期损益。

(3) 于生产经营期间的,计入财务费用,借记"财务费用"科目,贷记"长期借款"。

【例 6-12】 2001 年底开办的南岗旅游公司借入长期借款 100 万元,期限 15 年,年利率 12%。其中筹建期间用去了 20 万元,负担 2 个月利息,280 万元用于 2002 年 1 月购入固定资产,且于 2002 年 4 月底交付使用。

① 借入时,编制会计分录如下:
借:银行存款　　　　　　　　　1 000 000
　　贷:长期借款　　　　　　　　　　1 000 000
② 筹建期间借款利息支出4000元(200000×2×12%/12),编制会计分录如下:
借:长期待摊费用——开办费　　　4 000
　　贷:长期借款　　　　　　　　　　4 000
③ 购建固定资产投入使用前的利息支出32000元,编制会计分录如下:
借:固定资产　　　　　　　　　　32 000
　　贷:长期借款——应付利息　　　　32 000
④ 该公司开办及以后固定资产投入使用后,利息支出按月计提10000元(1000000×12%/12),记入当期财务费用,编制会计分录如下:
借:财务费用——利息支出　　　　10 000
　　贷:长期借款——应付利息　　　　10 000
⑤ 到期还本付息,编制会计分录如下:
借:长期借款　　　　　　　　　1 000 000
　　长期借款——应付利息　　　　1 800 000
　　贷:银行存款　　　　　　　　　　2 800 000

6.3.2 应付债券

债券是企业筹集长期使用资金而发行的一种书面凭证,通过凭证上所记载的利期限等,表明企业许诺在未来某特定日期还本付息。企业发行的超过一年或一年以上一个营业周期偿还的债券,构成了企业的一项长期负债。

为了总括地反映和监督应付债券的发归还和付息情况,会计上设置"应付债券"账户进行核算,该账户贷方登记应付债券本息,借方登记归还债券本息,期末余额在贷方,反映企业发行尚未归还的债券本息。本账户下设债券面债券折价和应计利息4个二级明细科目。

1. 债券的发行价格

企业发行债券时,除了受当时的市场利率、供求关系影响外,还受到票面利率、企业信誉、企业期限等方面的影响,为了协调债券购销双方在债券利息上的利益,就要对债券的发行进行调整。所以,债券的发行分为面值发行、溢价发行和折扣发行三种。

(1) 面值发行。当债券票面利率等于市场利率时,债券的发行价格等于面值,称为面值发行。

(2) 溢价发行。当债券面值利率高于市场利率时,可按超过债券票面值的价格发行。这种按超过票面价值的价格发行,称为溢价发行。溢价发行表明企业因以后各期多付利息而事先获得的报酬。

(3) 折扣发行。当债券票面利率低于市场利率,以可按低于债券票面价值的价格发行。这种低于债券票面价值的价格发行称为折价发行。折价发行表明企业因以后各期少付给投资者的利息而给予其价格上的补偿。

无论是面值发行,还是溢价或折价发行,均应按债券面值贷记"应付债券"科目。

【例 6-13】 南岗旅游公司 2007 年 4 月份发行 5 年期债券,票面利率为 8%,到期一次还本付息。会计分录如下:

① 若根据市场利率计算债券发行价格,则该债券为面值发行,编制会计分录如下:

借:银行存款　　　　　　　　　　　　1 000 000
　贷:应付债券——债券面值　　　　　　　　　1 000 000

② 若该债券发行价格为 1 200 000 元,则为溢价发行,编制会计分录如下:

借:银行存款　　　　　　　　　　　　1 200 000
　贷:应付债券——债券面值　　　　　　　　　1 000 000
　　　应付债券——债券溢价　　　　　　　　　　200 000

③ 若该债券发行价格为 800000 元,则为折价发行,编制会计分录如下:

借:银行存款　　　　　　　　　　　　　800 000
　　应付债券——债券折价　　　　　　　　200 000
　贷:应付债券——债券面值　　　　　　　　　1 000 000

2. 债券折价、溢价的摊销和利息核算

债券溢价属于应付债券成本的减项,债券折扣属于应付债券的成本。债券溢价、折扣摊销就是指债券溢价应逐期在利息费用中扣除,债券折扣价应逐期转作利息费用。债券转销主要有直线法和实际利率摊销法。

在核算中,如果发行债券筹集的资金是用于购建固定资产,则应付债券上的应利息、溢价或折价的摊销以及支付债券发行手续费和印刷费,在资产尚未达到使用状态前计入在建工程成本,在固定资产交付使用后计入"财务费用"。债券上的应计利息,应按权责发生制原则按期预提,一般可按年计提。债券溢价、折价在存续期内摊销一般采用直线法。

(1) 若按面值发行,每年应提利息 80000 元,编制会计分录如下:

借:财务费用——利息支出　　　　　　　80 000
　贷:应付债券——应付利息　　　　　　　　　80 000

(2) 若发行价格为 1200000 元,则:

每年应计债券利息=1000000×8%=80000 元
每年应摊销溢价=200000÷5=40000 元
每年应负担费用=80000-40000=40000 元

编制会计分录如下：

借：财务费用（或在建工程） 40 000
　　应付债券——债券溢价 40 000
　　贷：应付债券——应计利息 80 000

（3）若发行价格为 800000 元，则：
每年应计债券利息＝1000000×8%＝80000 元
每年应计摊销折价＝200000÷5＝40000 元
每年应计利息和费用＝80000＋40000＝120000 元
编制会计分录如下：

借：财务费用（在建工程） 120 000
　　贷：应付债券——应付利息 80 000
　　　　应付债券——债券折价 40 000

3. 债券偿还

（1）到期偿还

到期偿还时，债券的溢价和折价也会转销完毕，所以对于一次还本付息债券来说，应付债券账户下应付金额就是"应计利息"与"债券面值"，偿还时，借记"应付账款"科目下"应计利息"和"债券面值"，贷记"银行存款"。

（2）提前偿还

提前偿还是指债券发行后，未到偿还日而归还的本金。提前偿还一般有两种情况：一种是发行债券时就规定，债券发行单位有提前偿还权；另一种是债券属上市交易的，债券单位通过证券市场回购自己的债券，从而达到提前偿还的目的。在核算中应注意将提前偿还债券的溢价或折价未转销部分注销，在提前偿还业务中，多付或少付的利息费用应计入财务费用中。

现阶段，我国大部分企业债券为到期一次还本付息债券，所以每年只计提费用而不立即支付。因此，在会计上设置"应付债券——应计利息"明细账户用来核算利息费用，每年计息时计入该账户的贷方，到期时连同本金一次支付时，借记本科目。

现以上题为例说明债券到期偿还的会计核算。

该债券到期后，累计计提利息费用为 400000 元，即"应付债券——应计利息"账户金额 400000 元，编制会计分录如下：

借：应付债券——债券面值 1 000 000
　　应付债券——应付利息 400 000
　　贷：银行存款 1 400 000

6.3.3 长期应付款

企业发生的除了长期借款和应付债券以外的长期负债，应设置"长期应付款"科目进行核算。长期应付款包括补偿贸易引进设备应付款、融资租入固定资产应付款。

1. 补偿贸易引进设备款

补偿贸易是从国外引进设备，再用该设备生产的产品或提供的服务归还设备价款。一般情况下，设备的引进和偿还设备没有现金的流出和流入。在会计核算上，企业在引进设备时，按设备价款、运杂费、保险费等借记"固定资产"，贷记"长期应付款"账户，另一方面以产品或劳务偿还设备款时，作为企业销售收入处理。现举例说明补偿贸易引进设备款的会计核算。

【例 6-14】 朱山游乐场从法国引进一套设备，价款折合人民币 2000000 元（不需要安装可直接使用），游乐场将在以后 4 年内向该国提供 10000 人次的服务，每人次 500 元，偿还该设备价款。

（1）引进该设备时，编制会计分录如下：

借：固定资产　　　　　　　　　　　　　　　2 000 000
　　贷：长期应付款——补偿贸易引进设备款　　　　2 000 000

（2）以后 4 年每年提供 1000 人次的服务，编制会计分录如下：

借：应收账款　　　　　　　　　　　　　　　500 000
　　贷：主营业务收入　　　　　　　　　　　　　500 000

（3）第一年用提供服务的应收账款偿还补偿贸易引进设备款，编制会计分录如下：

借：长期应付款——补偿贸易引进设备应付款　　500 000
　　贷：应收账款　　　　　　　　　　　　　　　500 000

2. 融资租入固定资产

融资租入固定资产是指企业通过分期支付租赁费取得设备的使用权。企业租入设备后定期支付租赁费，期满后，付一笔很小的代价即名义价格，即可取的固定资产的所有权，企业融资租入固定资产在期满前，虽然从法律形式上未取得该项资产的所有权，但从交易的实质上，由于租赁资产的一切风险和报酬都已转移给承租方，因此，会计上把融资租入固定资产视同自有固定资产核算，同时将取得的融资，作为一项负债反映。

会计上在"长期应付款"下设置"应付融资租入固定资产租赁费"明细账户，该账户贷方登记应支付的租赁费，借方登记企业支付的租赁费，期末贷方余额反映尚未支付的租赁费。

按规定，企业以融资租入固定资产，按照租赁协议或者合同确定的价款加上运输费、途中保险费、安装调试费以及投产使用前的利息支出长期应付款也包括这些内容。

【练习题】

1. 名词解释
   (1) 流动负债　　　(2) 非流动负债　　　(3) 应付职工薪酬
   (4) 应付票据　　　(5) 补偿贸易

2. 选择题
   (1) 负债是指过去的交易或事项形成的、预期会导致经济利益流出企业的（　　）义务。
   　　A. 过去　　　B. 现时　　　C. 期间　　　D. 未来
   (2) 应付票据是由（　　）出票，由承兑人承诺在一定时期内支付一定金额的书面证明。
   　　A. 收款人　　B. 出票人　　C. 付款人　　D. 客户
   (3) 应付账款一般应按（　　）金额入账，而不应按到期应付金额的现值入账，如果购入资产形成应付账款是带有折扣（现金折扣、销售折扣）不影响账务处理。
   　　A. 应收　　　B. 未来值　　C. 应付　　　D. 现值
   (4) 长期负债按合同或协议的规定（　　）固定的利息支出，且在到期还本前还要准备足够的资金。
   　　A. 不负责　　B. 接受　　　C. 承担　　　D. 收取
   (5) 会计上把融资租入固定资产（　　）自有固定资产核算，同时将取得的融资，作为一项负债反映。
   　　A. 视同　　　B. 不是　　　C. 也是　　　D. 就是

3. 判断题
   (1) 负债，可分为流动负债和非流动负债两类。　　　　　　　　　　　　　　（　　）
   (2) 企业借入的各种短期借款，借记"短期借款"科目，贷记"银行存款"科目。
   　　　　　　　　　　　　　　　　　　　　　　　　　　　　　　　　　　（　　）
   (3) 应付账款一般应在较短的期限内支付，有些应付账款由于债权单位撤消或其他原因使企业无法支付这笔应付款项，则将此款项直接记入资本公积。　　　　　（　　）
   (4) 教育费附加额＝（营业税额）×适应税率　　　　　　　　　　　　　　　（　　）
   (5) 在核算中，如果发行债券筹集的资金是用于购建固定资产，则应付债券上的应利息、溢价或折价的摊销以及支付债券发行手续费和印刷费，在资产尚未达到使用状态前不能计入在建工程成本。　　　　　　　　　　　　　　　　　　　　　　　（　　）

4. 问答题
   (1) 什么是负债？包括哪些内容？
   (2) 流动负债包括哪些种类？

（3）什么是短期借款？应如何对其进行核算？
（4）应交税费主要包括那些项目？核算的内容是什么？
（5）工资总括包括哪些内容？应如何进行工资费用分配和工资发放的核算？
（6）应付职工薪酬——应付福利费的计提与使用应如何进行核算？
（7）商业汇票可分为哪几种？它们有什么区别？在会计张应如何进行核算？
（8）什么是长期负债？它包括哪几部分？与短期负债有何区别？
（9）什么是长期借款？长期借款的利息支出和有关费用如何处理？
（10）什么是应付债券？应付债券包括哪些基本要素？
（11）简述应付债券核算的主要内容。

5．综合题

（1）习题一

① 目的：练习流动负债的核算。

② 资料：东方饭店200×年7月份发生有关流动负债业务如下：

- 采购食品原材料，共应支付货款6700元，材料已验收入库，货款尚未支付。
- 开出并承兑商业汇票一张，面值28000元，用以购入电子设备，设备不需要安装，已投入使用。
- 从银行取得为期3个月的短期借款120000元，已转入企业账户。
- 预提本期短期借款利息1800元。
- 开出并经银行承兑商业汇票一张，期限6个月，年利率12%，面值56000元，用以抵付前欠货款。
- 分配本月工资费用，其中餐饮部职工工资58700元，客房部职工工资47500元，商品部职工工资28400元，管理部门职工工资为46000元。
- 按工资总额的14%提取职工福利费。
- 发放本月职工工资17100元，同时代扣应由职工个人负担的水电费9600元。
- 报销职工医疗费1920元，以现金支付。

③ 要求：根据上述业务编制会计分录。

（2）习题二

① 目的：练习应付债券的核算。

② 资料：某酒店发行债券资料如下：

发行3年债券1200000元，票面利率为年息12%，计划每半年付息一次。

③ 要求：

- 若发行时的市场利率为12%，计算债券的发行并作出债券发行、利息处理和到期偿还本金和利息的会计处理。
- 若发行时的市场利率为10%，计算债券的发行并作出债券发行、利息处理和到期偿还本金和利息的会计处理。

- 若发行时的市场利率为 14%，计算债券的发行并作出债券发行、利息处理和到期偿还本金和利息的会计处理。〔以上三题中，溢价和折价的摊销采用直线法〕。

提示：折价或溢价＝发行价－面值

发行价＝年利息×年金现值系数＋面值×普通现值系数＝年利息×〔P／A,r,n〕＋面值×〔P／S,r,n〕

〔P/A,10,3〕＝2.4869　　〔P/S,10,3〕＝0.7513
〔P/A,12,3〕＝2.4018　　〔P/S,12,3〕＝0.7118
〔P/A,14,3〕＝2.3216　　〔P/S,14,3〕＝0.6750

第7章 所有者权益的核算

【内容提要】

所有者权益来源于所有者投入的资本、直接计入所有者权益的利润和损失、留存收益等。直接计入所有者权益的利得和损失，是指不应计入当期损益、会导致所有者权益发生增减变动、与所有者投入资本或者向所有者分配利润无关的利得或者损失。

所有者权益可分为实收资本（股本）、资本公积、盈余公积和未分配利润等部分。其中，盈余公积和未分配利润统称为留存收益。

【学习目标】

➢ 熟悉所有者权益的核算内容。
➢ 了解利润分配的程序。
➢ 掌握所有者权益账务处理。

7.1 所有者权益概述

7.1.1 所有者权益的含义

所有者权益，是企业投资者对企业净资产的所有权，也就是以资产总值抵减负债后剩余资产的所有权。就其形成而言，除所有者投入资本与资本公积外，主要来源于企业的经营积累。企业获利时，其净资产增加，投资者的权益也随之增加，反之亦然。由于这种权益的存在，使企业所有者享有分配企业现金或财产的权利，也享有企业最终清算时对剩余资产的要求权，以及出售或转让企业产权等多方面权利。

7.1.2 所有者权益与债权人权益的区别

所有者权益和负债都是对企业资产的要求权，均形成企业资金的来源，但是二者却存在着本质的区别。主要区别如下。

（1）对象不同。负债是对债权人负担的经济责任；所有者权益是对投资人负担的经济责任。

（2）性质不同。负债是在经营或其他事项中发生的债务，是债权人对其债务的权利；

所有者权益是对投资人对投入资本及其投入资本的运用所产生的盈余（或亏损）的权利。

（3）偿还期限不同。负债必须于一定时期（或特定日期或确定的日期）偿还；所有者权益一般只有在企业解散清算时（除按法律程序减资等外），其破产财产在偿付了破产费用、债权人的债务等以后，如有剩余资产，才可能还给投资者，在企业持续经营的情况下，一般不能收回投资。

（4）享受的权利不同。债权人只享有收回债务本金和利息的权利，而无权参与企业收益分配；所有者权益在某些情况下，除了可以获得利益外，还可以参与经营管理。

7.1.3 所有者权益的构成

所有者权益作为投资者对企业净资产的所有权，它的数量及结构随着企业的生产经营性质及生产规模的变化而变化。为了提供更全面更有价值的有关所有者权益方面的会计信息，有必要将所有者权益进行适当分类。《企业会计准则》将所有者权益分为投入资本、资本公积和留存收益等三大类。

7.2 实收资本

我国有关法律规定，投资者设立企业首先必须投入资本。《企业法人登记管理条例》规定，企业申请开业，必须具备国家规定的与其生产经营和服务规模相适应的资金。为了反映和监督投资者投入资本的增减变化情况，企业必须按照国家统一的会计制度的规定进行实收资本的核算，真实地反映所有者投入企业资本的状况，维护所有者各方在企业的权益。除股份有限公司以外，其他各类企业应通过"实收资本"科目核算，股份有限公司应通过"股本"科目核算。

企业收到所有者投入企业的资本后，应根据有关原始凭证（如投资清单、银行通知单等），分别不同的出资方式进行会计处理。

1. 接受现金资产投资

（1）股份有限公司以外的企业接受现金资产投资

【例7-1】 甲、乙、丙共同投资设立南岗旅游有限责任公司，注册资本为2000000元，甲、乙、丙持股比例分别为60%、25%和15%。按照章程规定，甲、乙、丙投入资本分别为1200000元、500000元和300000元。南岗旅游有限责任公司在进行会计处理时，应编制会计分录如下：

借：银行存款	2 000 000
贷：实收资本——甲	1 200 000
——乙	500 000
——丙	300 000

实收资本的构成比例即投资者的比例或股东的股份比例，是确定所有者在企业所有者权益所占的份额和参与企业财务经营决策的基础，也是企业进行利润分配或股利分配的依据，同时还是企业清算时确定所有者对净资产的要求权的依据。

（2）股份有限公司接受现金资产投资

股份有限公司发行股票时，既可以按面值发行股票，也可以溢价发行（我国目前不准许折价发行）。股份有限公司在核定的股本总额及核定的股份总额的范围内发行股票时，应在实际收到现金资产时进行会计处理。

【例 7-2】 乐圩股份有限公司发行普通股 10 000 000 股，每股面值 1 元，每股发行价格 5 元。假若股票发行成功，股款 50 000 000 元已全部收到，不考虑发行过程中的税费等因素。根据上述资料，乐圩股份有限公司应作如下会计处理：

应记入"资本公积"科目的金额=50 000 000－10 000 000=40 000 000（元）

编制会计分录如下：

借：银行存款	50 000 000
贷：股本	10 000 000
资本公积——股本溢价	4 000 000

本例中，乐圩股份有限公司发行股票实际收到的款项为 50 000 000 元，应借记"银行存款"科目；实际发行的股票面值为 10 000 000 元，应贷记"股本"科目，按其差额，贷记"资本公积——股本溢价"科目。

2. 接受非现金资产投资

我国《公司法》规定，股东可以用货币出资，也可以用实物、知识产权、土地使用权等可以用货币估价并可以依法转让的非货币财产作价出资；但是，法律、行政法规规定不得作为出资的财产除外。对作为出资的非货币财产应当评估作价，核实财产，不得高估或者低估作价。法律、行政法规对评估作价有规定的，从其规定。全体股东的货币出资额不得低于有限责任公司注册资本的 30%。不论以何种方式出资，投资者如在投资过程中违反投资合约，不按规定如期缴足出资额，企业可以依法追究投资者的违约责任。

（1）接受投入固定资产

企业接受投资者作价投入的房屋、建筑物、机器设备等固定资产，应按投资合同或协议约定价值确定固定资产价值（但投资合同或协议约定价值不公允的除外）和注册资本中应享有的份额。

【例 7-3】 南岗旅游有限责任公司于设立时收到乙公司作为资本投入的不需要安装的

机器设备一台，合同约定该机器设备的价值为 2000000 元，增值税进项税额为 340000 元（假若不允许抵扣）。合同约定的固定资产价值与公允价值相符，不考虑其他因素，南岗旅游有限责任公司进行会行处理时，应编制会计分录如下：

借：固定资产　　　　　　　　　　　　　2 340 000
　　贷：实收资本——乙公司　　　　　　　　　　　2 340 000

本例中，该项固定资产合同约定的价值与公允价值相符，并且南岗旅游有限责任公司接受的固定资产投资的相关增值税进项税额不允许抵扣。因此，固定资产应按合同约定价值与增值税进项税额的全计金额2340000元入账。南岗旅游有限责任公司接受乙公司的固定资产按合同约定全额作为实收资本，因此，可按2340000元的金额贷记"实收资本"科目。

（2）接受投入材料物资

企业接受投资者作价投入的材料物资，应按投资合同或协议约定价值确定材料物资价值（但投资合同或协议约定价值不公允的除外）和注册资本中应享有的份额。

【例7-4】　乐圩有限责任公司于成立时收到B公司作为资本投入的原材料一批，该批原材料投资合同或协议约定价值（不含可抵扣的增值税进项税额部分）为 100000 元，增值税进项税额为 17000 元。B公司已开具了增值税专用发票。假若合同约定的价值与公允价值相符，该进项税额允许抵扣，不考虑其他因素，乐圩有限责任公司在进行会计处理时，应编制会计分录如下：

借：原材料　　　　　　　　　　　　　　100 000
　　应交税费——应交增值税（进项税额）　17 000
　　贷：实收资本——B公司　　　　　　　　　　　117 000

本例中，原材料的合同约定价值与公允价值相符，因此，可按照 100000 元的金额借记"原材料"科目；同时，该进项税额允许抵扣，因此，增值税专用发票上注明的增值税税额 17000 元，应借记"应交税费——应交增值税（进项税额）"科目。乐圩有限责任公司接受B公司投入的原材料按合同约定全额作为实收资本，因此可按 117000 元的金额贷记"实收资本"科目。

（3）按受投入无形资产

企业收到以无形资产方式投入的资本，应按投资合同或协议约定价值确定无形资产价值（但投资合同或协议约定价值不公允的除外）和注册资本中应享有的份额。

【例7-5】　新龙有限责任公司于设立时收到A公司作为资本投入的非专利技术一项，该非专利技术投资合同约定价值为 60000 元，同时收到B公司作为资本投入的土地使用权一项，投资合同约定价值为 80000 元。假若新龙有限责任公司接受该非专利技术和土地使用权符合国家注册资本管理的有关规定，可按合同约定作为实收资本入账，合同约定的价值与公允价值相符，不考虑其他因素，新龙有限责任公司在进行会计处理时，应编制会计分录如下：

借：无形资产——非专利技术　　　　　　　60 000
　　　　　——土地使用权　　　　　　　　80 000
　　贷：实收资本——A 公司　　　　　　　60 000
　　　　　——B 公司　　　　　　　　　　80 000

本例中，非专利技术与土地使用权的合同约定价值与公允价值相符，因此，可分别按照 60000 元和 80000 元的金额借记"无形资产"科目，A、B 公司投入的非专利技术与土地使用权按合同约定全额作为实收资本，因此可分别按 60000 元和 80000 元的金额贷记"实收资本"科目。

3. 实收资本（或股本）的增减变动

一般情况下，企业的实收资本应相对固定不变，但在某种特定情况下，实收资本也可能发生增减变化。我国企业法人登记管理条例中规定，除国家另有规定外，企业的注册资金应当与实收资本一致，当实收资本比原注册资金增加或减少的幅度超过 20%时，应持资金信用证明或者验资证明，向原登记主管机关申请变更登记。如擅自改变注册资本或抽逃资金，要受到工商行政管理部门的处罚。

（1）实收资本（或股本）增加

一般企业增加资本主要有三种途径：接受投资者追加投资、资本公积转增资本和盈余公积转增资本。

需要注意的是，由于资本公积和盈余公积均属于所有者权益，用其转增资本时，如果是独资企业比较简单，直接结转即可。如果是股份公司或有限责任公司，应该按照原投资者出资比例相应增加各投资者的出资额。

【例 7-6】　甲、乙、丙三人共同投资设立南岗旅游有限责任公司，原注册资本为 4000000 元，甲、乙、丙分别出资 500000 元、2000000 和 1500000 元。为扩大经营规模，经批准，南岗旅游有限责任公司注册资本扩大为 5000000 元，甲、乙、丙按照原出资比例分别追加投资额 125000 元、500000 和 375000 元。南岗旅游有限责任公司如期收到甲、乙、丙追加的现金投资。南岗旅游有限责任公司会计分录如下：

借：银行存款　　　　　　　　　　　　　1 000 000
　　贷：实收资本——甲　　　　　　　　　125 000
　　　　　——乙　　　　　　　　　　　　500 000
　　　　　——丙　　　　　　　　　　　　375 000

本例中，甲、乙、丙按原出资比例追加实收资本，因此，南岗旅游有限责任公司应分别按照 125000 元、500000 元和 375000 元的金额贷记"实收资本"科目中甲、乙、丙明细分类账。

【例 7-7】　承【例 7-6】，因扩大经营规模，经批准，南岗旅游有限责任公司按原出资比例将资本公积 1000000 元转增资本。会计分录如下：

借：资本公积　　　　　　　　　　　　　1 000 000
　　贷：实收资本——甲　　　　　　　　　　　125 000
　　　　　　——乙　　　　　　　　　　　　500 000
　　　　　　——丙　　　　　　　　　　　　375 000

本例中，资本公积1000000元按原出资比例转增实收资本，因此，南岗旅游有限责任公司应分别按照125000元、500000元和375000元的金额贷记"实收资本"科目中甲、乙、丙明细分类账。

【例7-8】　承【例7-6】，因扩大经营规模，经批准，南岗旅游有限责任公司按原出资比例将盈余公积1000000元转增资本。会计分录如下：

借：盈余公积　　　　　　　　　　　　　1 000 000
　　贷：实收资本——甲　　　　　　　　　　　125 000
　　　　　　——乙　　　　　　　　　　　　500 000
　　　　　　——丙　　　　　　　　　　　　375 000

本例中，盈余公积1000000元按原出资比例转增实收资本，因此，南岗旅游有限责任公司应分别按照125000元、500000元和375000元的金额贷记"实收资本"科目中甲、乙、丙明细分类账。

（2）实收资本（或股本）的减少

企业减少实收资本应按法定程序报经批准，股份有限公司采用收购本公司股票方式减资的，按股票面值和注销股数计算的股票面值总额冲减股本，按注销库存股的账面余额与冲减股本的差额冲减股本溢价，股本溢价不足冲减的，再冲减盈余公积直至未分配利润。如果购回股票支付的价款低于面值总额的，所注销库存股的账面余额与所冲减股本差额作为增加股本溢价处理。

【例7-9】　南岗旅游有限责任公司2001年12月31日的股本为100000000股。面值为1元，资历本公积（股本溢价）30000000元，盈余公积40000000元。经股东大会批准，南岗旅游有限责任公司以现金回购本公司股票20000000股并注销。假若南岗旅游有限责任公司按每股2元回购股票，不考虑其他因素，会计分录如下：

① 回购本公司股票时

借：库存股　　　　　　　　　　　　　　40 000 000
　　贷：银行存款　　　　　　　　　　　　　40 000 000

库存股成本=20000000×2=40000000（元）

② 注销本公司股票时

借：股本　　　　　　　　　　　　　　　20 000 000
　　资本公积——股本溢价　　　　　　　　20 000 000
　　贷：库存股　　　　　　　　　　　　　　40 000 000

应冲减的资本公积=20000000×2－20000000×1=20000000（元）

【例7-10】 承【例7-9】，假若南岗旅游有限责任公司按每股3元回购股票，其他条件不变，南岗旅游有限责任公司的会计处理则为：

① 回购本公司股票时

借：库存股　　　　　　　　　　　　60 000 000
　　贷：银行存款　　　　　　　　　　60 000 000

库存股成本=20000000×3=60000000（元）

② 注销本公司股票时

借：股本　　　　　　　　　　　　　20 000 000
　　资本公积——股本溢价　　　　　30 000 000
　　盈余公积　　　　　　　　　　　10 000 000
　　贷：库存股　　　　　　　　　　　60 000 000

应冲减的资本公积=20000000×3－20000000×1=40000000（元）

由于应冲减的资本公积大于公司现有的资本公积，所以只能冲减资本公积 30000000 元，剩余的 10000000 元应冲减盈余公积。

【例7-11】 承【例7-9】，假若南岗旅游有限责任公司按每股0.9元回购股票，其他条件不变，南岗旅游有限责任公司的会计处理则为：

① 回购本公司股票时

借：库存股　　　　　　　　　　　　18 000 000
　　贷：银行存款　　　　　　　　　　18 000 000

库存股成本=20000000×0.9=18000000（元）

② 注销本公司股票时

借：股本　　　　　　　　　　　　　20 000 000
　　贷：库存股　　　　　　　　　　　18 000 000
　　资本公积——股本溢价　　　　　 2 000 000

应增加的资本公积=20000000×1－20000000×0.9=2000000（元）

由于折价回购，股本现库存股成本的差额 2000000 元应作为增加资本公积处理。

7.3　资　本　公　积

资本公积是企业收到投资者和超出其在企业注册资本（或股本）中所占份额的投资，以及直接计入所有者权益的利得和损失等。资本公积包括资本溢价（或股本溢价）和直接计入所有者权益的利得和损失等。

资本溢价（或股本溢价），是企业收到投资者的超出其在企业注册资本（或股本）中所占份额的投资。形成资本溢价（或股本溢价）的原因有溢价发行股票、投资者超额缴入资本等。

直接计入所有者权益的利得和损失是指不应计入当期损益、会导致所有者权益发生增减变动的、与所有者投入资本或者向所有者分配利润无关的利得或者损失。

资本公积的核算包括资本溢价（或股本溢价）的核算、其他资本公积的核算和资本公积转增资本的核算等内容。

7.3.1 资本溢价（或股本溢价）的核算

1. 资本溢价

除股份有限公司外的其他类型的企业，在企业创立时，投资者认缴的出资额与注册资本一致，一般不会产生溢价。但在企业重组或有新的投资者加入时，常常会出现资本溢价。因为在企业进行正常生产经营后，其资本利润率通常要高于企业初创阶段，另外，企业有内部积累，新投资者加入企业后，对这些积累也要分享，所以新加入的投资者往往要付出大于原投资者的出资额，才能取得现原投资者相同的出资比例。投资者多缴的部分就形成了资本溢价。

【例 7-12】 中门旅游有限责任公司由两位投资者投资 200000 元设立，每人各出资 100000 元。一年后，为了扩大经营规模，经批准，中门旅游有限责任公司注册资本增加到 300000 元，并引入第三位投资者加入。按照投资协议，新投资者需缴入现金 110000 元，同时享有该公司三分之一的股份。中门旅游有限责任公司已收到该现金投资，假若不考虑其他因素，中门旅游有限责任公司的会计分录如下：

借：银行存款　　　　　　　　　　　110 000
　　贷：实收资本　　　　　　　　　　100 000
　　　　资本公积——资本溢价　　　　 10 000

本例中，中门旅游有限责任公司收到第三位投资者的现金投资 110000 元中，100000 元属于第三位投资者在注册资本中所享有的份额，应记入"实收资本"科目，10000 元属于资本溢价，应记入"资本公积——资本溢价"科目。

2. 股本溢价

股份有限公司是以发行股票的方式筹集股本的，股票可以按面值发行，也可按溢价发行，我国目前不准折价发行。与其他类型的企业不同，股份有限公司在成立时可能会溢价发行股票，因而在成立之初，就可能产生股本溢价。股本溢价的数额等于股份有限公司发行时实际收到的款项超过股票面值总额的部分。

在按面值发行股票的情况下，企业发行股票取得的收入，应全部作为股本处理；在溢价发行股票的情况下，企业发行股票取得的收入，等于股票面值部分作为股本处理，超出股票面值的溢价收入应作为股本溢价处理。

发行股票相关的手续费、佣金等交易费用，如果是溢价发行股票的，应从溢价中扣除，冲减资本公积（股票溢价）；无溢价发行股票或溢价不足以抵扣的，应将不足抵扣部分冲减盈余公积和未分配利润。

【例7-13】 南岗旅游有限责任公司首次公开发行了普通股50000000股，每股面值1元，每股发行价格为4元。南岗旅游有限责任公司以银行存款支付发行手续费、咨询费等费用共计6000000元。假若发行收入已全部收到，发行费已全部支付，不考虑其他因素，该公司的会计处理如下：

(1) 收到发行收入时：

借：银行存款　　　　　　　　　　　　　200 000 000
　　贷：股本　　　　　　　　　　　　　　50 000 000
　　　　资本公积——股本溢价　　　　　 150 000 000

应增加的资本公积=50000000×（4-1）=150000000（元）

本例中，南岗旅游有限责任公司溢价发行普通股票，发行收入中等于股票面值的部分50000000元应记入"股本"科目，发行收入超出股票面值的部分150000000元记入"资本公积——股本溢价"科目。

(2) 支付发行费用时：

借：资本公积——股本溢价　　　　　　　 6 000 000
　　贷：银行存款　　　　　　　　　　　　 6 000 000

本例中，南岗旅游有限责任公司的股本溢价150000000元高于发行中的交易费用6000000元，因此，交易费用可从股本溢价中扣除，作为冲减资本公积处理。

7.3.2 其他资本公积的核算

其他资本公积是指资本溢价（或股本溢价）项目以外形成的资本公积，其中主要是直接计入所有者权益的利得和损失。我们以被投资单位所有者权益的其他变动产生的利得或损失为例，介绍相关的其他资本公积的核算。

企业对某被投资单位的长期股权投资采用权益法核算的，在持股比例不变的情况下，对因被投资单位除净损益以外的所有者权益的其他变动，如果是利得，则应按持股比例计算其应享有被投资企业所有者权益的增加数额；如果是损失，则作相反的分录。在处理长期股权投资时，应转销与该笔投资相关的其他资本公积。

【例7-14】 后房有限责任公司于2002年1月1日向F公司投资8000000元，拥有该公司20%的股份，并对该公司有重大影响，因而对F公司长期股权投资采用权益法核算。2002年12月31日，F公司净损益之外的所有者权益增加了1000000元。假定除此以外，

F 公司的所有者权益没有变化，后房有限责任公司持股比例没有变化，F 公司资产的账面价值与公允价值一致，不考虑其他因素，后房有限责任公司的会计分录如下：

借：长期股权投资——F 公司　　　　　　　　　200 000
　　贷：资本公积——其他资本公积　　　　　　　　　200 000

后房有限责任公司增加的资本公积=1000000×20%=200000（元）

本例中，后房有限责任公司对 F 公司的长期股权投资采用权益法核算，其持股比例没有变化，F 公司发生了除净损益之外的所有者权益的其他变动，后房有限责任公司应按其持股比例计算应享有的 F 公司权益的数额 200000 元，作为增加其他资本公积处理。

7.3.3　资本公积转增资本的核算

经股东大会或类似机构决议，用资本公积转增资本时，应冲减资本公积，同时按照转增前的实收资本（或股本）的结构或比例，将转增的金额记入"实收资本"（或"股本"）科目下各所有者的明细分类账。

有关会计处理，参见本章【例 7-7】的有关内容。

7.4　留存收益

留存收益是指企业从历年来实现的利润中提取或形成的留存于企业的内部积累。留存收益来源于企业在生产经营活动中所实现的净利润。它与实收资本和资本公积的区别在于，实收资本和资本公积主要来源于企业的资本投入，而留存收益则来源于企业的资本增值。留存收益主要包括盈余公积和未分配利润。

7.4.1　利润分配

利润分配是指企业根据国家有关规定和企业章程、投资协议等，对企业当年可供分配的利润所进行的分配。

可供分配的利润=当年实现的净利润+年初未分配利润-年初未弥补亏损+其他转入

利润分配的顺序依次是：

（1）提取法定盈余公积；
（2）提取任意盈余公积；
（3）向投资者分配利润。

未分配利润是经过弥补亏损、提取法定盈余公积、提取任意盈余公积和向投资者分配利润之后剩余的利润，它是企业留待以后年度进行分配的历年结存的利润。相对于所有者权益的其他部分来说,企业对于未分配利润的使用有较大的自主权。

企业应通过"利润分配"科目,核算企业利润的分配(或亏损的弥补)和历年分配(或弥补)后的未分配利润(或未弥补亏损)。该科目应分别"提取法定盈余公积"、"提取任意盈余公积"、"应付现金股利或利润"、"盈余公积补亏"、"未分配利润"等进行明细核算。企业未分配利润通过"利润分配——未分配利润"明细科目进行核算。年度终了,企业应将全年实现的净利润或发生的净亏损,自"本年利润"科目转入"利润分配——未分配利润"科目,并将"利润分配"科目所属其他明细科目的余额,转入"未分配利润"明细科目。结转后,"利润分配——未分配利润"科目如为贷方余额,表示累积未分配的利润数额;如果为借方余额,则表示累积未弥补的亏损数额。

【例7-15】 朱山股份有限公司年初未分本利润为0,本年实现净利润2000000元,本年提取盈余公积200000元,宣告发放现金股利800000元。假定不考虑其他因素,朱山股份有限公司会计处理如下:

(1)结转本年利润:

借:本年利润   2 000 000
　　贷:利润分配——未分配利润   2 000 000

如企业当年发生亏损,则应借记"利润分配——未分配利润"科目,贷记"本年利润"科目。

(2)提取法定盈余公积、宣告发放现金股利:

借:利润分配——提取法定盈余公积   200 000
　　　　　　——应付现金股   800 000
　　贷:盈余公积   200 000
　　　　应付股利   800 000

同时,

借:利润分配——未分配利润   1 000 000
　　贷:利润分配——提取法定盈余公积   200 000
　　　　　　　　——应付现金股   800 000

结转后,如果"未分配利润"明细科目的余额在贷方,表示累计未分配的利润;如果余额在借方,则表示累积未弥补的亏损。本例中,"利润分配——未分配利润"明细科目的余额在贷方,此贷方余额1000000元(本年利润2000000－提取法定盈余公积200000－支付现金股利800000),即为朱山股份有限公司本年年末的累计未分配利润。

7.4.2 盈余公积

盈余公积是指企业按规定从净利润中提取的企业积累资金。公司制企业的盈余公积包括法定盈余公积和任意盈余公积。

按照《公司法》有关规定，公司制企业应当按照净利润（减弥补以前年度亏损，下同）的 10%提取法定盈余公积。非公司制企业法定盈余公积的提取比例可超过净利润的 10%。法定盈余公积累计额已达到注册资金的 50%时可以不再提取。值得注意的是，在计算提取盈余公积的基数时，不包括企业年初未分配利润。

公司制企业可根据股东大会的决议提取任意盈余公积。非公司制企业经类似权力机构批准，也可提任意盈余公积。法定盈余公积和任意盈余公积的区别在于其各自计提的依据不同，前者以国家的法律法规为依据；后者由企业的权力机构自行决定。

企业提取的盈余公积经批准可用于弥补亏损、转增资本、发放现金股利或利润。

1. 提取盈余公积

企业按规定提取盈余公积时，应通过"利润分配"和"盈余公积"等科目处理。

【例 7-16】 老厦股份有限公司本年实现净利润为 5000000 元，年初未分配利润为 0。经股东大会批准，老厦股份有限公司按当年净利润的 10%提取法定盈余公积。不考虑其他因素，老厦股份有限公司的会计分录如下：

借：利润分配——提取法定盈余公积　　　　　500 000
　　贷：盈余公积——法定盈余公积　　　　　　　　500 000

本年提取盈余公积金额=5000000×10%=500000（元）

2. 盈余公积补亏

【例7-17】 经股东大会批准，角上黄股份有限公司用以前年度提取的盈余公积弥补当年亏损，当年弥补亏损的数额为 600 000 元。假定不考虑其他因素，角上黄股份有限公司的会计分录如下：

借：盈余公积　　　　　　　　　　　　　　　　600 000
　　贷：利润分配——盈余公积补亏损　　　　　　　600 000

3. 盈余公积转增资本

【例 7-18】 因扩大经营规模需要，经股东大会批准，塘口股份有限公司将盈余公积 400000 元转增股本。假定不考虑其他因素，塘口股份有限公司的会计分录如下：

借：盈余公积　　　　　　　　　　　　　　　　400 000
　　贷：股本　　　　　　　　　　　　　　　　　　400 000

4. 用盈余公积发放现金股利或利润

【例 7-19】 章礼吴股份有限公司 2003 年 12 月 31 日普通股股本为 50000000 股，每股面值 1 元，可供投资者分配的利润为 5000000 元，盈余公积 20000000 元。2004 年 3 月 20 日，股东大会批准了 2003 年度利润分配方案，以 2003 年 12 月 31 日为登记日，按每股

0.2 元发放现金股利。章礼吴股份有限公司共需要分派 10000000 元现金股利。其中动用可供投资者分配的利润 5000000 元、盈余公积 5000000 元。假定不考虑其他因素，章礼吴股份有限公司的会计处理如下：

（1）宣告分派股利时：

借：利润分配——应付现金股利　　　　5 000 000
　　盈余公积　　　　　　　　　　　　5 000 000
　　贷：应付股利　　　　　　　　　　　　　　10 000 000

（2）支付股利时：

借：应付股利　　　　　　　　　　　　10 000 000
　　贷：银行存款　　　　　　　　　　　　　　10 000 000

本例中，章礼吴股份有限公司经股东大会批准，以未分配利润和盈余公积发放现金股利，属于以未分配利润发放现金股利的部分 5000000 元应记入"利润分配——应付现金股利"科目，属于以盈余公积发放现金股利的部分 5000000 元应记入"盈余公积"科目。

【练习题】

1. 名词解释
（1）所有者权益　　　（2）投入资本　　　（3）资本公积
（4）盈余公积　　　　（5）留存收益

2. 选择题
（1）所有者权益（　　）所有者投入的资本、直接计入所有者权益的利润和损失、留存收益等。
　　A. 来源于　　　B. 不是　　　C. 不包括　　　D. 服务于

（2）我国有关法律规定，投资者设立企业首先必须投入（　　）。《企业法人登记管理条例》规定，企业申请开业，必须具备国家规定的与其生产经营和服务规模相适应的资金。
　　A. 现金　　　B. 资本　　　C. 实物　　　D. 无形资产

（3）资本溢价（或股本溢价），是企业收到投资者的超出其在企业注册资本（或股本）中所占份额的投资。形成资本溢价（或股本溢价）的原因有（　　）发行股票、投资者超额缴入资本等。
　　A. 面值　　　B. 折价　　　C. 溢价　　　D. 平价

（4）留存收益是指企业从历年来实现的利润中提取或形成的留存于企业的（　　）积累。留存收益来源于企业在生产经营活动中所实现的净利润。它与实收资本和资本公积的区别在于，实收资本和资本公积主要来源于企业的资本投入，而留存收益则来源于企业的资本增值。
　　A. 外部　　　B. 市场　　　C. 其他单位　　　D. 内部

（5）未分配利润是经过弥补亏损、提取法定盈余公积、提取任意盈余公积和向投资者分配利润之后（　　）的利润，它是企业留待以后年度进行分配的历年结存的利润。
A．超额　　　　　B．剩余　　　　　C．税后　　　　　D．营业

3．判断题

(1) 所有者权益可分为实收资本（股本）、资本公积、盈余公积和未分配利润等部分。其中，盈余公积和未分配利润统称为留存收益。（　　）

(2) 负债是在经营或其他事项中发生的债务，是债权人对其债务的权利；所有者权益是对投资人对投入资本及其投入资本的运用所产生的盈余（或亏损）的权利。（　　）

(3) 企业收到所有者投入企业的资本后，可以根据有关原始凭证（如投资清单、银行通知单等），分别相同的出资方式进行会计处理。（　　）

(4) 不论以何种方式出资，投资者如在投资过程中违反投资合约，不按规定如期缴足出资额，企业不可以依法追究投资者的违约责任。（　　）

(5) 发行股票相关的手续费、佣金等交易费用，如果是溢价发行股票的，应从溢价中扣除，冲减资本公积（股票溢价）；无溢价发行股票或溢价不足以抵扣的，应将不足抵扣部分冲减盈余公积和未分配利润。（　　）

4．综合习题（编制会计分录）

某酒店铺2007年发生以下有关经济业务。

(1) 接受外商捐赠新设备一台，该设备市场价值为50000元，另发生运杂费3000元，企业用现金支付。该设备已交付使用。

(2) 委托某证券公司代理发行普通股60000股，每股面值8元，按9.8元出售，证券公司按收入的3‰收取手续费。

(3) 该酒店2000年发生亏损50000元，2001年盈利10000元，2002年盈利10000元，2003年盈利30000元，2004年盈利20000元。请结转各年的盈亏，并计算弥补亏损和应交的所得税（税率按33%）以及未分配利润，并按10%的比例提取盈余公积。

5．问答题

(1) 所有者权益现负债有什么区别？
(2) 所有者权益包括哪些内容？
(3) 如何核算各类型企业的实收资本？
(4) 资本公积有哪些来源？各种来源怎么样核算？
(5) 盈余公积包括哪些内容？如何核算？
(6) 什么叫未分配利润？怎么样核算？

第 8 章 损益的核算

【内容提要】
企业的损益核算包括收入的核算、费用的核算和利润的核算。

【学习目标】
➢ 熟悉损益的核算内容。
➢ 了解收银业务和费用项目。
➢ 掌握收入、成本和利润的账务处理。

8.1 收入的核算

8.1.1 收入概念

收入是指企业在日常活动中形成的、会导致所有者权益增加、与所有者投入资本无关的经济利益的总流入。收入具有以下特点。

（1）收入是企业在日常活动中形成的经济利益的总流入。日常活动，是指企业为完成其经营目标所从事的经常性活动以及相关的活动。如旅行社组团为游客提供旅游服务，饭店为游客提供住宿服务，酒店为游客提供的餐饮服务等。这些活动所取得的收入称为主营业务收入。有些虽然不属于企业的经常性活动，如对外出售不需用的原材料、对外转让无形资产使用权、对外进行权益性投资（取得现金股利）或债权益投资（取得利息）等活动，但属于企业为完成其经营目标所从事的与经常性活动相关的活动，由此形成的经济利益的总流入，也构成收入。

（2）收入会导致企业所有者权益的增加。收入形成的经济利益总流入的形式多种多样，既可能表现为资产的增加，如增加银行存款、应收账款；也可能表现为负债的减少，如减少预收账款；还可能表现为两者的组合，如销售实现时，部分冲减预收账款，部分增加银行存款。收入形成的经济利益总流入能增加资产或减少负债或两者兼而有之，根据"资产－负债=所有者权益"的会计等式，收入一定能增加企业的所有者权益。

（3）收入与所有者投入资本无关。所有者投入资本主要是为谋求享有企业资产的剩余权益，由此形成的经济利益的总流入不构成收入，而应确认为企业所有者权益的组成部分。

8.1.2 收银业务

收银工作程序是多种多样的,现以典型的饭店前台收银工作为例加以说明。

在采用电脑操作系统下,收银工作大体上可分为六步。

(1) 入住的客人来到前台接待处,接待员检查其各种证件,之后,填写"住客登记表"一式两份。输入电脑后,交收银员。

(2) 收银员审查"住客登记表"后,向客人收取保证金,并开出保证金收据,将一份"住客登记表"交还接待员,接待员据以交给客人客房钥匙。收银员将有关单据放入按房间设置的房账卡。

(3) 客人可以在饭店各部门消费并可在各收银点签单记账,各收银点收银员输入电脑并把签单及时送到前台客人房账卡中。

(4) 客人离店结账时,收银员汇总核对客人消费后,打印出账单,与客人预交保证金结差后,补收差额或退回剩余款项,交付账单并收回钥匙,收银员填写钥匙清单连同钥匙交接待员。

(5) 各收银点的收银员换班时,从电脑输出收银日报,与现金和账单核对。核对无误后,先填写交款信封,将现金装入交款信封,找一名见证人将交款信封放入投入式保险箱,并填写见证登记表。次日上班,总出纳员与财务主管一起收款。然后收银员整理账单和收银日报一起押好交收银主管或放在指定位置。

(6) 每日夜里 11 点夜审人员接管,审核所有的收银业务,房租过账并编制终结表和营业日报表。第二天上班日审人员对应审资料进行复核,处理夜审未能解决的问题后,将账单、终结表、借贷总结表交会计人员入账。

8.1.3 收入的分类

(1) 收入按企业从事日常活动的性质不同,分为销售商品收入、提供劳务收入和让渡资产使用权收入。

① 销售商品收入。销售商品收入是指企业通过销售商品实现的收入。这里的商品包括企业为销售而生产的产品和为转售而购进的商品。企业销售的其他存货如原材料、包装物等也视同商品。

② 提供劳务收入。提供劳务收入是指企业通过提供劳务实现的收入。比如,企业通过提供旅游、运输、咨询、代理、培训、产品安装等劳务所实现的收入。

③ 让渡资产使用权收入。让渡资产使用权收入是指通过让渡资产使用权实现的收入。让渡资产使用权收入包括利息收入和使用费收入。

(2) 收入按企业经营业务的主次不同,分为主营业务收入和其他业务收入。

① 主营业务收入。主营业务收入是指企业为完成其经营目标所从事的经常性活动实现的收入。主营业务收入一般占企业总收入的较大比重,对企业的经济效益产生较大影响。

不同行业企业的主营业务收入所包括的内容不同。如旅行社的为游客旅游服务收入、饭店的客房住宿收入、酒店的餐饮收入、商品部的销售商品收入等。

企业实现主营业务收入通过"主营业务收入"科目核算,并通过"主营业务成本"科目核算为取得主营业务收入发生的相关成本。

② 其他业务收入。其他业务收入是指企业为完成其经营目标所从事的与经常活动相关的活动实现收入。其他业务收入属于企业日常活动中次要交易实现的收入,一般占企业总收入的比重较小。旅游企业出售材料、出租固定资产包装物、对外转让无形资产使用权、对外进行权益性投资或债权性投资等。

企业实现其他业务收入通过"其他业务收入"科目核算,并通过"其他业务成本"科目核算为取得其他业务收入发生的相关成本。

8.1.4 收入确认

准确的确认营业收入,对正确计算企业经营成果、评价企业经营业绩有着十分重要的意义。销售商品收入同时要满足以下条件的,才能予以确认:

(1) 企业已将商品所有权上的主要风险和报酬转移给购货方;
(2) 企业既没有保留通常与所有权相联系的继续管理权,也没有对已售出的商品实施有效控制;
(3) 相关的经济利益很可能流入企业;
(4) 收入的金额能够可靠地计量;
(5) 相关的已发生或将发生的成本能够可靠地计量。

8.1.5 收入的核算

企业收入是通过"主营业务收入"科目进行核算的。企业实现的收入应按实际价款记账。本月实现的营业收入,借记"银行存款"、"应收账款"等科目,贷记"主营业务收入"科目,期末应将其余额转入"本年利润"科目,结转后"主营业务收入"科目应无余额,"主营业务收入"应按收入类别设置明细账。

【例8-1】 南岗旅游股份有限公司客房部2007年5月15日报表中的客房收入为12000元,全部为银行支票结算,编制会计分录如下:

借:银行存款　　　　　　　　　　　　　12 000
　　贷:主营业务收入——客房收入　　　　　　12 000

【例8-2】 南岗旅游股份有限公司餐饮部2007年5月16日报表中的餐饮收入为10000元,全部为银行支票结算,编制会计分录如下:

借：银行存款　　　　　　　　　　　　　　　　10 000
　　贷：主营业务收入——餐饮收入　　　　　　　　10 000

【例 8-3】 南岗旅游股份有限公司商品部 2007 年 5 月 17 日报表中的出售商品收入为 10000 元，代收增值税销项税额 1700 元，全部为银行支票结算，编制会计分录如下：

借：银行存款　　　　　　　　　　　　　　　　11 700
　　贷：主营业务收入——餐饮收入　　　　　　　　10 000
　　　　应交税费——应交增值税（销项税额）　　　1 700

旅游企业营业收入一般都是交纳营业税的，但商品销售要交增值税。要交增值税的，还应贷记"应交税费——应交增值税（销项税额）"科目。

8.2 费用的核算

8.2.1 费用的概念

费用是指企业在日常活动中发生的、会导致所有者权益减少的、与所有者分配利润无关的经济利益的总流出。费用具有以下特点：
（1）费用是企业在日常活动中发生的经济利益的总流出；
（2）费用会导致企业所有权益的减少；
（3）费用与向所有者分配利润无关。

8.2.2 费用的主要内容及其核算

企业的费用主要包括主营业务成本、其他业务成本、营业税金及附加、销售费用、管理费用和财务费用等。

1. 主营业务成本

主营业务成本是指企业在经营过程中发生的各种直接支出。在旅游企业中，饭店、宾馆的主营业务成本包括餐饮原材料、商品进价成本等；旅行社的主营业务成本包括各项代收代付的费用等。餐饮原材料成本是指组成饮食制品的主料、配料和调料三大类。商品进价成本指国内购进商品进货原价、国外购进商品进价即商品价格、运费、保险费之和到岸价和进口环节缴纳的税金。旅行社代收代付费用指将直接用于游客的有关费用，如房费、餐费、交通费、文杂费、陪同费、劳务费、票务费、宣传费以及其他直接支出。

注意的是，在经营过程中所发生的人工费用从理论上讲应计入主营业务成本，但由于旅游企业的特殊性，对这类费用采取直接进入销售费用的办法。

【例 8-4】 南岗旅游股份有限公司旅游部支付某团房费 20000 元。会计分录如下：
借：主营业务成本——旅游部　　　　　20 000
　　贷：银行存款　　　　　　　　　　　　　20 000

【例 8-5】 南岗旅游股份有限公司餐饮部 3 月领用原材料 12000 元。会计分录如下：
借：主营业务成本——餐饮部　　　　　12 000
　　贷：原材料　　　　　　　　　　　　　　12 000

2. 其他业务成本

其他业务成本是指企业除主营业务活动以外的其他经营活动所发生的成本。

3. 营业税金及附加

营业税金及附加是指企业经营活动应负担的营业税、消费税、城建税和教育附加等相关税费。

4. 销售费用

销售费用是指企业各营业部门在经营中发生的各项费用。与管理费用有交叉的、不易公摊的费用，一般列作管理费用。在旅游企业中，销售费用包括运输费、装卸费、包装费、保管费、保险费、燃料费、展览费、广告宣传费、邮电费、水电费、差旅费、洗涤费、物料消耗、折旧费、修理费、低值易耗品摊销、营业部门人员的工资、福利费、工作餐费、服装费和其他营业费用。

【例 8-6】 南岗旅游股份有限公司 3 月发生的费用如下：
（1）分配营业部门职工工资、奖金及津贴 3200 元；
（2）按工资总额的 14% 计提营业部门职工福利费 448 元；
（3）报销营业部门外联人员差旅费 500 元；
（4）计提营业部门所属固定资产折旧费 1000 元；
（5）支付营业部门发生的邮电费 100 元。
上述业务编制会计分录如下：
（1）借：销售费用——工资费　　　　　3 200
　　　　贷：应付职工薪酬　　　　　　　　　3 200
（2）借：销售费用——职工福利费　　　448
　　　　贷：应付职工薪酬——应付福利费　　448
（3）借：销售费用——差旅费　　　　　500
　　　　贷：其他应付款　　　　　　　　　　500
（4）借：销售费用——折旧费　　　　　1 000
　　　　贷：累计折旧　　　　　　　　　　　1 000

(5) 借：销售费用——邮电费　　　　　　　　100
　　贷：银行存款　　　　　　　　　　　　　100

5. 管理费用

管理费用，是指企业管理部门为组织和管理企业经营活动而发生的各种费用，包括企业行政管理部门在企业经营管理中发生的，或者应由企业统一负担的公司经费、工会经费、职工教育经费、劳动保险费、待业保险费、外事费、租赁费、咨询费、审计费、排污费、绿化费、土地使用费、土地损失补偿费、技术转让费、研究开发费、聘请注册会计师和律师费、房产税、车船使用税、土地使用税、印花税、燃料费、水电费、折旧费、修理费、无形资产摊销、低值易耗品摊销、开办费摊销、交际应酬费、坏账损失、存货盘亏和毁损、上级管理费以及其他管理费等。

【例 8-7】 南岗旅游股份有限公司 12 月发生的费用如下：(1) 上交集团公司管理费 1200 元；(2) 支付劳动保障费 500 元；(3) 提取坏账准备 1600 元；(4) 缴纳车船使用税 900 元；(5) 摊销开办费 800 元。

上述业务会计分录如下：
(1) 借：管理费用——上级管理费　　　　　1 200
　　贷：银行存款　　　　　　　　　　　　1 200
(2) 借：管理费用——保险费　　　　　　　　500
　　贷：银行存款　　　　　　　　　　　　　500
(3) 借：管理费用——坏账准备　　　　　　1 600
　　贷：坏账准备　　　　　　　　　　　　1 600
(4) 借：管理费用——车船使用税　　　　　　900
　　贷：应交税费　　　　　　　　　　　　　900
(5) 借：管理费用——开办费摊销声匿迹　　　800
　　贷：长期待摊费用　　　　　　　　　　　800

6. 财务费用

财务费用是指企业在筹集和运用资金活动中发生的费用，包括经营期间发生的利息净支出、汇兑净损益、金融机构手续费、加息等。

【例 8-8】 南岗旅游股份有限公司贷款 100000 元，为期 1 年，年利率 12%，借款时，支付手续费 100 元。会计分录如下：
(1) 支付手续费
　借：财务会计——手续费　　　　　　　　100
　　贷：银行存款　　　　　　　　　　　　　100

(2) 收到借款
借：银行存款　　　　　　　100 000
　　贷：短期借款　　　　　　　100 000
(3) 预提借款利息
本月应提利息=本金×年利息率÷12=100000×12%÷12=1000（元）
借：财务费用——利息支出　　1 000
　　贷：应付利息　　　　　　　1 000

8.3 利润的核算

利润是指企业在一定会计期间的经营成果。利润包括收入减去费用后的净额、直接计入当期利润的利得和损失等。

直接计入当期利润的利得和损失，是指应当计入当期损益、会导致所有者权益发生增减变动的、与所有者投入资本或者向所有者分配利润无关的利得或者损失。

8.3.1 利润的构成

根据我国会计准则的规定，企业的利润一般包括营业利润、投资净收益和营业外收支净额三部分。

利润相关计算公式如下：

1. 营业利润

营业利润=营业收入－营业成本－营业税金及附加－销售费用－管理费用－财务费用－资产减值损失＋公允价值变动收益（－公允价值变动损失）＋投资收益（－投资损失）

其中，营业收入是指企业经营业务所确定的收入总额，包括主营业务收入和其他业务收入。

营业成本是指企业经营业务所发生的实际成本总额，包括主营业务成本和其他业务成本。

资产减值损失是指企业计提各项资产减值准备所形成的损失。

公允价值变动收益（或损失）是指企业交易性金融资产等公允价值变动形成的应计入当期损益的利得（或损失）。

投资收益（或损失）是指企业以各种方式对外投资所取得的收益（或发生的损失）。

2. 利润总额

利润总额=营业利润＋营业外收入－营业外支出

营业外收支是指与经营活动没有直接关系的各项收支。营业外收支虽然与经营没有直接关系，但从企业主体来考虑，对企业利润总额有直接影响，是利润总额的重要组成部分。营业外收支包括营业外收入和营业外支出两个方面。

（1）营业外收入

营业外收入是指企业发生的与日常活动无直接关系的各项利得。营业外收入并不是企业经营资金耗费所产生的，不需要企业付出代价，实际上是经济利润的净流入，不可能也不需要与有关费用进行配比。营业外收入主要非流动资产处置利得、盘盈利得、罚款利得、捐赠利得、确实无法支付而按规定程序经批准后转作营业外收入的应付款项等。营业外收入应按实际发生数额进行核算，发生营业外收入时直接增加企业利润总额。

（2）营业外支出

营业外支出是指企业发生的与其日常活动无直接关系的各项损失。主要包括非流动资产处置损失、盘亏损失、罚款支出、公益性捐赠支出、非常损失等。营业外支出应按实际发生数额进行核算，在相应的会计期间，应当冲减当期的利润总额。

企业营业外收入和营业外支出所包括的项目互不相关，企业还应当分别按营业外收入的各项目和营业外支出的各项目设置明细账进行核算。

3. 净利润

净利润=利润总额－所得税费用

其中，所得税费用是指企业确认的应从当期利润总额中扣除的所得税费用。

8.3.2 利润的核算

旅游企业实现的利润（或亏损），是通过"本年利润"科目进行核算的。期末将各类损益类科目的余额转入"本年利润"科目，其中将收入科目的余额转入"本年利润"科目的贷方，将支出类科目的余额转入"本年利润"科目的借方，结平各损益科目。结转后，"本年利润"科目如为贷方余额即为本期净利润，"本年利润"科目如为借方余额则为亏损。

为了正确的反映企业利润总额，在进行利润核算前，必须做好账目核对、财产清查和账项调整的工作，然后才进行收支科目的结转。

（1）账目核对。账目核对的目的是保证账簿记录的正确性和完整性。它包括账证核对、账账核对和账实核对。

（2）财产清查。财产清查也就是账实核对，是指对各种物资财产进行盘点和核对，

以确定实际结存数,并将账面余额与实存数额进行核对,做到账实相符。具体的方法如下:

① 对原材料、燃料、物料用品、低值易耗品、库存商品和固定资产等资产进行盘点,确定实有数,并将其明细分类账的账面余额与其实存数量相核对。如不一致应调整账面结存数,并及时反映处理结果。

② 现金日记账的账面余额,应同现金实际库存数相核对,对不符的情况及时调账,并作处理。

③ 银行存款日记账的账面余额,应与开户银行的银行对账单相核对,编制银行存款余额调节表。

④ 应收款、应付款、银行借款等结算款项以及上交税金等,应同有关单位定期核对清楚。如有不实,及时查明原因,进行调整,以保证账实相符。

(3) 账项调整

账项调整是会计期末在账账相符和账实相符的基础上,依据权责发生制原则,对日常记录程序中没有原始凭证暂时忽略的会计事项进行调整。具体调整的内容包括:未耗成本、应计未记费用、预收收益和应计未记收益的调整。

① 未耗成本的调整。未耗成本的调整是指已领而未用的原材料"退料"的转账。

② 应计未记费用的调整。它是指属于本期应负担的费用,在日常会计核算中没有取得原始凭证或尚未发生资金往来的会计事项。包括固定资产折旧、低值易耗品的摊销、无形资产的摊销、长期待摊费用的摊销、本月尚未支付的职工薪酬、工会经费、教育经费、借款利息、营业税金及附加、已付待摊费用、坏账准备和商品的削价准备金的计提、已批准核销的待处理财产损溢等。

③ 预收收益的调整。它是指按协议或合同规定预收的货款、定金、租金或其他款项,在本期已经实现时,应作为收入处理。

④ 应计未记收益的调整。它是指某些收入项目在本期已经实现,但尚未取得现金或银行存款的项目。如银行存款利息、债券投资利息等。

(4) 收支项目的调整。在账目核对、财产清查和账项调整之后,企业便可以将收支项目转入"本年利润"科目中,核算的一般程序如下。

① 结转当期收入,包括主营业务收入、投资收益、补贴收入、营业外收入等,将所有本期收入账户余额转入"本年利润"账户的贷方。

② 结转当期所有支出,包括主营业务成本、销售费用、营业税金及附加、管理费用、财务费用、营业外支出、所得税费用等,转入"本年利润"科目的借方。

③ 结转本年利润总额,并转利润分配账户,如图 8-1 所示。

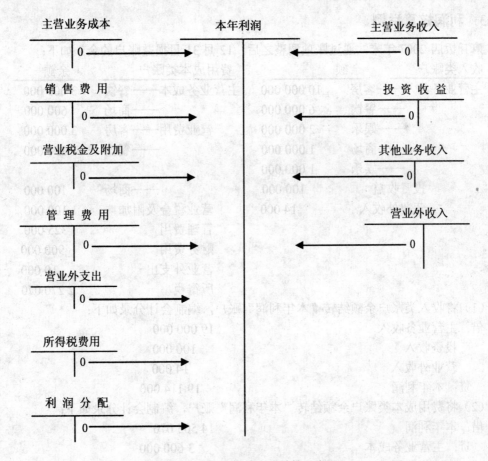

图 8-1　净利润形成过程核算示意图

  计算本月利润总额和本年累计利润，可以采用"账结法"，也可以采用"表结法"。采用"账结法"的，应于每月终了，将损益类科目余额转入"本年利润"科目，通过"本年利润"科目结出本月份利润或亏损总额以及本年累计损益。如果采用"表结法"每月结转时，损益类各科目的余额不需要结转到"本年利润"科目，只有到年度终了进行年度决算时，才用"账结法"将损益类各科目的全年累计余额转入"本年利润"科目。在"本年利润"科目中集中反映本年的全年的利润及其构成情况。

  采用"表结法"计算利润，"本年利润"科目平时不用，只在年终使用，采用"账结法"计算利润，则每月都使用"本年利润"科目。无论企业采用哪种办法，年度终了时都必须将"本年利润"科目结平，转入"利润分配——未分配利润"科目，结转后，"本年利润"科目应无余额。

8.3.3 利润核算举例

麻丘饭店 2007 年末,通过账项调整之后,12 月 31 日损益账户的余额如下:

收入类账户	余额	费用成本类账户	余额
主营业务收入——客房	10 000 000	主营业务成本——餐饮	3 000 000
——餐饮	6 000 000	——商场	600 000
——娱乐	2 000 000	营业费用——客房	3 000 000
——商场	1 000 000	——餐饮	1 200 000
——娱乐	1 000 000	——商场	100 000
投资收益	100 000	营业税金及附加	1 100 000
营业外收入	14 000	管理费用	1 325 000
		财务费用	900 000
		营业外支出	10 000
		所得税	2 270 070

(1)将收入类账户余额结转"本年利润"账户,编制会计分录如下:
借:主营业务收入　　　　　　　　　　19 000 000
　　投资收入　　　　　　　　　　　　　　100 000
　　营业外收入　　　　　　　　　　　　　 14 000
　　贷:本年利润　　　　　　　　　　19 114 000

(2)将费用成本类账户余额结转"本年利润"账户,编制会计分录如下:
借:本年利润　　　　　　　　　　　　14 505 070
　　贷:主营业务成本　　　　　　　　 3 600 000
　　　　销售费用　　　　　　　　　　 5 300 000
　　　　营业税金及附加　　　　　　　 1 100 000
　　　　管理费用　　　　　　　　　　 1 325 000
　　　　财务费用　　　　　　　　　　　 900 000
　　　　营业外支出　　　　　　　　　　　10 000
　　　　所得税费用　　　　　　　　　 2 270 070

(3)结转净利润,并转入"利润分配——未分配利润"科目:
借:本年利润　　　　　　　　　　　　　 468 930
　　贷:利润分配——未分配利润　　　　 468 930

将上述材料编制成表,见表 8-1 所示。

第8章 损益的核算

表8-1 饭店2007年12月31日各账户余额计算表

项目	客房部 借方	客房部 贷方	餐饮部 借方	餐饮部 贷方	娱乐部 借方	娱乐部 贷方	商品部 借方	商品部 贷方	饭店合计 借方	饭店合计 贷方
主营业务收入		1000000		6000000		2000000		10000000		19000000
减：营业税金及附加	550000		350000		200000				1100000	
主营业务成本			3000000				600000		3600000	
销售费用	300000		1200000		1000000		100000		5300000	
经营利润		6450000		1450000		800000		300000		9000000
减：管理费用									1325000	
财务费用									900000	
营业利润										6775000
加：投资收益										100000
营业外收入										14000
减：营业外支出										
利润总额									10000	6879000
减：所得税费用									2270070	
净利润										4608930

【练习题】

1．名词解释
（1）收入　　　　　　（2）主营业务收入　　　　　（3）费用
（4）主营业务成本　　（5）投资收益

2．选择题

（1）日常活动，是指企业为完成其经营目标所从事的（　　）活动以及相关的活动。如旅行社组团为游客提供旅游服务，饭店为游客提供住宿服务，酒店为游客提供的餐饮服务等。

A．经常性　　　　B．偶然性　　　　C．间隔性　　　　D．连续性

（2）企业实现主营业务收入通过"（　　）"科目核算，并通过"主营业务成本"科目核算为取得主营业务收入发生的相关成本。

A．主营业务收入　　B．营业收入　　C．销售收入　　D．其他业务收入

（3）营业税金及附加是指企业经营活动应负担的（　　）、消费税、城建税和教育附加等相关税费。

A．增值税　　　　B．营业税　　　　C．印花税　　　　D．房产税

（4）利润是指企业在一定（　　）的经营成果。利润包括收入减去费用后的净额、直接计入当期利润的利得和损失等。

A．日期　　　　B．会计期间　　　　C．某一天　　　　D．某季度

（5）利润总额＝（　　）利润＋营业外收入－营业外支出

A．净　　　　B．总　　　　C．纯　　　　D．营业

3. 判断题

(1) 所有者投入资本主要是为谋求享有企业资产的剩余权益,由此形成的经济利益的总流入不构成收入,而应确认为企业所有者权益的组成部分。 (　)

(2) 旅游企业各收银点的收银员换班时,从电脑输出收银日报,与现金和账单不用核对。 (　)

(3) 费用是企业在日常活动中发生的经济利益的部分流出。 (　)

(4) 其他业务成本是指企业主营业务活动以内的其他经营活动所发生的成本。(　)

(5) 采用"表结法"计算利润,"本年利润"科目平时不用,只在年终使用。 (　)

4. 问答题

(1) 什么是主营业务收入?如何进行主营业务收入的分类?

(2) 主营业务收入确定的原则是什么?

(3) 在各种营业项目上,如何具体确认主营业务收入的实现?

(4) 什么是主营业务成本?什么是营业费用?

(5) 如何对成本、费用进行分类?

(6) 企业利润总额是怎样构成的?

(7) 营业外收支包括哪些内容?

(8) 如何进行利润核算?

第 9 章　旅行社业务的核算

【内容提要】

旅游业是第三产业，它是以旅游资源为条件，为人们的旅行游览提供综合服务的行业。旅游业包括旅行社、饭店、游乐场、旅游景点、歌舞厅、照相馆，甚至包括旅游车船公司、民用航空公司和工艺美术商店等。旅行社是旅游业的重要部分，是旅游者与饭店、餐馆、车船公司、娱乐部门联系的一条纽带。旅行社的主要业务是招徕、联系、安排接待等一系列服务工作。旅行社可分为组团社和接团社。我们在本章主要介绍旅行社业务的核算。

【学习目标】

- ➢ 熟悉旅行社接团组团的核算内容。
- ➢ 了解旅行社营业税及附加的计算。
- ➢ 掌握旅行社业务的账务处理。

9.1　旅行社业务概述

旅行社是旅游业的媒体，是旅游者与饭店、餐馆、车船公司、娱乐部门联系的一条纽带。旅行社的主要业务是招徕、联系、安排接待等一系列服务工作。旅行社可分为组团社和接团社。当某旅行社接待外地旅行社送来的旅行团时，被称为接团社，当组织游客到外地旅游时，被称为组团社，一个旅行社可能既是组团社，又是接团社。

（1）组团社负责根据国内外旅游者不同的要求，将旅游者组成各类旅行团，并负责旅行团在当地的游览活动。

（2）各地接团社是按照旅行团的活动计划，在不同地点提供导游、餐馆、住宿、交通、游览、购物、娱乐等一系列服务。它主要通过向旅游者提供一系列服务工作取得收入。

（3）定价。旅游企业的营业收入，是指企业在经营活动中提供劳务或销售商品等取得的收入。收入的取得是资产的增加，也是企业利润的来源。旅行社的主营业务收入是由价格和数量决定的。

旅行社价格（收费标准）的制定有两种方法。

（1）包价法，即事先按旅游团人数计算用餐、住宿、交通、门票和导游的总开支，乘以外加毛利率（一般为 10%～15%），在计算出每位旅行者应承担的开支来确定。

开支总和=餐费＋住宿费＋交通费＋门票＋导游费＋其他

应收旅游费总额=开支总和（1＋外加毛利率）

每个旅游者旅游费金额=旅游费总额÷总人数

这种方法当支出因市场价格上涨而增加时，收费标准一般不得变更。

（2）小包价法，也称有选择的旅游价。此种包价中仅包括往返机票、房费、餐费、当地接送服务费、导游服务费和其他。这里的其他项目则根据组团竞争的需要有多有少。包价之外的项目在当地根据选择现付。此法在当前竞争激烈的市场上被普遍采用。

组团社和接团社制定包价的依据是相同的。一般都是根据旅行团行程计划，进行成本预测后制定旅行团包价。旅行团的行程计划是旅游者旅游日程的具体安排，包括旅行团来自的地区、名称、人数、抵离城市的时间、交通工具、住宿标准、餐饮标准等。旅行社销售部门根据旅行团行程计划规定的食、住、行等情况和财务部门根据行程计划计算编制的"旅行团费用预算表"，确定每人的综合服务包价及旅行团包价，并报财务部门审核、备案。旅行社一般根据旅游者的消费水平，对同一旅游路线设置标准等级、豪华等级、经济等级等多种不同包价，除此之外，影响旅行团价格的主要因素有三个。

（1）旅行团人数。旅行团的成本可以分为固定成本与变动成本两部分。变动成本随人数的增加而增加，如房费、餐费等，固定成本在一定的范围内，不受人数变化的影响，如汽车租车费。一个15人的A旅行团与一个20人的B旅行团，同样都需要提供一辆20座以上的中型客车。假设二团行程相同，那么租车费用也必然相等。但每个旅游者的平均交通费则A团一定大于B团。再如导游、翻译人员费用等，一个旅行团人数越多，分摊到每位旅客的费用就越少，所以旅行社收取的综合服务费的标准，根据人数不同，设有多种档次。为了鼓励旅游者组成大型旅行团，一般规定凡一个旅行团人数达到16人的可以免收一个游客的费用，俗称"十六免一"，依此类推，但免费人数最多不超过10人。

（2）旅行团经过的地区。我国不同的旅游区，采用不同的地区价格。如北京、西安、上海、苏杭、桂林、广州、珠海等城市为一类地区，南京、无锡、成都、重庆、洛阳、厦门等为二类地区，因此，旅行社定价时应正确区分不同等级的地区价格。

（3）旅游者到达的季节。我国很多旅游区旅游淡旺季比较分明，而淡旺季费用水平也相差较大。为了充分利用旅游设施，鼓励旅游者淡季组团旅游，旅行社一般在淡季实行一定的价格优惠。

9.2 主营业务收入核算

9.2.1 主营业务收入的内容

旅行社业务是旅游业的枢纽。它担负对招徕游客、联系、安排接待服务等工作。旅行社主营业务收入、综合服务收入、零星服务收入、地游及加项收入、劳务收入、票务收入和其他服务收入等7项构成的。目前我国组织旅行团的收费方式，主要是采用费用包干的方式，即旅游者按照旅游路线和旅行天数向当地旅行社一次交清旅游费用。以后如果没有特殊需要，旅游者不需再付费用。这种向旅游者一次性收取的费用称为外联组团收入。它一般包括旅游者的住房费、餐饮费、交通费、景点游览费和旅行社的服务费。

除旅游者从组团地到接团地的交通费、服务费一般由组团社支付，其他费用都是由组团社拨付给接团社，再由接团社支付给相关的饭店、餐馆、车船公司、旅游景点，这部分拨付款称为拨付的综合服务费用，构成接团社的综合服务收入。

旅游者，除大多数以旅行团的方式旅游外，也有少数是个别旅行的。他们到达旅游地后，根据各自的情况，参加旅行社就地组织的旅行团，俗称"一日游"、"二日游"等团队进行游览。旅行社组织这样的旅行团，有的只包景点费用，有的只包餐费或只包一部分餐费，有的代订住宿等。根据包价费用内容不同，收费标准也不同。这种旅行社接待零散旅游者和承办委托服务事项所得的收入，称为零星服务收入。

综合服务费所包含的内容是事先明确规定的。旅游者要求提供额外的服务，如旅游者要求品尝地方风味食品，或者要求住高于旅行社所提供的住房标准的房间等，要按规定的标准加收费用。这些费用，一般由旅游者就地支付。这种旅行社向旅游者要求增加包价外旅游项目等收取的费用，称为地游及加项收入。劳务收入是指旅行社向其他旅行社提供当地或全程导游、翻译人员所得的收入。票务收入是指旅行社代办国内外客票所得的收入。其他服务收入是指提供以上6项服务以外的服务项目取得的收入。

9.2.2 主营业务收入的主要收款方式

旅行社的收款方式一般有三种：预收、现收、事后结算。

预收是指旅行社在为旅游者提供服务之前，先全部或部分收取服务费，预收方式，一般在旅行社组团和饭店住宿服务中采用，旅行社的组团收入中，代收代付费用占有很大比例，因此，旅行社在组团时，一般要求旅行团队在出发之前预付全部或部分旅行团费，以便减少资金占用。饭店在接受预订客房时，按照预订协议，旅游者一般也必须在预订确认以后，向饭店支付房费的一部分。有的饭店为了避免跑账，客人入住时，按照客人预订住房的时间，预收全部房费。

现收是指在为旅游者提供服务的同时，收取费用，一般零散服务，费用金额较小时，多采用这种方式，如出租车在为乘客提供服务后，客人下车时，随即支付车费；旅行社在组织一、二日游时，当场向客人收取参观、游览的费用；餐厅、商品经营部为顾客提供食品、饮料或出售商品时，立即收取顾客的费用。

事后结算是指旅行社向客人提供服务后，一次性或定期地进行核算收费。这种收款方式多用于旅游企业间的收付。如组团社与接团社之间，往往在旅行团游览结束后，双方才进行结算;接团社与饭店、车船公司、餐馆之间也多采用事后结算的方式。

9.2.3 主营业务收入的确认

旅行社(不论是接团社还是组团社)组织境外旅游者到国内旅游,应以旅行团队离境(或离开本地)时确认营业收入实现;旅行社组织国内旅游者到境外旅游,应以旅行团旅行结束返回时确认营业收入实现;旅行社组织国内旅游者在国内旅游,也应以旅行团旅行结束返回时确认营业收入实现,旅行社的各项代收代付的费用,应全部记入营业收入总额。

9.2.4 旅行社营业收入的核算

1. 主营业务收入账户的设置

为了总括反映旅行社营业收入状况,应设置"主营业务收入"科目,对其进行核算。"主营业务收入"属损益类账户。当旅行社实现营业收入时,应按实际价款,记入该科目的贷方,借记"银行存款"、"应收账款"等科目。期末,将该科目余额转入"本年利润"账户,借记"主营业务收入"。贷记"本年利润",结转后该科目应无余额。

主营业务收入科目应按收入类别设置明细账。例如,可下设"组团外联收入"、"综合服务收入"、"零星服务收入"、"地游及加项收入"、"劳务收入"、"票务收入"、"其他收入"等二级科目。还可根据实际工作需要和各二级科目的性质,在二级科目下设置三级科目。例如,在"综合服务收入"科目下设置"房费收入"、"餐费收入"、"车费收入"、"文杂费收入"、"陪同费收入"、"其他收入"等三级科目。

2. 组团营业收入的核算

组团业务,一般都是先收款,后支付费用。收款时,借记"现金"或"银行存款"科目,贷记"应收账款"科目。当提供旅游服务后,按月根据旅行团明细表进行结算,按所列团费收入金额,借记"应收账款"科目,贷记"主营业务收入"科目。

例:江西南岗旅行社5月20日组成30人的旅行团(A)赴黄山7日游,已收旅行费用70000元。5月27日该旅行团返回南昌。编制会计分录如下:

(1) 5月20日收取旅行团费时,
 借:现金(银行存款)   70 000
  贷:应收账款——旅行团(A)   70 000
(2) 5月26日旅行团返回原地,确认营业收入时,
 借:应收账款——旅行团(A)   70 000
  贷:主营业务收入——外联组团收入   70 000

3. 接团营业收入的核算

接团业务，一般都是提供服务后再向组团社进行结算，也可以向组团社预收部分定金，按期结算。

旅行社因接团而取得的营业收入，应按接待的单团进行结算，借记"应收账款"科目，贷记"主营业务收入"科目。

例：6月23日至6月28日江西南岗旅行社接北京长城旅行社旅行团（B）10人。该团在南昌市参观游览后于28日下午离开。根据结算单，全部费用为20000元，其中，综合服务费12000元，增加风味餐5次计5000元，风景名胜门票费3000元，编制会计分录如下：

借：应收账款——长城旅行社——旅行团（B）　　20 000
　　贷：主营业务收入——综合服务收入　　　　　12 000
　　　　　　　　　　——地游加项收入　　　　　 8 000

组团社与境外客商进行核算，一般应以境外客商确认旅行团出发的传真为依据。在旅行团出发的同时，根据有关合同、协议的规定，填写"结算单"或"账单"进行结算，力争在旅行团入境前收到有关费用，并作相应的账务处理。

例：收到确认某国A旅行社旅行团（C）出发的传真，销售部门填制"结算单"，应收综合服务费包价为26000元，叫财务部审核后编制会计分录如下：

（1）确认收入时，
借：应收账款——A旅行社——旅行团（C）　　　26 000
　　贷：主营业务收入——综合服务收入——旅行团（C）　26 000

（2）收到全额汇款时，
借：银行存款　　　　　　　　　　　　　　　　26 000
　　贷：应受账款　　　　　　　　　　　　　　26 000

（3）旅行过程中，根据旅客要求增加品尝风味费用1000元，增加参观景点费用1000元，加收10%的服务费后，由客人以现金支付。编制会计分录如下：

借：现金　　　　　　　　　　　　　　　　　　 2 200
　　贷：主营业务收入——地游及加项　　　　　 2 200

9.3 旅行社成本费用的核算

9.3.1 旅行社成本构成

旅行社组团和接团的成本，是指在组团和接团过程中发生的全部支出，包括直接为客人旅游支付的费用,即直接成本,也包括一些在销售费用中核算的间接费用。按此归集有利于实施单团核算。

旅行社成本,主要为旅行社已计入营业收入总额,属于代收代付的直接用于游客的有关费用。

(1) 房费,含为旅游者支付的房费、空房费、退房损失等。

(2) 餐费,为旅游者支付的餐费、风味餐费、退餐损失费、随餐酒水费用等。

(3) 交通费,为旅游者支付的各项车费、船费、机票费用以及超公里费等。

(4) 文杂费,为旅游者参加文娱活动、游览景点、参观民居、学校、工厂等支付的门票费等以及游览途中的饮料费用。

(5) 陪同费,陪同人员的房费、交通费、饮食补贴、邮电费等。

(6) 劳务费,支付给借调翻译导游人员和景点、展览馆讲解人员的劳务费等。

(7) 票务费,支付给交通部门的订票手续费、包车费、退票费等。

(8) 宣传费,按接待游客人次提取的、上交给上级主管部门的费用。

(9) 其他直接支出,主要有旅游者的人身保险费、行李托收搬运费机场费等。

组团的直接成本从其构成看,有拨付给各接团社的综合服务费、支付全陪的各项费用和为外联组团所支付的通讯费等。组团成本按性质区分,是由两部分组成的,即拨付支出和服务支出。属于代收代付性质的拨付给接团社的综合服务费等为拨付支出,由于提供服务而发生的全陪人员费用和通讯联络费用则属于服务性支出。组团成本,除了应归集为成本的内容外,还有部分费用应在销售费用中归集,主要是直接从事组团的有关人员的工资及相关费用。

接团成本与组团直接成本有紧密的联系,组团社的拨付成本就是接团社的营业收入,但接团成本与组团成本所包含的内容又有较大差别,这些费用按其性质,也应分为两部分。一部分属于接待旅行团过程中直接支付的代收代付费用,包括房费、餐费、交通费、文娱费、行李托运费、票务费、保险费、机场费等,这些费用构成旅行团队的主要费用支出。其余的陪同费、劳务费、宣传费等则完全是旅行社为了向客人提供服务而发生的费用,所以这部分成为服务费。接团成本与组团成本相同的部分,主要是在销售费用中归集的直接人工工资及其相关的费用。

9.3.2 旅行社成本的核算

无论是组团社还是接团社的成本都通过"主营业务成本"科目进行核算。为了便于分析考核,"主营业务成本"科目可按费用的用途划分为:拨付综合服务费、房费、餐费、交通费、陪同费、文杂费、邮电费、票务费等,并按这些明细项目设置二级明细科目分别反映。为了便于与各接团社核对拨付款项,综合服务费明细科目应按拨付对象设置三级明细账。

【例 9-1】 组团社成本核算。

（1）某组团社组织一个华东三市团，分别拨付上海某社、杭州某社、苏州某社综合服务费各 3000 元，组团社编制会计分录如下：

借：主营业务成本——综合服务费——上海某社　　3 000
　　　　　　　　　　　　　　　　——杭州某社　　3 000
　　　　　　　　　　　　　　　　——苏州某社　　3 000
　　贷：银行存款　　　　　　　　　　　　　　　9 000

（2）组团社支付全陪费用 2000 元，编制会计分录如下：

借：主营业务成本——陪同费　　　　　　　　　　2 000
　　贷：现金　　　　　　　　　　　　　　　　　2 000

（3）组团社支付与本团相关的各接团社联系的长途电话费、传真费等 170 元，编制会计分录如下：

借：主营业务成本——邮电费　　　　　　　　　　170
　　贷：银行存款　　　　　　　　　　　　　　　170

【例 9-2】 接团社成本核算。

（1）上海某社支付某团房费 1000 元，包空房费 200 元，编制会计分录如下：

借：主营业务成本——房费　　　　　　　　　　　1 200
　　贷：银行存款　　　　　　　　　　　　　　　1 200

（2）团队客人游览景点，支付门票费 200 元，品尝风味小吃，支付餐费 200 元。支付本日游程的交通费 300 元，编制会计分录如下：

借：主营业务成本——餐费　　　　　　　　　　　200
　　　　　　　　——交通费　　　　　　　　　　300
　　　　　　　　——文杂费　　　　　　　　　　200
　　贷：现金　　　　　　　　　　　　　　　　　700

（3）支付游客到杭州的车票费用 500 元，订票费用 50 元，编制会计分录如下：

借：主营业务成本——交通费　　　　　　　　　　500
　　　　　　　　——票务费　　　　　　　　　　50
　　贷：现金　　　　　　　　　　　　　　　　　550

（4）支付租借旅游服务公司导游员的劳务费 100 元，编制会计分录如下：

借：主营业务成本——陪同费　　　　　　　　　　100
　　贷：现金　　　　　　　　　　　　　　　　　100

9.3.3 旅行社成本核算应注意的问题

旅行团按旅游线路逐地游览，旅游费用也随着旅游路线的延伸而不断发生，这些费用一般是由每一个城市的每一个接团社支付的,直至旅行团完成旅程离境时,旅游费用的支付才结束,营业收入也同时确认实现。在此过程中,一般情况是,组团社先收费后接待,接团社往往是先接待,后向组团社收费而与接团社相联系的宾馆、餐观、车队往往也是先提供服务,后向接团社收费。接团社要等到各宾馆、餐馆、车队报来旅游费用结算账单后,才据以拨付旅游费用,同时向组团社汇出账单,收取综合服务费。因此,在组团社和接团社,接团社与宾馆、餐馆、车队等接待单位之间便形成旅游费用结算期。这种结算期经常是跨月份甚至几个月,给旅行社准确及时核算成本带来困难。解决这一问题,按会计制度规定,在旅行社旅游费用结算期间发生的费用支出,不能与实现的营业收入同时入账时,应按计划成本先行结转,以实现营业成本与其营业收入相互配比的原则。为了保证结算的准确性,可以通过填制"团队综合服务费结算单"和"宾客费用结算单"来解决。旅行社也可以根据本企业的经营特点和成本管理要求,按照会计原则自行确定计算方法,一经确定,不得随意变动。

旅行社为了充分发挥成本核算的作用,团队成本可以实行单团核算,实行单团核算的,可以按团分别设置成本明细账户,对所有团队分别记录其收支,计算单团盈亏。也可以利用"团队费用结算表"对有代表性的团队实行帐外单团核算。单团核算具体考核分析团队成本的数额与构成,有利于对今后的团队进行成本预算,从而有利于旅行社对外报价的准确性,提高旅行社的竞争能力,同时也有利于旅行社内部进行成本控制和对陪同人员的工作进行考核。

旅行社自身发生的各项销售费用和管理费用的核算与第八章所述相同。

9.4 旅行社营业税及附加的核算

9.4.1 营业额

旅行社依照国家税法规定取得营业收入必须依法纳税,其应纳税额计算如下:
应纳税额=营业额×税率(5%)
营业额=营业收入-准予扣除项目金额
(1)旅行社组织旅游团在中国境内旅游的,以收取的旅游费减去替旅游者支付给其他单位的房费、餐费、交通费、门票和其他代付费用后的余额为营业额。
(2)旅行社组织旅游团到中华人民共和国境外旅游,在境外改由其他旅游企业接团的,以全程旅游费减去付给接团企业的旅游费后的余额为营业额。
(3)旅行社组织旅客在境内旅游,改由其他旅游企业接团的,仍以全程旅游费减去付给接团企业的旅游费后的余额为营业额。

上式中营业收入,即旅行社主营业务收入,是指旅行社提供旅游业务向旅游者收取的全部价款和价外费用。

准予扣除项目金额是指已记入营业收入总额,替旅游者支付非其他单位的房费、餐费、

交通费、门票、其他代付费用和接团费的金额

对旅行社为管理和组织经营活动所发生的自身应负担的费用,如本单位司机工资补贴、导游工资补贴、职工差旅费、交际应酬费、修车费、停车费、过路过桥费、燃料费、装卸运输费、保险费、邮电费、广告宣传费、陪同费等其他费用,不得作为扣除项目金额扣除。

对旅行社利用自己的交通工具、食宿服务设施,为游客提供旅游必需的吃、住、行服务所发生的燃料费、烹制食品等非不得作为扣除项目金额扣除。

旅行社应当分别核算替旅游者代收代付费用(营业成本)、为管理和组织经营活动多发生的自身应负担的费用(销售费用、管理费用和财务费用),为分别核算的,不得作为扣除项目金额扣除。

9.4.2 营业税

营业税的计算及账务处理与第六章第二节相同,就是计算营业税的同时计算城市建设维护税和教育费附加。在计算税金时应填制工作底稿(见表9-1)。

表 9-1 旅游业营业税计算工作底稿

企业名称:		年 月			金额:元至角分
项目项目名称	本期	累计	调整项目	本期	累计
一、主营业务收入			主营业务收入调整额		
1. 综合服务费			1. 代收代付项目		
2. 地游及加项收入			2. 价外收费		
3.			3.		
4.			4.		
5.			5.		
6.			6.		
二、主营业务成本			主营业务成本调整额		
1. 房费			1. 违规费用		
2. 餐费			2. 违规票据		
3. 门票			3. 销售费用		
4. 交通费			4. 管理费用		
5. 其他代付费用			5. 财务费用		
6. 接团费			6. 价格折旧		
7.			7. 未实际支付项目		
8.			8.		
9.			9.		
10.			10.		
三、营业毛利			相关资料		
加节加减: 主营业务收入调整额			1. 接待旅客人数		
主营业务成本调整额			2. 接待团队数		
四、计税营业额			备注		
五、应纳营业税					

【例 9-3】海南五日游

1. 某组团社

外联部接受海南某接团社报价，接团社的报价内容：①交通每人 100 元，②住宿每人 200 元，③餐费每人 125 元，④门票每人 95 元，⑤导游服务费每人 20 元，合计每人 540 元，10 人团总价为 5400 元。通过谈价确定价格为 480 元/人，10 人团总价为 4800 元。组团社通过联系协商，优惠飞机票每人 100 元，每人总计为 1680 元，旅行社每人加 200 元毛利后，对外发布报价为 1880 元/人，10 人团总价为 18800 元。

所含内容：
（1）往返飞机票（1 200 元）；
（2）住宿三星级酒店标准间（或同级）；
（3）餐费（四早七正餐）；
（4）交通：空调巴士（当地）；
（5）旅行社负责险；
（6）导游服务费；
（7）景点第一大门票费。

不含内容：
（1）机场建设费、航空保险；
（2）人身意外伤害险；
（3）本地市内到机场交通费；
（4）第一天午餐；
（5）小门票。

通过广告海南团组成，向旅客收取款项时分录如下：

借：银行存款（现金）　　　　　　　　　18 800
　　贷：应收账款——海南团　　　　　　　　18 800

发团时，旅行社支付飞机票 12000 元，其他款项 4800 元由全陪导游携带到海南，可先付接团社 50%，待团结束后再付另外的 50%。会计处理如下：

借：主营业务成本——交通费　　　　　　12 000
　　主营业务成本——综合服务费——海南团　　4 800
　　贷：银行存款　　　　　　　　　　　　16 800

2. 接团社

海南团到达海南后，组团社的全陪导游将 50%代收代付费用交接团社。接团社作会计业务如下：

借：现金（银行存款） 2 400
　　贷：应收账款——综合服务收入 2 400

接团社派导游接团，到各旅游点旅游，按事先规定的旅游计划应支付门票、交通费、餐费、住宿费和导游服务费。接团社导游费共计 450 元×10 人=4500 元，接团社可以付现也可以与各旅游单位签订协议赊账，待旅游结束离开后结算，会计处理如下：

借：主营业务成本——交通费、门票、餐费、住宿费等 4 500
　　贷：应付账款——A 饭店、B 景点、C 车队等 4 500

增加报价中不包含的景点门票、娱乐项目、餐费、酒水、行程之外的交通及导游服务费，导游代收代付、直接结清。

3. 旅游团顺利完成旅游，回到组团社，旅行社实现收入

（1）接团社会计处理如下：
组团社全陪导游将剩余款付清，并结转收入。

借：银行存款 2 400
　　应收账款 2 400
　　贷：主营业务收入 4 800

借：应付账款——A 饭店、B 景点、C 车队等 4 500
　　贷：银行存款 4 500

（2）组团社会计业务处理如下：
根据有关的原始单据。

借：应收账款——海南团 18 800
　　贷：主营业务收入——海南团 18 800

【练习题】

1. 名词解释
（1）接团社与组团社　　（2）包价法　　（3）小包价法
（4）事后结算　　　　　（5）旅行社成本

2. 选择题
（1）旅游业是第（　　）产业，它是以旅游资源为条件，为人们的旅行游览提供综合服务的行业。
A. 一　　　　　B. 二　　　　　C. 三　　　　　D. 四

（2）旅行社的主营业务收入是由（　　）决定的。
A. 价格和数量　　B. 天气　　C. 地区　　D. 文化

（3）目前我国组织旅行团的收费方式，主要是采用费用（　　）方式，即旅游者按照

旅游路线和旅行天数向当地旅行社一次交清旅游费用。

A. 现场　　　　B. 包干的　　　　C. 事后结算　　　　D. 临时

（4）无论是组团社还是接团社的成本都通过"（　　）"科目进行核算。

A. 营业成本　　B. 营业费用　　　C. 主营业务成本　　D. 管理费用

（5）增加报价中不包含的景点门票、娱乐项目、餐费、酒水、行程之外的交通及导游服务费，导游（　　）、直接结清。

A. 应收　　　　B. 应付　　　　　C. 预收预付　　　　D. 代收代付

3. 判断题

（1）旅行社是旅游业的重要部分，是旅游者与饭店、餐馆、车船公司、娱乐部门联系的一条纽带。（　　）

（2）应收旅游费总额=开支总和（1+销售成本率）（　　）

（3）组团业务，一般都是后收款，先支付费用。（　　）

（4）接团业务，一般都是提供服务后再向组团社进行结算，也可以向组团社预收部分定金，按期结算。（　　）

（5）旅行团按旅游线路逐地游览，旅游费用也随着旅游路线的延伸而不断发生，这些费用一般是由每一个城市的每一个接团社支付的，直至旅行团完成旅程离境时，旅游费用的支付才结束，营业收入也同时确认实现。（　　）

4. 问答题

（1）什么是主营业务收入？如何进行主营业务收入的分类？

（2）主营业务收入确认的原则是什么？

（3）在各种营业项目上，如何具体确认主营业务收入的实现？

（4）什么是主营业务成本？什么销售费用？

（5）如何对成本、费用进行分类？

（6）企业利润总额是怎样构成的？

（7）营业外收支包括哪些内容？

（8）如何进行利润核算？

5. 习题

南岗旅行社2007年5月份发生部分经济业务如下，要求编制会计分录。

（1）5月1日，组织南昌—庐山二日游旅游团，游点有仙人洞、美庐、三叠泉、植物园。豪华型大客车往返，提供三餐、门券、住宿、导游服务。20人一个团一组成，预计支出情况如下：豪华大客车往返计费2000元、门券1000元、餐费2000元、导游工资200、住宿2000元。外加毛利率为15%，计算包价并收款，由业务部门将收取的现金和业务收入日报表转财务部门，进行账务处理。

（2）5月2日，导游徐丽君向财会部门预领旅游费8000元，财会部门拨付现金后带团出发。

(3) 5月4日青岛2日游结束,导游徐丽君回来报销各项游览费用7200元,旅行过程中,根据游客要求增加品尝风味费用2000元,增加参观景点费用1000元,加收10%的服务费后,由客人以现金支付,导游交回多余现金1100元,结清导游预领款并结转成本。

(4) 5月28日,支付业务部门邮电费5000元,水电费400元,办公费1000元。

(5) 5月29日,支付房屋租赁费1000元,低值易耗品摊销:业务部门200元、管理部门100元。设备折旧:业务部门1000元,管理部门1500元。

(6) 5月30日,根据人事部门提供的工资单,业务部门应发工资8000元,扣刘涛个人借款500元,扣互助金600元,管理部门应发工资2000元,扣李君借款50元,扣互助金500元,会计部门提取现金、发放工资并分配工资,按有关规定提取有关各项费用。

(7) 月末主营业务收入共计20万,主营业务成本17万,计算缴纳营业税及附加,并结转本年利润。

(8) 根据上述业务汇总销售费用和管理费用,并结转本年利润。

(9) 计算所得税费用(税率为25%)并结转利润分配账户。

第 10 章 旅游饭店经营业务的核算

【内容提要】

旅游饭店也是旅游业重要的组成部分。旅游饭店一般包括客房部、餐饮部、商品部。有的还有游乐厅、车队等。我们在这一章,分别介绍这些部门的经营业务核算。

【学习目标】

➢ 熟悉客房、餐饮、商品的账务处理。
➢ 掌握客房、餐饮、商品的核算内容。
➢ 了解客房、餐饮、商品的核算方法。

10.1 客房经营业务的核算

客房是饭店向旅客提供的最主要产品,饭店通过销售客房并向客人提供与此相关的系列服务,是取得收入的重要来源,国内外有关统计资料表明,客房出租收入约占整个饭店营业收入的 40%~50%左右。搞好客房销售,保持良好的客房出租率,还能带动餐饮、购物、康乐等一系列收入,对于提高饭店经济效益具有十分重要的意义。

10.1.1 客房营业收入的核算

1. 客房营业收入的入账时间和入账价格

(1) 客房营业收入的入账时间

营业收入是在销售商品、提供劳务及让渡资产使用等日常活动中形成的经济利益的总收入。《企业会计准则》规定,收入具有如下特点:(1) 收入是从企业的日常活动中产生的,而不是在偶然的交易或事项中产生的;(2) 收入可能表现为企业资产的增加,也可能表现为企业负债的减少;(3) 收入能导致企业所有者权益的增加。客房营业收入就是依据上述原则确认的,客房营业收入也就是客房销售,客房一经出售,即客人办完入住手续已经迁入房间,则不论房租是否收到,都作销售处理。旅游饭店客房销售收入的入账时间按照权责发生制原则执行,即从客房入住时间起,就应开始计算营业收入。

（2）客房营业收入的入账价格

客房的价格通常有标准价、旺季价淡季价、团队价、优惠价、折扣价等。标准房价是由饭店制定并经物价部门批准的价格。在经营中，饭店可按实际情况制定房价政策，在标准房价的基础上打一定的折扣，形成多种多样的价格水平，以适应市场需求的变化。但无论采取哪种价格，客房销售的入账价格都应当是出租客房的实际价格，只有按实际价格入账，才能准确计算营业收入。

2. 房营业收入的结算方式

由于客房营业收入是旅游饭店收入的一部分，因此，客房营业收入与饭店的其他收入一并结算，其结算方式主要有以下三种。

（1）预收制。预收制是指付费在先、服务在后的一种收款制度，旅游饭店对一些信用不好或不甚了解的客人在住店登记时，根据客人拟住天数，预收服务费，在会计核算上做预收定金列账。宾客住店后每天应付的费用与应收制处理相同，列为应收款。待客人离店时，以预收定金抵付应收款，多退少补。

（2）现收制。现收制是指饭店提供服务后，当即向客人收取现金或银行支票（信用卡）的一种结算方式。

（3）应收制。应收制是指先入住，后付款。旅游饭店对信用可靠的客人，事先不预收定金，在饭店为客人提供服务后，定期或离店时一次性向客人结算账款。

无论采用哪一种结算方式，饭店必须严格按照内部操作规程和有关手续制度，组织业务活动和款项结算，并报财会部门进行账务处理。

3. 客房营业收入的核算

旅游饭店的营业收入，在会计上设置"主营业务收入"账户进行核算。本月实现的营业收入，记入该账户的贷方，月份终了，本账户余额应转入"本年利润"账户，结转后账户应无余额。

【例10-1】 麻丘饭店5月4日入住宾客1人，包房1间，房价为200元/天，住10天预收保证金2000元，10天后退房，同时交纳餐饮费用500元，编制会计分录如下：

（1）收到保证金时

  借：现金   2 000
    贷：应收账款——预收保证金   2 000

（2）5月5日发生餐费100元，并结转当日房租收入

  借：应收账款   300
    贷：主营业务收入——客房收入   200
         ——餐饮收入   100

（3）宾客离店时，对发生的费用多退少补

借：现金　　　　　　　　　　　　　　　　500
　　贷：应收账款　　　　　　　　　　　　　　500

【例 10-2】 A 公司在饭店设办事处，租用客房一间，饭店公关销售部门与之签订合同，规定租用期 1 年，年租金 60000 元，预付款 50%，编制会计分录如下：

（1）宾客入住，同时收到预付款时
借：银行存款　　　　　　　　　　　　30 000
　　贷：应收账款——A 公司预收款　　　　30 000

（2）每月结转收入 5000 元（60000/12）
借：应收账款　　　　　　　　　　　　 5 000
　　贷：主营业务收入——客房收入　　　　 5 000

（3）收到剩余租金时
借：银行存款　　　　　　　　　　　　30 000
　　贷：应收账款　　　　　　　　　　　　30 000

10.1.2　客房销售费用的核算

1. 客房销售费用核算的账户设置

从理论上看，客房业务经营过程中发生的各项直接耗费构成客房营业成本。但是，由于客房经营耗费中除客房建筑设施、室内装饰、音响设置等，具有一次性投资大之外，日常费用开支较少，而且直接费用与间接费用不容易分清，为此，客房日常经营过程中发生的费用支出全部列做销售费用。

"销售费用"账户是损益类账户，专门汇集饭店在经营活动中发生的各项费用，其借方登记营业部门发生的各项费用，贷方登记期末将账户余额转入"本年利润"账户的数额。结转后该账户无余额。

客房销售费用的内容有：房屋及有关设备的折旧费、低值易耗品摊销费、经营人员工资、服装费、料费、水电费、邮电费、洗涤费等。

2. 客房销售费用的账务处理

客房部发生费用支出时，借记"销售费用——客房部"账户，贷记"原材料"、"低值易耗品"、"应付职工薪酬——工资"等账户。

【例 10-3】 领用一批客房用品，价值 600 元。
借：销售费用　　　　　　　　　　　　　600
　　贷：原材料——物料用品　　　　　　　　600

【例 10-4】 分配客房部职工工资及奖金、津贴 7000 元。
借：销售费用——工资　　　　　　　　　7 000
　　贷：应付职工薪酬——工资　　　　　　　　7 000

10.1.3　饭店营业税金及附加

根据我国现行税法规定，饭店取得了客房收入必须按月计纳税 5%的营业税，同时，按营业税额的 7%交纳城市维护建设税，3%教育费附加，以及按照地方法规计纳地方附加税。

【例 10-5】　饭店本月客房营业收入总额 100000 元，根据规定计算应纳税费如下：
应交营业税额=100000×5%=5000 元
应交城市维护建设税额=5000×7%=350 元
应交教育费附加=5000×3%=150 元
根据上述计算结果作有关分录如下：
（1）月末提取应交营业税及附加
借：营业税金及附加　　　　　　　　　　5 500
　　贷：应交税费——应交营业税　　　　　　　5 000
　　　　　　　——应交城市维护建设税　　　　　350
　　　　　　　——教育费附加　　　　　　　　　150
（2）月末结转营业税金及附加
借：本年利润　　　　　　　　　　　　　5 500
　　贷：营业税金及附加　　　　　　　　　　　5 500
（3）下月初，交纳上月份营业税金及附加
借：应交税费——应交营业税　　　　　　5 000
　　　　　　——应交城建税　　　　　　　350
　　　　　　——教育费附加　　　　　　　150
　　贷：银行存款　　　　　　　　　　　　　　5 500

10.2　餐饮经营业务的核算

餐饮部是饭店的重要组成部分，餐饮部是从事加工烹制餐饮食品供应顾客食用的部门。其经营范围广、种类多，有中餐、西餐、宴会、酒吧，经营方式有宴会、包餐、点菜等。餐饮收入是饭店营业收入的重要来源之一，一般约占饭店营业收入的 1/3。因此，必须加强餐饮营销及餐饮成本控制。

10.2.1 餐饮部门的特点

餐饮部门具有不同于一般工业企业和商业企业的特点。

（1）生产过程短，随产随销。从业务经营活动的组织来看，它是一个完整的产、供、销过程，生产、加工、商品销售和旅游服务融合在一起，过程短。

（2）经营方式灵活，收入弹性大。餐饮产品的经营方式多种多样，有中餐、西餐、宴会、酒吧等。同一餐厅中可经营不同的菜系和品种，原材料品种多，进价季节变化大，就餐的旅客有来自不同的地区，有着不同的消费水平，因此，餐饮企业的经营方式灵活多变，收入弹性较大，所以要求价格管理上比较灵活，要在严格核算成本的基础上准确掌握毛利率，随行就市。

（3）成本构成复杂，不易控制。饮食产品的原材料有鲜活品、干货、半成品、各种瓜果等，很多原材料不可直接食用。同时，原材料配制比例和产品的加工方法各不相同，加工过程中耗损程度区别很大。因此，成本构成复杂，对每种产品也无法分批分件的进行成本计算，成本费用不易控制。所以要求加强动态控制，随时掌握实际成本消耗，以降低成本消耗，提高经济效益。

10.2.2 餐饮营业收入的核算

1. 餐饮收入管理的基本要求

（1）做好销售价格的计算控制工作。设有操作经验的专职或兼职营业物价员计算各类食品、菜肴的销售价格，并由财会部门稽核审查售价。

（2）建立健全收款点，营业员工作岗位责任制，保证日清月结，产销核对，账款相符。

（3）每日营业终了，由收款员填报"营业收入日报表"，连同账单和收取的款项，封入夜间保险柜，次日晨由总出纳审核点收，将应收账款入账，并将现金、支票存入银行。

2. 餐饮销售价格的确定

餐饮制品的价格是直接销售给消费者的最终价格，它通常由原材料成本和毛利两大部分构成。餐饮业制定价格的依据，一个是投料定额标准，另一个是毛利额，两者缺一不可。

（1）投料定额成本的计算。饮食产品经营过程是一个产、供、销服务合一的过程，不易对每种产品按其实际耗用原材料分别核算成本。为了便于核算原材料耗用，考核产品质量，合理制定销售价格，要求企业必须实行原材料投料定额制度，正确规定各种食品菜肴的投料标准。投料标准是在保证质量的前提下，对每种食品菜肴的每种规格所需原材料耗用量的具体规定，包括主料用量、副料用量、调料用量。投料定额成本是指按照投料标准生产食品菜肴所需投放原材料的总额。投料定额可以按毛料计算，也可以按净料计算。净料是指购入的毛料经过拣洗、宰杀、拆卸、涨发、切削等加工处理后的原材料。

净料总成本=毛料总成本－下脚料成本

$$净料单位成本 = \frac{净料总成本}{净料重量}$$

（2）毛利率的计算。毛利率分为内扣毛利率和外加毛利率（加成率）。

① 内含毛利是指毛利包含在销售收入中，是销售收入的一部分。内含毛利率是反映毛利在销售收入中占有多大比例。

$$毛利率 = 销售价格 - 投料额成本$$

$$毛利率 = \frac{毛利润}{销售价格} \times 100\%$$

② 外加毛利率是毛利与投料成本之比，它所表示的是投料成本之外加上一个比例数，也称加成率。

$$加成率 = \frac{加成额}{投料成本} \times 100\%$$

③ 内含毛利率与外加毛利率的换算：

$$加成率 = \frac{内含毛利率}{1 - 内含毛利率} \times 100\%$$

$$内含毛利率 = \frac{加成率}{1 - 1 + 1 + 加成率} \times 100\%$$

（3）销售价格的计算。食品、菜肴的销售价格是在投料成本定额的基础上加一定的内含毛利率或加成率，通过编制成本及售价计算表确定的。成本及售价计算表，既是餐饮部门投料的标准，又是国家物价部门进行物价控制的依据。

10.2.3 餐饮部收入的会计处理

为了总括反映餐饮部门营业收入情况，应设"主营业务收入"科目进行核算。以提供了劳务、收到货款获取得了手取货款的凭据时，确认营业收入的实现。企业实现营业收入，应按实际价款记账，借记"银行存款"、"现金"、"应收账款"等科目，贷记"主营业务收入"科目。应根据自身管理的需要，对营业收入进行适当的分类，并设明细科目进行核算。

【例 10-6】 麻丘饭店餐厅各营业部报来当日营业日报及缴款单，其中餐费收入 4000 元，服务收费 800 元，根据有关凭证作会计分录如下：

借：现金　　　　　　　　　　　　　　　4 800
　　贷：主营业务收入——餐费收入　　　　4 000
　　　　　　　　　　——服务收入　　　　　800

10.2.4 餐饮营业成本的核算

饭店、宾馆、餐馆的餐饮成本包括直接耗费的各种原材料、调料、配料的成本，其实际成本应按照买价和可以直接认定的运杂费、保管费以及缴纳的税金等确定。规模较大的餐馆或餐饮部门应设专门的材料库和专职保管员,领用时应根据当日用料计算,填制领料单,交由保管员发料。小规模的餐饮部或餐馆可不设保管员,由领料人员自行登记卡片或备查簿。企业可采用先进后出、后进先出、加权平均、移动加权平均、个别计价等方法计算,确定所领用的材料的实际成本。不同的材料可以采用不同的方法,计价方法一经确定,不得随意改变。

企业按耗用的原材料、调料、配料的实际成本,通过"主营业务成本"科目核算餐饮成本。领用原材料等结转成本时,借记"主营业务成本",贷记"原材料"。企业在月末的时候,可能有部分已领未用原材料等,为了正确计算本月营业额,应从已结的营业成本中扣除。处理方法一般有两种。

(1) 将月末已领未用结存数保留在主营业务成本账户中,根据下列公式计算确定本月耗用原材料、调料、配料的总成本。

总成本=月初结存数+本月领用数—月末结存数

然后将本月总成本结转到"本年利润"科目,月末结存数保留"主营业务成本"科目中。

(2) 按假退料作账务处理。从营业成本中冲减月末结存数,冲减后的数额为原材料、调料、配料的总成本,即月末根据实际盘存数额填制红蓝字领料单各一份,用红字领料单作月末退料凭证,借记"主营业务成本"(红字),贷记"原材料"等(红字),作假退料处理。蓝字领料单作为下月初的领料凭证,在下月初借记"主营业务成本",贷记"原材料"等,作假领料处理。

【例10-7】 某饭店餐饮部1月份发生如下业务:

(1) 全月领用原材料8000元,调料500元,配料500元,编制会计分录如下:

借:主营业务成本——餐饮成本　　　　　　　　9 000
　　贷:原材料——餐饮原材料　　　　　　　　　　8 000
　　　　　　　——调料　　　　　　　　　　　　　500
　　　　　　　——配料　　　　　　　　　　　　　500

(2) 月末盘店结存原材料100元,调料100元,配料100元,编制会计分录如下:

借:主营业务成本——餐饮成本　　　　　　　　300(红字)
　　贷:原材料——餐饮原材料　　　　　　　　　　100(红字)
　　　　　　　——调料　　　　　　　　　　　　　100(红字)
　　　　　　　——配料　　　　　　　　　　　　　100(红字)

(3) 月末结转餐饮成本,编制会计分录如下:

借:本年利润　　　　　　　　　　　　　　　　8 700
　　贷:主营业务成本——餐饮成本　　　　　　　　8 700

规模小、人员少、业务单一的社会餐馆,为了简化手续,也可不实行领料制度。平时耗用原材料,办理业务手续,不作会计账务处理,月末时,根据库存原材料、调料、配料的盘存数额，列出已耗用原材料的数额、结转有关账户。即：

本期耗用原材料成本=期初结存原材料总额＋本期购买原材料总额－期末结存原材料总额

这种方法简便易行，但不严谨，不易查明原材料、调料、配料的毁损、短缺等情况及其原因，容易掩盖经营管理工作中存在的问题。所以，采用这种核算方法，必须加强材料管理，严格执行各项业务手续和内部控制制度。

10.2.5 餐饮营业税金及附加和损益的核算

餐饮部费用的核算同客房部费用核算相同，交纳的营业税及城市维护建设税和教育费附加的税率和会计处理也同客房部，核算方法及计算方式、账务处理同客房部。

10.3 商品经营业务的核算

商品经营业务是一般是指饭店内部开设的购物商场所进行的商品买卖活动，属商业零售性质，直接向旅客提供商品销售服务，同时通过进销差价补偿相关成本费用，获得盈利。这些商品部主要经营一些日用百货、具有地方特色的旅游纪念品和一些饮料制品，其服务对象多为住店的旅游者，有时也为当地的居民，而且销售方式一般采用一手交钱一手交货的方式，一般不需填制销货凭证。

10.3.1 商品经营业务的核算

商品经营业务的核算方法主要有两种，即数量进价金额核算法和售价金额核算法。

（1）数量进价金额核算法。购进商品时，由实物保管人验收入库后，会计上直接按商品的进价金额入账；商品销售出去之后，按销售金额记商品销售收入；月末选用先进先出法、后进先出法、加权平均法或移动加权平均法等计算已销售商品的主营业务成本并结转。会计上通过"主营业务收入"、"主营业务成本"、"销售费用"和"营业税金及附加"等总账账户下相应的明细账户，分别核算结转商品的销售收入，商品销售成本和商品运杂保管费用。

（2）售价金额核算法。购进商品时，由实物保管人验收入库，会计按商品的销售金额记录入账，商品的销售金额一般高于进价金额，该商品的售价与进价的差额设"商品进销差价"账户加以反映，期末，通过计算进销差价率的办法，计算本期销售的商品应分摊的进销差价，并据以调整本期销售成本。这里的"商品进销差价"账户是"主营业务成本"账户的调整账户。

购入商品过程中，商品进销差价增加记贷方，月末分配商品进销差价时由借方转出，其贷方余额反映的是旅游饭店按售价计价的库存商品进销差价数额。

根据饭店商场经营业务的特点商品经营业务的核算不便采用数量进价金额核算方法，而应该采用售价金额核算办法。

10.3.2 商品购进的核算

1. 商品购进的一般业务程序

商品购进是商品部经营的起点，正确合理地组织商品购进，是商品部经营核算的重要环节。商品部所经营的商品大部分从生产单位进货，也有从当地批发商业购进或国外进口的商品，本地进货一般采用支票结算方式，外地进货一般采用汇票或汇兑结算方式。

企业接收购进商品的方式有"提货制"、"送货制"和"发货制"三种，无论采用哪种方式，商品部都应于商品运到时认真组织验收工作，由实物负责人按照发票所列内容，逐一检查商品规格、编号、品种、数量、单价和金额等无误后，填制"商品验收单"一式数联，并签字盖章，其中，一联随同发票一起送财会部门审核入账，财会部门收到"商品验收单"及其他原始凭证，经审核无误后进行账务处理。

2. 商品购进的账务处理

购进商品时，应根据商品售价金额和运杂费等，借记"库存商品"，根据商品进销差价和实际支付金额，贷记"商品进销差价"，"现金"和"银行存款"等账户。

【例10-8】 某饭店商品部向本市百货批发站购进小百货一批，在供货单位取得的专用发票上列明的商品进价金额为7000元，增值税额为1190元，该批商品的售价金额为9200元，签发转账支票支付货款及增值税额，商品已验收入库，会计处理如下：

借：库存商品　　　　　　　　　　　　　　9 200
　　贷：商品进销差价　　　　　　　　　　　　2 200
　　　　银行存款　　　　　　　　　　　　　　7 000
同时，按专用发票的增值税额，作分录如下：
借：应交税费——应交增值税　　　　　　　1 190
　　贷：银行存款　　　　　　　　　　　　　　1 190

10.3.3 商品销售的核算

商品部的商品销售对象一般为个人消费者，对一每笔成交的销售业务，都要填制销售收入缴款单，并编制商品营业日报。营业日报全面反映每日商品销售的详细情况，一式三联，第一联留存备查，第二联连同旅客签章的账单联送总台记账，第三联同账单副联和现金一并送财会部门。

财会部门根据营业日报和现金借款单,贷记"主营业务收入",借记"现金",贷记"库存商品"账户。

【例 10-9】 饭店商场营业部报来某日营业日报表,百货柜销售金额 9600 元,食品柜销售金额 1500 元,财会部门处理如下:

借:现金		11 100
贷:主营业务收入——百货柜		9 600
——食品柜		1 500

同时转销库存商品,作分录如下:

借:主营业务成本——百货柜		9 600
——食品柜		1 500
贷:库存商品——百货柜		9 600
——食品柜		1 500

10.3.4 商品营业成本的核算

采用售价金额核算法核算饭店的商品经营业务,日常的商品收支均按相同的售价金额记账,简化了日常的账务处理工作,但由于在"主营业务收入"和"主营业务成本"账户中记载的金额是相等的,无法直接从账户中结算企业商品经营成果,为正确地反映饭店商品部经营过程中实现的利润,每月月末,必须运用一定的方法调整已入账的商品经营成本。一般调整过程是按照已入账的当月商品销售金额和库存商品金额计算出商品进销差价的分配率,再根据分配率计算分摊当月已销商品的进销差价,调整当月的"主营业务成本"账户,并据以调整本期销售成本。

10.3.5 营业税金的核算

饭店商品经营中应按国家税法的要求,及时计算缴纳商品营业税金及附加,也包括营业税、城市维护建设税及教育费附加等,对于商品经营活动中应缴纳的税金,会计上通过"营业税金及附加"科目核算,核算工作一般按月进行。账务处理及月末结转与客房部相同。

【练习题】

1. 名词解释
(1) 客房营业收入   (2) 标准房价   (3) 投料定额成本
(4) 餐饮成本   (5) 商品的进销差价

2. 选择题
(1) 客房是饭店向旅客提供的最主要产品,饭店通过销售客房并向客人提供与此相关的系列服务，是取得收入的重要来源，国内外有关统计资料表明，客房出租收入约占整个饭店营业收入的（　　）左右。

A．1/3　　　　　B．1/2　　　　　C．2/3　　　　　D．40%～50%

（2）预收制是指付费在先、服务在后的一种收款制度，旅游饭店对一些信用（　　）的客人在住店登记时，根据客人拟住天数，预收服务费，在会计核算上做预收定金列账。

A．很好　　　　　B．较良　　　　　C．一般　　　　　D．不好或不甚了解

（3）商品经营业务的核算方法主要有（　　）种。

A．一　　　　　　B．两　　　　　　C．三　　　　　　D．四

（4）现收制是指饭店提供服务（　　），向客人收取现金或银行支票（信用卡）的一种结算方式。

A．以前　　　　　B．后来　　　　　C．当即　　　　　D．提前

（5）购进商品时，应根据商品售价金额和运杂费等，借记"（　　）"，根据商品进销差价和实际支付金额，贷记"商品进销差价"、"现金"和"银行存款"等账户。

A．实收商品　　　B．库存商品　　　C．在途商品　　　D．外购商品

3．判断题

（1）搞好客房销售，保持良好的客房出租率，还能带动餐饮、购物、娱乐等一系列收入，对于提高饭店经济效益具有十分重要的意义。（　　）

（2）旅游饭店客房销售收入的入账时间按照收付实现制原则执行，即从客房入住时间起，就应开始计算营业收入。（　　）

（3）餐饮部门具有相同于一般工业企业和商业企业的特点。（　　）

（4）餐饮部门成本构成复杂，对每种产品也无法分批分件的进行成本计算，成本费用不易控制。所以要求加强动态控制，随时掌握实际成本消耗，以降低成本消耗，提高经济效益。（　　）

（5）商品经营业务是一般是指饭店内部开设的购物商场所进行的商品买卖活动，属商业零售性质，直接向旅客提供商品销售服务，同时通过进销差价补偿相关成本费用，获得盈利。（　　）

4．问答题

（1）客房营业收入和入账价格是如何确定的？

（2）餐饮部门的特点是什么？

（3）商品部经营业务的核算方法有哪几种？

（4）客房营业收入的结算方式包括哪些内容？

5．习题

（1）某饭店6月份的部分经营业务如下，编制会计分录：

① 6月1日，厨房验收肉、蛋、蔬菜一批，计6000元。

② 6月3日，厨房从仓库领入冻猪肉100千克，每千克16元。

③ 6月4日，客房领用烟缸10只，单价3.20元，毛巾20条，单价8元，共计192元。
④ 6月5日，娱乐部领用茶叶100包，每包2元，共计200元。
⑤ 6月7日，餐饮部领用碗20只，每只3元，筷10打，每打5元，共计110元。
⑥ 6月8日，商品部领用办公用品20元。
⑦ 6月9日，饭店支付电话费1000元。
⑧ 6月10日，营销部张磊报销差旅费1000元。
⑨ 6月12日，签发转账支票支付本月份办公用品房租凭费1200元。
⑩ 6月14日，销出清蒸甲鱼上等名菜1盆，每盆清蒸甲鱼用甲鱼1只，重0.5千克，每千克200元，其他调配料1元，销售毛利率定为40%，计算菜价，并做收入。
⑪ 6月15日，受顾客辛伟委托，预订宴席2桌，每桌800元，预收定金200元。
⑫ 6月16日，顾客辛伟如期开宴，除宴席每桌800元外，每桌加烟、酒、饮料200元，除定金抵补酒席款外，另付现金1800元。
⑬ 6月17日，商品部购进佐丹侬服装一批，价款5000元，税金850元，共计5 850元，货款已支付。该批商品售价9000元，当天销售5000元。商品按销售核算，进行账务处理，结转成本并计算应交增值税。
⑭ 6月30日，A．厨房盘点有猪肉20千克，每千克16元，做假退料手续。B．月末营业收入：客房部50万元、餐饮部30万元、娱乐部20万元、商品部10万元，共计110万元。营业成本：餐饮部20万元，商品部6万元。营业费用：客房部3万元、餐饮部2万元、娱乐部1万元、水平部0.5万元。管理费用1万元，计算营业税金及附加，并结转本年利润。C．计算所得税并结转利润分配账户。（注：娱乐营业税按10%计算）

第 11 章 会计报表

【内容提要】

本章阐述了会计报表编制的目的、分类和编制要求,详细介绍了资产负债表、利润表的内容结构和编制方法;简单介绍了现金流量表、所有者权益变动表的格式和编制方法。

【学习目标】

➢ 理解财务报表的意义。

➢ 掌握资产负债表、利润表、现金流量表和所有者权益变动表的编制方法。

➢ 认识报表附注的重要性,熟悉附注披露的主要内容。

11.1 会计报表概述

11.1.1 会计报表的意义

在企业日常的会计核算中,企业所发生的各项经济业务都已按照一定的会计程序,在有关的账簿中进行全面、连续、分类、汇总的记录和计算。企业在一定日期的财务状况和一定时期内的经营成果,在日常会计记录里已经得到反映。但是,这些日常核算资料数量太多,而且比较分散,不能集中、概括地反映企业的财务状况与经营成果。企业的投资者、债权人和财政、税务等部门以及与其他企业有利害关系的单位和个人,不能直接使用这些比较分散的会计记录,来分析评价企业的财务状况和经营成果,据以作出正确的决策。为此,就有必要定期地将日常会计核算资料加以分类调整、汇总,按照一定的形式编制财务报表,总括、综合地反映企业的经济活动过程和结果,为有关方面进行管理和决策提供所需的会计信息。

债权人日常会计核算资料为主要依据,反映企业某一特定日期财务状况和某一会计期间经营成果、现金流量的文件。企业编制财务报表,对于改善企业外部有关方面的经济决策环境和加强企业内部经营管理,具有重要作用。财务报表的作用主要表现在以下几个方面。

(1)企业投资者(包括潜在投资者)和债权人(包括潜在债权人),为了进行正确的投资决策和信贷决策,需要利用财务报表了解有关企业经营成果、财务状况及现金流动情况的会计信息。

（2）国家有关部门为了加强宏观经济管理，需要各单位提供财务报表资料，以便通过汇总分析，了解和掌握各部门、各地区经济计划（预算）完成情况、各种财政法律制度的执行情况，并针对存在的问题，及时运用经济杠杆和其他手段，调控经济活动，优化资源配置。

11.1.2　会计报表的构成

财务报表分为年度、半年度、季度和月度财务报表。月度、季度财务报表是指月度和季度终了提供的财务报表；半年度财务报表是指在每个会计年度的前6个月结束后对外提供的财务报表；年度财务报表是指年度终了对外提供的财务报表。半年度、季度和月度财务报表统称中期财务报表。

企业的财务报表至少应当包括资产负债表、利润表、现金流量表、所有者权益（股东权益）变动表和附注。

11.1.3　会计报表的编制要求

为了充分发挥财务报表的作用，必须保证财务报表的质量。为此，编制财务报表应当符合以下基本要求。

1. 编制时间要求

信息的主要价值特征是时效性，即使是最真实可靠完整的会计资料，如果编制、报送不及时，对使用者来说，也是没有任何价值的，特别是在市场经济条件下，这一点更为重要。这就要求企业，要及时进行会计核算、及时编制会计报表、及时向有关各方提供会计信息。

《企业会计制度》规定：月度中期会计报表，应当于月底终了后6天内（节假日顺延，下同）对外提供；季度中期会计报表，应当于季度终了后15天内对外提供；半年度中期会计报表，应当于年度中期结束后60天内（相当于两个连续的月份）对外提供；年度会计报表，应当于年度终了后4个月内对外提供。

2. 编制格式要求

按规定，对外报送的会计报表的格式，应当符合国家的有关规定；单位内部使用的会计报表，其格式要求由各单位自行规定。

国家统一会计制度对于对外报送的会计报表及其附表格式都有统一规定，各单位在编制会计报表时应当严格执行统一规定，不能随意增列或减并表内项目，更不能任意变更表内各项目的经济内容，以免引起使用方面的混乱。

对于内部使用的会计报表格式，各单位在自行规定时，格式要科学合理、体系完整、结构严谨、简明实用。

对于会计报表的封面，单位名称应当填写全称；单位公章应当使用单位行政公章，不能用财务专用章代替；同时还要盖单位负责人、总会计师、会计机构负责人、制表人等人员的印章。

3. 编制程序和质量要求

会计报表应当根据登记完整、核对无误的会计账簿记录和其他有关资料编制，做到数字真实、计算准确、内容完整，对重要的会计事项，应当在会计报表附注中说明。任何人不得篡改或者授意、指使、强令他人篡改会计报表数字。这是编制会计报表程序和质量最基本的要求，各单位必须严格执行。

（1）数字真实。会计报表应当与单位的财务状况和经营成果相一致。要求一切会计资料，必须真实反映单位经济活动的实际情况；编制会计报表，必须以登记完整、核对无误的会计记录和其他有关资料为依据。任何弄虚作假、隐瞒财务状况的行为，都是编制会计报表所不能允许的。

（2）计算准确。在会计账簿和其他有关资料真实可靠的前提下，严格按照国家统一会计制度规定的会计报表编制说明，编制会计报表；做到表内各项目之间、报表与报表之间相互衔接，本期报表与上期报表之间有关的数字，应当相互衔接，严禁任何人用任何方式篡改会计报表数字。

（3）内容完整。会计报表各项目的内容必须严格按照国家统一的会计制度规定的内容编制，能满足各方面对财务信息的需要。不得任意改变报表项目的内容、增列或减并报表项目，更不得漏报或谎报。

11.2 资产负债表

11.2.1 资产负债表的意义

资产负债表是反映企业在某一特定日期（月末、季末、年末）财务状况的会计报表，它表明企业在某一特定日期能拥有或控制的经济资源。它能提供企业在一定日期的总资产、所负担的债务、企业所有者在企业所持有的权益、企业的偿债能力等重要信息。它是由企业以往的经营活动及其成果决定的。企业获得了净收益或发生了亏损，必然引起其资产、负债及所有者权益的变化。因而，资产负债表基本上是一张历史性的报表，用以显示企业以往发生的经济业务的累积影响；投资人、债权人及其他有关人士，可以通过该表评价企业过去的经营与理财成果，并确定企业目前资产的流动性、偿债能力、财务实力等。通过对该表的分析，还可以为企业日后的经营能力、发展趋势的预测提供重要资料。

资产负债表是根据"资产＝负债＋所有者权益"这一会计基本等式而编制的。它所提供的是企业一定日期的财务状况，主要包括以下内容：

(1) 企业所拥有的各种经济资源（资产）；
(2) 企业所负担的债务（负债），以及企业的偿债能力（包括短期与长期的偿债能力）；
(3) 企业所有者在企业里所持有的权益（所有者权益）；
(4) 企业未来财务状况的变动趋势。

11.2.2 资产负债表上项目的分类与排列

为了帮助报表使用者分析、解释和评价资产负债表所提供的信息，需要对资产负债表上的项目，按照它们的共同特征进行适当的分类与排列。一般来说，在资产负债表上，资产按其流动程度的高低顺序排列，即先流动资产，后非流动资产，而非流动资产再划分若干个大类；负债按其到期日由近至远的顺序排列，即先流动负债，后非流动负债；所有者权益则按其永久性递减的顺序排列，即先实收资本，后资本公积、盈余公积，最后是未分配利润。

11.2.3 资产负债表的格式

资产负债表有两种基本格式，即账户式与垂直式（报告式）两种。

账户式资产负债表分左、右两方，左方列示资产项目，右方列示负债与所有者权益项目，左右两方的合计数保持平衡。这种格式的资产负债表在我国应用最广，详见表 11-1。

表 11-1 资产负债表（账户式）

编制单位：南岗公司　　　　　20×8 年 12 月 31 日　　　　　单位：元

资产	年初数	期末数	负债和所有者权益（或股东权益）	年初数	期末数
流动资产：			流动负债：		
货币资金	1809100	1242167	短期借款	500000	300000
交易性金融资产	26800	28800	应付票据	250000	100000
应收票据	80000	0	应付账款	760000	675000
应收账款	392000	492940	预收账款	0	0
预付账款	65000	0	应付职工薪酬	51000	51000
应收股利	0	0	应交税费	40800	120917
应收利息	0	0	应付利息	0	0
其他应收款	4500	4500	应付股利	0	81145
存货	348200	516910	其他应付款	65000	65000
待摊费用	120000	83000	预提费用	12000	24000

(续表)

资产	年初数	期末数	负债和所有者权益（或股东权益）	年初数	期末数
一年内到期的非流动资产		0	一年内到期的非流动负债	850000	400000
流动资产合计			其他流动负债		
非流动资产：	2845600	2368317	流动负债合计	0	0
持有至到期投资			非流动负债：	2528800	1817062
长期股权投资	0	0	长期借款		
长期应收款	295500	295500	应付债券	950000	1220500
固定资产	0	0	长期应付款	0	0
在建工程	2309000	3305400	专项应付款	0	0
工程物资	1600000	670000	预计负债	0	0
固定资产清理	0	152100	递延所得税负债	0	0
无形资产	0	0	其他非流动负债	8000	17900
开发支出	960000	880000	非流动负债合计	0	0
商誉	0	20000	负债合计	958000	1238400
长期待摊费用	0	0	所有者权益（或股东权益）	3486800	3055462
递延提得税资产	150000	100000			
其他非流动资产	0	0	实收资本（或股本）		
非流动资产合计	0	0	资本公积	4200000	4200000
	5314500	5423000	减：库存股	233300	233300
			盈余公积	0	0
			未分配利润	150000	171555
			所有者权益（或股东权益）合计	90000	131000
				4673300	4735855
资产总计			负债和所有者权益（或股东权益）总计		
	5314500	7791317		8160100	7791317

　　垂直式资产负债表将资产、负债、所有者权益项目垂直分列的形式反映。其具体排列形式又有以下几种。

　　(1) 按照"资产＝负债＋所有者权益"的等式，上边的资产总计与垂直排列在下边的负债及所有者权益总计保持平衡。这种格式的资产负债表的简化形式详见表 11-2。

表 11-2 资产负债表（垂直式）

编制单位：南岗公司　　　　　20×8年12月31日　　　　　　　　单位：元

项　目	年初数	年末数
资　产	⋮	⋮
⋮		
资产总计	8160100	7791317
负债与所有者权益	⋮	⋮
⋮		
负债与所有者权益总计	8160100	7791317

注：此表为简化形式。

（2）按照"资产－负债＝所有者权益"的等式，上边的资产总计与负债总额之差，与垂直排列在下边所有者权益总计保持平衡。这种格式的资产负债表的简化形式详见表11-3。

表 11-3 资产负债表（垂直式）

编制单位：南岗公司　　　　　20×8年12月31日　　　　　　　　单位：元

项　目	年初数	年末数
资产与负债		
⋮	⋮	⋮
资产合计	8160100	7791317
⋮	⋮	
负债合计	3486800	3055462
净资产总计	4673300	4735855
所有者权益		
⋮	⋮	⋮
所有者权益总计	4673300	4735855

注：此表为简化形式。

（3）按照"流动资产－流动负债＝营运资金"、"营运资金＋非流动资产－非流动负债＝所有者权益"的等式，先用流动资产合计减去垂直排列在下边的流动负债合计，求得营运资金，然后在营运资金下边加上非流动资产合计，减去非流动负债合计，所得结果与垂直排列在下边所有者权益总计保持平衡。这种格式的资产负债表的简化形式详见表11-4。

表11-4 资产负债表（垂直式）

编制单位：南岗公司　　　　20×8年12月31日　　　　　　　　　单位：元

项　目	年初数	年末数
流动资产		
⋮	⋮	⋮
流动资产合计	2845600	2368317
流动负债		
⋮	⋮	⋮
流动负债合计	2528800	1817062
营运资金	316800	551255
非流动资产		
⋮	⋮	⋮
非流动资产合计	5314500	5423000
非流动负债		
⋮	⋮	⋮
非流动负债合计	958000	1238400
所有者权益		
⋮	⋮	⋮
所有者权益合计	4673300	4735855

注：此表为简化形式。

11.2.4　资产负债表的编制方法

由于企业的每一项资产、负债和所有者权益余额都是以各有关科目的余额来表示的，因此，作为总括反映企业资产、负债和所有权益的资产负债表项目，原则上都可以直接根据有关总账科目的期末余额填列。但是，为了如实地反映企业的财务状况，更好地满足报表使用者的需要，资产负债表的某些项目需要根据总账科目和明细科目的记录分析、计算后填列。总之，资产负债表项目的填列方法，在很大程度上取决于企业日常会计核算所设置的总账科目的粗细程度。

资产负债表各项目的填列方法大体上可归为以下几种情况。

（1）直接根据总账科目余额填列。例如，"交易性金融资产"、"应收票据"、"其他应收款"、"固定资产清理"、"短期借款"、"应付票据"、"应付职工薪酬"、"应交税费"、"应付利息"、"应付股利"、"其他应付款"、"实收资本"、"资本公积"、"盈余公积"等项目，应根据各项关总账科目余额直接填列。

（2）根据若干个总账科目余额计算填列。例如，"货币资金"项目，应根据"库存现金"、

"银行存款"和"其他货币资金"科目余额之和计算填列;"存货"项目,应根据"材料采购"(或"在途材料"、"商品采购")、"原材料"(或"库存商品")、"委托加工物资"、"包装物"、"低值易耗品"、"材料成本差异"(或"商品进销差价")、"生产成本"、"自制半成品"、"产成品"等科目借贷方余额的差额计算填列;"未分配利润"项目,应根据"本年利润"和"利润分配"科目余额计算填列。

(3) 根据若干个明细科目余额计算填列。例如,"应收账款"项目,应根据"应收账款"、"预收账款"总账科目所属明细科目的借方余额之和计算填列;"预收账款"项目,应根据"应收账款"、"预收账款"总账科目所属明细科目的贷方余额之和计算填列;"应付账款"项目,应根据"应付账款"、"预付账款"总账科目所属明细科目的贷方余额之和计算填列;"预付账款"项目,应根据"应付账款"、"预付账款"总账科目所属明细科目的借方余额之和计算填列;"待摊费用"项目应根据"待摊费用"、"预提费用"总账科目所属明细科目的借方余额之和计算填列;"预提费用"项目应根据"待摊费用"、"预提费用"总账科目所属明细科目的贷方余额之和计算填列。

(4) 根据总账科目或明细科目余额分析填列。例如,"1年内到期的非流动资产"项目,应根据"持有至到期投资"、"长期应收款"科目所属明细科目余额中将于1年内到期的数额之和计算填列;"持有至到期投资"、"长期应收款"项目应根据"持有至到期投资"、"长期应收款"总账科目余额扣除1年内到期的长期债券投资的数额填列;"1年内到期的非流动负债"项目,应根据"长期借款"、"应付债券"、"长期应付款"等总账科目所属明细科目余额中将于1年内到期的数额之和计算填列;"长期借款"、"应付债券"、"长期应付款"等项目,应分别根据"长期借款"、"应付债券"、"长期应付款"等总账科目余额扣除1年内到期的数额填列。

11.3 利 润 表

11.3.1 利润表的性质和作用

利润表是用来反映企业在某一会计期间的经营成果的一种财务报表。在利润表上,要反映企业在一个会计期间的所有收入(广义)与所有费用(广义),并求出报告期的利润额。利用利润表,可以评价一个企业的经营成果和投资效率,分析企业的盈利能力以及预测未来一定时期内的盈利趋势。

编制利润表,要重点解决以下两个方面的问题。

(1) 正确确定当期收入与费用。利润是当期收入与当期费用的差额。因此,要正确计算利润,就必须首先确定当期的收入与当期的费用。对于营业收入来说,一般情况下,只有当企业的商品已经销售或劳务已经提供,才能确定为本期的营业收入并编入利润表。在某些特殊情况下，也可以在生产过程中，或在产品完工时确认营业收入。

（2）力求保持投入资本的完整。一个企业只有在保持投入资本完整无缺的情况下，才可能获得真正的利润。例如，在通货膨胀时期，货币贬值，以货币计量的投入资本，其期末账面余额可能大于期初余额，但若按物价指数换算，却可能小于期初余额，因而可能出现虚盈实亏的现象。因此，在通货膨胀严重的情况下，有必要按物价指数进行调整。

11.3.2 利润表的格式

利润表的表首，应标明企业和该表的名称。表的名称下面标明编制的期间。由于利润表反映某一期间的经营成果，因而其时间只能标明为"某年某月份"，或"某年某月某日"至"某年某月某日"，或"某年某月某日结束的会计年度"。

为了提供与报表使用者的经营决策相关的信息，收入和费用在利润表中不同的列示方法，因而利润表的本体部分可以有多步式和单步式两种格式。

1. 多步式利润表

多步式利润表是常用的格式，它将企业日常经营活动过程中发生的收入和费用项目与该过程外发生的收入与费用分开。划分这一界限的标准，主要是看一个项目与在该过程是否关系到评价企业未来产生现金和现金等价物的能力。或者说，依据一个项目的预测价值。那些经常重复发生的收入与费用项目，是预测企业未来的基础；那些偶然发生的收入与费用项目，则不能作为预测的依据。例如，企业变卖固定资产就属于偶然事项，不可能经常反复发生。将这类偶然事项产生的损益分列出来，显然有助于提高利润表信息的预测价值。

适当划分企业的收入和费用项目，并以不同的方式在利润表上将收入与费用项目组合起来，还可以提供各种各样的有关企业经营成果的指标。

在多步式利润表上，净利润是分若干个步骤计算出来的，一般可以分为以下几步。

第一步：计算营业利润。

营业利润＝营业收入－营业成本－营业税金及附加－销售费用－管理费用－财务费用－资产减值损失＋公允价值变动收益＋投资收益

第二步：计算利润总额。

利润总额＝营业利润＋营业外收入－营业外支出

第三步：计算净利润。

净利润＝利润总额－所得税费用

【例 11-1】 南岗公司多步式利润表详见表 11-5。

表 11-5 利润表（多步式）

编制单位：南岗公司　　　　　　　　20×8 年度　　　　　　　　单位：元

项　　目	本 年 金 额	上 年 金 额
一、营业收入	1500000	1200000
减：营业成本	900000	750000
营业税金及附加	21250	18000
销售费用	28000	25000
管理费用	224700	191000
财务费用	56500	50000
资产减值损失	38250	25000
加：公允价值变动收益	2000	1000
投资收益	40000	50000
二、营业利润	273300	192000
加：营业外收入	--	30000
减：营业外支出	70000	65000
三、利润总额	203300	157000
减：所得税费用	59600	48000
四、净利润	143700	109000
五、每股收益		
（一）基本每股收益	（略）	（略）
（二）稀释每股收益	（略）	（略）

股票公开上市的公司还要在净利润下列示普通股每股收益的数据，以便报表使用者评价企业的获利能力。

采用多步式利润表，便于同类型企业之间的比较，也便于前后各期利润表上相应项目之间的比较，更有利于预测企业今后的盈利能力。

2. 单步式利润表

在单步式利润表上，只需将本期所有收入（广义）加在一起，然后再将所有费用（广义）加在一起，两者相减，通过一次计算得出本期净利润。

【例 11-2】 现以南岗公司 20×8 年度的利润表为例说明这种单步式利润表的格式，详见表 11-6。

表11-6 利润表（单步式）

编制单位：南岗公司　　　　　　　20×8年度　　　　　　　　　　　单位：元

项　　目	本年实际	上年实际
一、收入		
营业收入	1500000	1200000
公允价值变动收益	2000	1000
投资收益	40000	50000
营业外收入	—	30000
收入合计	1542000	1281000
二、费用		
营业成本	900000	750000
营业税金及附加	21250	18000
销售费用	28000	25000
管理费用	224700	191000
财务费用	56500	50000
资产减值损失	38250	25000
营业外支出	70000	65000
所得税费用	59600	48000
费用合计	1398300	1172000
三、净利润	143700	109000

单步式利润表的优点是：表式简单，易于理解，避免项目分类上的困难。

多步式年度利润表上"本年实际"栏的"营业收入"、"营业成本"、"营业税金及附加"、"销售费用"、"管理费用"、"财务费用"、"资产减值损失"、"公允价值变动收益"、"投资收益"、"营业外收入"、"营业外支出"和"所得税费用"等项目，在采用表结法进行本年利润核算的情况下，应根据年末各相关科目结转"本年利润"科目的数额填列；在采用账结法进行本年利润核算的情况下，应根据各相关科目各月末结转"本年利润"科目的数额累计数填列，其中，如为"投资净损失"、"投资收益"项目以负数填列。"本年实际"栏的"营业利润"、"利润总额"和"净利润"项目，应根据各相关项目计算填列。

单步式年度利润表上，"收入合计"、"费用合计"和"净利润"项目根据各相关项目计算填列。其他项目的填列同多步式利润表。

年度利润表上"上年实际"栏的各项目，应根据上年利润表的相关项目填列。

如果编制月份利润表，则应将"本年实际"与"上年实际"栏分别改为"本月数"与"本年累计数"栏。

11.4 资产负债表与利润表编制举例

11.4.1 资料

1. 南岗公司为股份有限公司,系增值税一般纳税人,增值税率为 17%,所得税率为 33%。其 20×8 年 1 月 1 日有关科目的余额如表 11-7 所示。

表 11-7 科目余额表

20×8 年 1 月 1 日　　　　　　　　　　　　　　单位: 元

科目名称	借方余额	科目名称	贷方余额
库存现金	3100	短期借款	500000
银行存款	1638000	应付票据	250000
其他货币资金	168000	应付账款	760000
交易性金融资产	26800	其他应付款	65000
应收票据	80000	应付职工薪酬	51000
应收账款	400000	应交税费	40800
坏账准备	−8000	预提费用	12000
预付账款	65000	长期借款	1800000
其他应收款	4500	其中:1年内到期的非流动负债	850000
物资采购	120000	递延所得税负债	
原材料	91200	股本	8000
包装物	10000	资本公积	4200000
低值易耗品	70000	盈余公积	233300
库存商品	60000	利润分配(未分配利润)	150000
材料成本差异	3500		90000
存货跌价准备	−6500		
待摊费用	120000		
长期股权投资	300000		
长期股权投资减值准备	−4500		
固定资产	3099000		
累计折旧	−600000		
固定资产减值准备	−190000		
在建工程	1600000		
无形资产	1200000		
累计摊销	−240000		
长期待摊费用	150000		
合计	8160100	合计	8160100

2. 该公司 20×8 年发生的经济业务如下。

（1）购入原材料一批，材料价款 200000 元，增值税额 34000 元，共计 234000 元，原已预付材料款 65000 元，余款 169000 元用银行存款支付，材料未到。

（2）收到原材料一批，实际成本 120000 元，计划成本 115000 元，材料已验收入库，货款已于上月支付。

（3）购入不需要安装的设备一台，价款 90000 元，支付的增值税 15300 元，支付包装费、运费 1100 元。价款、增值税及包装费、运费共计 106400 元均以银行存款支付。

（4）购入工程物资一批，价款 130000 元。增值税 22100 元。均已用银行存款支付。

（5）收到银行通知，用银行存款支付到期的商业承兑汇票 150000 元，偿还应付账款 85000 元。

（6）销售产品一批，销售价款 400000 元。应收取增值税 68000 元，产品已发出，价款尚未收到。

（7）从银行借入 3 年期借款 500000 元，借款已存入银行，该项借款用于购建固定资产。

（8）在建工程应付工资 410000 元。

（9）一项工程完工，计算应负担的长期借款利息 160000 元。该项借款本息未付。

（10）一项工程完工，交付生产使用，已办理竣工手续，固定资产价值 1500000 元。

（11）销售产品一批，价款 800000 元，应收取增值税 136000 元，货款银行已收妥。

（12）公司出售一台不需用设备，收到价款 400000 元，设备原价 800000 元，已提折旧 260000 元，已提减值准备 100000 元，设备已交付给购入单位。

（13）收到一项长期股权投资股利 40000 元，存入银行。该项投资按成本法核算，对方公司的所得税税率与公司一致，均为 33%。

（14）归还短期借款本金 200000 元，利息 10000 元，公计 210000 元。借款利息已预提。

（15）用银行汇票支付采购材料价款，公司收到开户银行转来银行汇票多余款收账通知，通知上所填多余款 417 元，购入材料的价款及运费共 123500 元，支付的增值税额为 22083 元，材料已验收入库，该批材料的计划价格为 123800 元。

（16）提取现金 1037000 元，准备发工资。

（17）支付职工工资 1037000 元，其中包括支付给在建工程人员的工资 410000 元。

（18）分配应支付的职工工资 627000 元（不包括在建工程应负担的工资 410000 元），其中，生产人员工资 570000 元，车间管理人员工资 11400 元，行政管理部门人员工资 45600 元。

（19）用银行存款支付研发部门的新技术开发支出 20000 元，该项支出符合资本化的条件。

(20) 用银行存款支付产品展览费 15000 元，广告费 13000 元。

(21) 基本生产领用原材料，计划成本 300000 元；领用低值易耗品，计划成本 60000 元，采用一次摊销法摊销。

(22) 结转领用原材料与低值易耗品的成本差异，材料成本差异率为 2%。

(23) 公司采用商业承兑汇票结算方式销售产品一批，价款 300000 元，增值税额 51000 元，收到 351000 元的商业承兑汇票 1 张。

(24) 公司将上述商业承兑汇票向银行办理贴现，贴现息为 24000 元，该票据的到期日为 20×3 年 4 月 20 日。同时将上年销售商品所收到的一张面值为 80000 元、已到期的无息银行承兑汇票，连同解讫通知书和进账单交银行办理转账，收到银行盖章退回的进账单一联，款项银行已收妥。

(25) 提取应计入本期损益的借款利息共 32500 元，其中，短期借款利息 22000 元，长期借款利息 10500 元。

(26) 计提固定资产折旧 120000 元，其中，应计入制造费用 100000 元，管理费用 20000 元。

(27) 摊销无形资产 80000 元。

(28) 摊销印花税 11000 元；摊销基本生产车间固定资产修理费 75000 元，其中，原已列出待摊费用的 25000 元，原已列入长期待摊费用的 50000 元。

(29) 用银行存款支付本年度企业财产保险费 67100 元。

(30) 本期产品销售应缴纳的城市维护建设税 14875 元，教育费附加 6375 元。

(31) 应银行存款缴纳增值税 120000 元，城市维护建设 14875 元，教育费附加 6375 元。

(32) 年末交易性金融资产的公允价值为 288000 元，应确认公允价值变动收益 2000 元。

(33) 计算并结转本期完工产品成本 1123600 元。没有期初在产品，本期生产的产品全部完工入库。

(34) 结转本期产品销售成本 900000 元。

(35) 基本生产车间盘亏一台设备，原价 280000 元，已提折旧 225000 元，以提减值准备 25000 元。

(36) 偿还长期借款本金 850000 元。

(37) 收回应收账款 360000 元，存入银行。

(38) 应收某客户的账款 5000 元，已确认不能收回。

(39) 按应收账款余额的 2% 计提坏账准备。

(40) 计提存货跌价准备 11190 元。

(41) 计提固定资产减值准备 2000 元。

(42) 第 (35) 笔的固定资产盘亏在年末结账前仍为批准处理，按规定将 30000 元损失转为营业外支出（附注中说明）。

（43）年末查明一批管理部门用低值易耗品提前报废，其原计入待摊费用的 1000 元未摊销，价值应全部计入本期损益。

（44）结转各收入、费用科目，确定利润总额 203300 元。

（45）计算并结转应交所得税 49700 元，所得税费用 59600 元，增加递延所得税负债 9 900 元（均为假设数据）。

（46）用银行存款缴纳所得税 48500 元。

（47）提取盈余公积 21555 元；分配普通股现金股利 81145 元。

（48）将利润分配各明细科目的余额转入"未分配利润"明细科目，结转本年利润。

（49）20×3 年末将于 1 年内到期的非流动负债为 400000 元。

11.4.2 根据以上资料编制会计分录和利润表与资产负债表

1. 编制会计分录

（1）借：材料采购	200 000
应交税费——应交增值税（进项税额）	34 000
贷：银行存款	169 000
预付账款	65 000
（2）借：原材料	115 000
材料成本差异	5 000
贷：材料采购	120 000
（3）借：固定资产	106 400
贷：银行存款	106 400
（4）借：工程物资	152 100
贷：银行存款	152 100
（5）借：应付票据	150 000
应付账款	85 000
贷：银行存款	235 000
（6）借：应收账款	468 000
贷：主营业务收入	400 000
应交税费——应交增值税（销项税额）	68 000
（7）借：银行存款	500 000
贷：长期借款	500 000
（8）借：在建工程	410 000
贷：应付职工薪酬	410 000

（9）借：在建工程　　　　　　　　　　　　　160 000
　　　　贷：长期借款——应付利息　　　　　　160 000
（10）借：固定资产　　　　　　　　　　　　1 500 000
　　　　贷：在建工程　　　　　　　　　　　1 500 000
（11）借：银行存款　　　　　　　　　　　　　936 000
　　　　贷：主营业务收入　　　　　　　　　　800 000
　　　　　　应交税费——应交增值税（销项税额）　136 000
（12）借：固定资产清理　　　　　　　　　　　440 000
　　　　　累计折旧　　　　　　　　　　　　　260 000
　　　　　固定资产减值准备　　　　　　　　　100 000
　　　　贷：固定资产　　　　　　　　　　　　800 000
（13）借：银行存款　　　　　　　　　　　　　 40 000
　　　　贷：投资收益　　　　　　　　　　　　 40 000
（14）借：短期借款　　　　　　　　　　　　　200 000
　　　　　预提费用　　　　　　　　　　　　　 10 000
　　　　贷：银行存款　　　　　　　　　　　　210 000
（15）借：材料采购　　　　　　　　　　　　　123 500
　　　　　银行存款　　　　　　　　　　　　　　　417
　　　　　应交税费——应交增值税（进项税额）　 22 083
　　　　贷：其他货币资金　　　　　　　　　　146 000
材料验收后
　　　　借：原材料　　　　　　　　　　　　　123 800
　　　　贷：材料采购　　　　　　　　　　　　123 500
　　　　　　材料成本差异　　　　　　　　　　　　300
（16）借：库存现金　　　　　　　　　　　　1 037 000
　　　　贷：银行存款　　　　　　　　　　　1 037 000
（17）借：应付职工薪酬　　　　　　　　　　1 037 000
　　　　贷：库存现金　　　　　　　　　　　1 037 000
（18）借：生产成本　　　　　　　　　　　　　570 000
　　　　　制造费用　　　　　　　　　　　　　 11 400
　　　　　管理费用　　　　　　　　　　　　　 45 600
　　　　贷：应付职工薪酬　　　　　　　　　　627 000
（19）借：开发支出　　　　　　　　　　　　　 20 000
　　　　贷：银行存款　　　　　　　　　　　　 20 000

(20) 借：销售费用——展览费　　　　　　　15 000
　　　　　　　——广告费　　　　　　　13 000
　　　贷：银行存款　　　　　　　　　　　　　28 000
(21) 借：生产成本　　　　　　　　　　　300 000
　　　贷：原材料　　　　　　　　　　　　　　300 000
同时
　　　借：制造费用　　　　　　　　　　　　60 000
　　　贷：低值易耗品　　　　　　　　　　　　60 000
(22) 原材料应负担成本差异：300000×2%=6000（元）
低值易耗品应负担成本差异：60000×2%=1200（元）
　　　借：生产成本　　　　　　　　　　　　6 000
　　　　　制造费用　　　　　　　　　　　　1 200
　　　贷：材料成本差异　　　　　　　　　　　7 200
(23) 借：应收票据　　　　　　　　　　　351 000
　　　贷：主营业务收入　　　　　　　　　　300 000
　　　　　应交税费——应交增值税（销项税额）　51 000
(24) 借：银行存款　　　　　　　　　　　327 000
　　　　　财务费用　　　　　　　　　　　24 000
　　　贷：应收票据　　　　　　　　　　　　351 000
　　　借：银行存款　　　　　　　　　　　　80 000
　　　贷：应收票据　　　　　　　　　　　　　80 000
(25) 借：财务费用　　　　　　　　　　　　32 500
　　　贷：预提费用　　　　　　　　　　　　　22 000
　　　　　长期借款——应付利息　　　　　　　10 500
(26) 借：制造费用——折旧费　　　　　　100 000
　　　　　管理费用——折旧费　　　　　　20 000
　　　贷：累计折旧　　　　　　　　　　　　120 000
(27) 借：管理费用——无形资产摊销　　　　80 000
　　　贷：累计摊销　　　　　　　　　　　　　80 000
(28) 借：管理费用——印花税　　　　　　　11 000
　　　贷：待摊费用　　　　　　　　　　　　　11 000
　　　借：制造费用——固定资产修理费　　　75 000
　　　贷：待摊费用　　　　　　　　　　　　　25 000
　　　　　长期待摊费用　　　　　　　　　　50 000

(29) 借：管理费用——财产保险费　　　　　　67 100
　　　贷：银行存款　　　　　　　　　　　　　　67 100
(30) 借：营业税金及附加　　　　　　　　　　21 250
　　　贷：应交税费——应交城建税　　　　　　14 875
　　　　　　　　　——应交教育附加　　　　　 6 375
(31) 借：应交税费——应交增值税（已交税金）120 000
　　　　　　　　　——应交城建税　　　　　　14 875
　　　　　　　　　——应交教育附加　　　　　 6 375
　　　贷：银行存款　　　　　　　　　　　　　141 250
(32) 借：交易性金融资产——公允价值变动　　　2 000
　　　贷：公允价值变动损益　　　　　　　　　　2 000
(33) 借：生产成本　　　　　　　　　　　　　247 600
　　　贷：制造费用　　　　　　　　　　　　　247 600
　　　借：库存商品　　　　　　　　　　　　1 123 600
　　　贷：生产成本　　　　　　　　　　　　1 123 600
(34) 借：主营业务成本　　　　　　　　　　　900 000
　　　贷：库存商品　　　　　　　　　　　　　900 000
(35) 借：累计折旧　　　　　　　　　　　　　225 000
　　　　固定资产减值准备　　　　　　　　　 25 000
　　　　待处理财产损失——待处理固定资产损失 30 000
　　　贷：固定资产　　　　　　　　　　　　　280 000
(36) 借：长期借款　　　　　　　　　　　　　850 000
　　　贷：银行存款　　　　　　　　　　　　　850 000
(37) 借：银行存款　　　　　　　　　　　　　360 000
　　　贷：应收账款　　　　　　　　　　　　　360 000
(38) 借：坏账准备　　　　　　　　　　　　　 5 000
　　　贷：应收账款　　　　　　　　　　　　　 5 000
(39) 应补提坏账损失 = 503 000 × 2% − 3 000 = 7 060（元）
　　　借：资产减值损失——计提的坏账准备　　 7 060
　　　贷：坏账准备　　　　　　　　　　　　　　7 060
(40) 借：资产减值损失——计提的存货跌价准备　11 190
　　　贷：存货跌价准备　　　　　　　　　　　 11 190
(41) 借：资产减值损失——计提的固定资产减值准备 20 000
　　　贷：固定资产减值准备　　　　　　　　　 20 000

(42) 借：营业外支出——固定资产盘亏　　　　　　30 000
　　　贷：待处理财产损失——待处理固定资产损失　30 000
(43) 借：管理费用　　　　　　　　　　　　　　　1 000
　　　贷：待摊费用　　　　　　　　　　　　　　　1 000
(44) 借：主营业务收入　　　　　　　　　　　　1 500 000
　　　　投资收益　　　　　　　　　　　　　　　40 000
　　　　公允价值变动损益　　　　　　　　　　　 2 000
　　　贷：本年利润　　　　　　　　　　　　　1 542 000
　　　借：本年利润　　　　　　　　　　　　　1 338 700
　　　贷：营业成本　　　　　　　　　　　　　 900 000
　　　　　营业税金及附加　　　　　　　　　　　21 250
　　　　　销售费用　　　　　　　　　　　　　　28 000
　　　　　管理费用　　　　　　　　　　　　　 224 700
　　　　　财务费用　　　　　　　　　　　　　　56 500
　　　　　资产减值损失　　　　　　　　　　　　38 250
　　　　　营业外支出　　　　　　　　　　　　　70 000
(45) 借：所得税费用　　　　　　　　　　　　　　59 600
　　　贷：递延所得税负债　　　　　　　　　　　 9 900
　　　　　应交税费——应交所得税　　　　　　　49 700
　　　借：本年利润　　　　　　　　　　　　　　59 600
　　　贷：所得税费用　　　　　　　　　　　　　59 600
(46) 借：应交税费——应交所得税　　　　　　　　48 500
　　　贷：银行存款　　　　　　　　　　　　　　48 500
(47) 借：利润分配——提取盈余公积　　　　　　　21 555
　　　贷：盈余公积　　　　　　　　　　　　　　21 555
　　　借：利润分配——应付普通股股利　　　　　81 145
　　　贷：应付股利　　　　　　　　　　　　　　81 145
(48) 借：利润分配——未分配利润　　　　　　　 102 700
　　　贷：利润分配——提取盈余公积　　　　　　21 555
　　　　　　　　——应付普通股股利　　　　　　81 145
　　　借：本年利润　　　　　　　　　　　　　 143 700
　　　贷：利润分配——未分配利润　　　　　　 143 700

2. 根据上述会计分录，登记T形账户

库存现金			
期初余额	3100		
		(7)	500000
(16)	1037000	(17)	1037000
期末余额	3100		

银行存款			
期初余额	1638000		
(3)	106400	(1)	169000
(11)	936000	(4)	152100
(12)	400000	(5)	235000
(13)	40000	(14)	210000
(15)	417	(16)	1037000
(24)	327000	(19)	20000
(24)	8000	(29)	67100
(37)	360000	(29)	67100
		(32)	141250
		(36)	850000
		(46)	48500
期末余额	1217067		

其他货币资金			
期初余额	168000		
		(15)	146000
期末余额	22000		

交易性金融资产			
期初余额	26800		
(32)	2000		
期末余额	28800		

材料采购			
期初余额	120000		
(1)	200000	(2)	120000
(15)	123500	(15)	123500
期末余额	200000		

原材料			
期初余额	91200		
(2)	115000	(21)	300000
(15)	123800		
期末余额	30000		

材料采购			
期初余额	3500		
(1)	200000	(15)	300
(2)	5000	(22)	7200
期末余额	1000		

生产成本			
期初余额	0		
(18)	570000	(33)	1123600
(21)	300000		
(22)	6000		
(33)	247600		
期末余额	0		

制造费用			
(18)	11400	(33)	247600
(21)	60000		
(22)	1200		
(26)	100000		
(28)	75000		
期末余额	0		

低值易耗品

期初余额 70000	
	(21) 60000
期末余额 10000	

库存商品

期初余额 60000	
(33) 1123600	(34) 900000
期末余额 283600	

应收账款

期初余额 400000	
(6) 468000	(37) 360000
	(38) 5000
期末余额 10000	

库存商品

	期初余额 8000
(38) 5000	(39) 7060
	期末余额 10060

应收票据

期初余额 80000	
(23) 351000	(24) 351000
	(24) 80000
期末余额 0	

待摊费用

期初余额 120000	
	(28) 11000
	(28) 25000
	(43) 1000
(38) 5000	

存货跌价准备

	期初余额 6500
	(40) 11190
	期末余额 17690

预付账款

期初余额 120000	
	(1) 65000
期末余额 0	

其他应收款

期初余额 4500	
期末余额 4500	

包装物

期初余额 10000	
期末余额 10000	

固定资产

期初余额 3099000	
(3) 106400	
(10) 1500000	
期末余额 3625400	

累计折旧

	期初余额 600000
(12) 260000	(26) 120000
(35) 225000	
	期末余额 235000

固定资产减值准备				在建工程			
		期初余额	190000	期初余额	1600000		
(12)	100000	(41)	20000	(8)	410000		
(35)	25000			(9)	160000	(10)	1500000
		期末余额	85000	期末余额	670000		

工程物资			无形资产	
期初余额	0		期初余额	1200000
(4)	152100		期末余额	1200000
期末余额	152100			

固定资产清理				累计摊销			
(12)	440000	(12)	400000			期初余额	240000
		(12)	40000			(27)	80000
期末余额	0					期末余额	320000

待处理财产损溢				无形资产			
(35)	30000	(42)	30000	期初余额	150000	(28)	50000
期末余额	0			期末余额	100000		

开发支出			银行存款	
期初余额	0		期初余额	40800
(19)	20000			
期末余额	20000			

		银行存款		
(1)	34000	(6)	68000	
(15)	22083	(11)	136000	
(31)	120000	(23)	51000	
(31)	14873	(30)	14873	
(31)	6375	(30)	6375	
(46)	48500	(45)	49700	
		期末余额	120917	

长期股权投资		长期股权投资减值准备	
期初余额	30000	期初余额	4500
期末余额	30000	期末余额	4500

应付票据		应付职工薪酬	
	期初余额 250000		期初余额 51000
期末余额 100000		（17） 1037000	（8） 410000
			（18） 627000
			期末余额 51000

预提费用		短期借款	
	期初余额 12000		期初余额 500000
（14） 10000	（25） 22000	（14） 200000	
	期末余额 24000		期末余额 51000

应付股利		应付账款	
	期初余额 0		期初余额 760000
	（47） 81145	（5） 850000	
	期末余额 81145		期末余额 675000

盈余公积		资本公积	
	期初余额 150000		期初余额 233300
	（47） 21555		期末余额 233300
	期末余额 171555		

主营业务收入		资本公积	
	（6） 400000	（34） 900000	（44） 900000
（44） 1500000	（11） 800000	期末余额 0	
	（23） 300000		
	期末余额 0		

营业税金及附加		营业外支出	
（31） 21250	（44） 21250	（12） 40000	（44） 70000
期末余额 0		（42） 30000	
		期末余额 0	

投资收益		营业外支出	
（44） 40000	（13） 40000	（20） 28000	（44） 28000
	期末余额 0	期末余额 0	

管理费用		所得税费用	
（18） 45600	（44） 224700	（45） 59600	（45） 59600
（26） 20000		期末余额 0	
（27） 80000		资产减值损失	
（28） 11000		（39） 7060	（44） 38250
（30） 67100		（40） 11190	
（43） 1000		（41） 20000	
期末余额 0		期末余额 0	

财务费用		利润分配	
			期初余额 90000
（24） 24000	（44） 56500	（47） 21555	（48） 21555
（25） 32500		（47） 81145	（48） 81145
期末余额 0		（48）102700	（48） 143700
			期末余额 131000

公允价值变动损益		本年利润	
（44） 2000	（32） 2000	（44）1338700	（44） 1524000
		（45） 59600	
		（48） 143700	
			期末余额 131000

3. 根据 T 形账户记录编制 20×8 年 12 月 31 日的科目余额表，见表 11-8。

表 11-8 科目余额表

20×8 年 12 月 31 日　　　　　　　　　　　　　　　　　单位：元

科目名称	借方余额	科目名称	贷方余额
库存现金	3100	短期借款	300000
银行存款	1217067	应付票据	100000
其他货币资金	22000	应付账款	675000
交易性金融资产	28800	其他应付款	65000
应收票据	0	应付职工薪酬	51000
应收账款	503000	应付股利	81145
坏账准备	-10060	应交税费	120917
预付账款	0	预提费用	24000

(续表)

科目名称	借方余额	科目名称	贷方余额
其他应收款	4500	长期借款	1620500
材料采购	200000	其中：1年内到期非流动负债	400000
原材料	30000		
包装物	10000	递延所得税负债	17900
低值易耗品	10000	股本	4200000
库存商品	283600	资本公积	233300
材料成本差异	1000	盈余公积	171555
存货跌价准备	-17690	利润分配（未分配利润）	131000
待摊费用	83000		
长期股权投资	300000		
长期股权投资减值准备	-4500		
固定资产	3625400		
累计折旧	-235000		
固定资产减值准备	-85000		
工程物资	152100		
在建工程	670000		
无形资产	1200000		
累计摊销	-320000		
开发支出	20000		
长期待摊费用	100000		
合计	7791317	合计	7791317

4. 编制资产负债表和利润表。南岗公司20×8年12月31日的资产负债表见表11-1，20×8年度的利润表见表11-5。

11.5 现金流量表

11.5.1 现金流量表的意义

现金流量表是反映企业在一定会计期间内经营活动、投资活动和筹资活动产生的现金流入与流出情况的报表，是动态的会计报表。

现金流量表是公司的主要财务报表之一，它反映了公司的现金流入、现金流出与会计期间的现金之净变动数，反映公司的偿债能力；同时它有助于分析企业未来获取现金的能力，分析公司投资和理财活动对经营成果和财务状况的影响。

在现金流量表中，现金指的是广义的现金，它包括现金及现金等价物。具体来讲，它由库存现金、银行存款、其他货币资金和现金等价物几个部分组成。其中现金等价物是指企业持有的期限短、流动性强、易于转换为已知金额的现金、价值变动风险很小的短期投资。现金等价物虽然不是现金，但当企业需要时往往可以随时变现，具有很强的支付能力，因而可视同现金。现金流量表是以上述现金概念为编制基础，用来反映企业某一期间内现金流入和流出的数量。

11.5.2 现金流量表的内容和格式

1. 现金流量表的内容

现金流量表的内容分为基本部分和补充资料两大部分。

基本部分的现金分为三类，即经营活动产生的现金流量、投资活动产生的现金流量和筹资活动产生的现金流量。经营活动是指企业投资活动和筹资活动以外的所有交易和事项。就工商企业来说，经营活动主要包括：销售商品、提供劳务、经营租赁、购买商品、接受劳务、广告宣传、推销产品、交纳税款等。投资活动是指企业长期资产的购建和不包括在现金等价物范围内的投资及其处置活动。其中的长期资产是指固定资产、在建工程、无形资产、其他资产等持有期限在一年或一个营业周期以上的资产。筹资活动是指导致企业资本及债务规模和构成发生变化的活动。其中的资本，包括实收资本（股本）、资本溢价（股本溢价），与资本有关的现金流入和流出的项目，包括吸收投资；发行股标、分配利润等。其中的债务是指企业对外举债所借入的款项，如发生债券、向金融企业借入款项以及偿还债务等。每一类又分为现金流入与现金流出以及由此相互抵减后产生的现金流量净额，三类净额相加，为现金及现金等价物净增加额。

补充资料也分为三类，不涉及现金收支的投资和筹资活动、将净利润调整为经营活动的现金流量以及现金和现金等价物的净增加情况。

2. 现金流量表的格式

现金流量表的基本格式如表11-9所示。

表11-9 现金流量表

编制单位：南岗公司　　　　　　　　20×8年度　　　　　　　　单位：元

项　　目	行次	本期金额	上期余额
一、经营活动产生的现金流量			
销售商品、提供劳务收到的现金		8 730 000	
收到的税费返还			
收到其他与经营活动有关的现金			
经营活动现金流入小计		8 730 000	
购买商品、接受劳务支付的现金		3 140 000	
支付给职工以及为职工支付的现金		350 000	
支付的各项税费		1 056 000	
支付其他与经营活动有关的现金		100 000	
经营活动现金流出小计		4 646 000	
经营活动产生的现金流量净额		4 084 000	（略）
二、投资活动产生的现金流量			
收回投资收到的现金		680 000	
取得投资收益收到的现金			
处置固定资产、无形资产和其他长期资产收回的现金净额		100 000	
处置子公司及其他营业单位收到的现金净额			
收到其他与投资活动有关的现金			
投资活动现金流入小计		780 000	
处置固定资产、无形资产和其他长期资产支付的现金		850 000	
投资支付的现金		631 000	
取得子公司及其他营业单位支付的现金净额			
支付其他与投资活动有关的现金			
投资活动现金流出小计		1 481 000	
投资活动产生的现金流量净额		-701 000	
三、筹资活动产生的现金流量			
吸收投资收到的现金			
取得借款收到的现金			
收到其他与筹资活动有关的现金			
筹资活动现金流入小计			
补　充　资　料	行次	本期金额	上期余额
偿还债务支付的现金		300 000	
分配股利、利润或偿付利息支付的现金		15 000	
支付其他与筹资活动有关的现金			
筹资活动现金流入小计		315 000	

(续表)

补　充　资　料	行次	本期金额	上期余额
筹资活动产生的现金流量净额		-315 000	
四、汇率变动对现金及现金等价物的影响			
五、现金及现金等价物净增加额		3 068 000	
加：期初现金及现金等价物余额		2 320 000	
六、期末现金及现金等价物余额		5 388 000	
附注			
1. 将净利润调节为经营活动现金流量			
净利润		3 185 730	
加：资产减值准备		134 200	
固定资产折旧、油气资产折耗、生产性生物资产折旧		560 000	
无形资产摊销		35 000	
长期待摊费用摊销			
处置固定资产、无形资产和其他长期资产的损失（收益以"-"号填列）		100 000	
固定资产报废损失（收益以"-"号填列）			
公允价值变动损失（收益以"-"号填列）		-80 000	（略）
财务费用（收益以"-"号填列）		65 000	
投资损失（收益以"-"号填列）		-209 000	
递延所得税资产减少（增加以"-"号填列）		7 815	
递延所得税负债增加（减少以"-"号填列）		20 000	
存货的减少（增加以"-"号填列）		206 000	
经营性应收项目的减少（增加以"-"号填列）		-396 000	
经营性应付项目的增加（减少以"-"号填列）		455 255	
其他			
经验活动产生的现金流量净额		4 084 000	
2．不涉及现金收支的重大投资和筹资活动			
债务转为资本			
一年内到期的可转换公司债券			
融资租入固定资产			
3．现金及现金等价物净变动情况			
现金的期末余额		5 388 000	
减：现金的期初余额		2 320 000	
加：现金等价物的期末余额			
减：现金等价物的期初余额			
现金及现金等价物净增加额		3 068 000	

　　基本部分的经营活动产生的现金流量净额项目，与补充资料同一项目的金额应该相等；基本部分的现金及现金等价物净增加额项目，与补充资料同一项目的金额应该相等。

　　现金流量表要求经营活动的现金流量要按以收付实现制确认的损益反映。由于会计上损益的确认历来采用权责发生制而非收付实现制，因此，本期的利润（或亏损）并不等于经营活动的现金流量。如果根据利润表所提供的资料计算经营活动的现金流量，就需将按权责发生确认的利润（或亏损）转换为收付实现制的现金，从而反映经营活动的现金流量。

11.5.3 编制现金流量表的方法

编制现金流量表的方法有两种：一是直接法；二是间接法。这两种方法通常也称为编制现金流量表的思路。

1. 直接法

直接法是通过现金收入和现金支出的主要类别反映来自企业经营活动的现金流量。

按照现金流量表准则规定，直接法下经营活动现金流入类别主要包括：购买商品、提供劳务收到的现金，收到的税费返还等。经营流出类别主要包括：购买商品、接受劳务支付的现金、支付给职工以及为职工支付的现金、支付的各项税费等。

在实务中，采用直接法编制经营活动的现金流量时，一般是以利润表中的营业收入为起算点，调整与经营活动各项目有关的增减变动，然后分别计算出经营活动各项现金流量。

直接法的主要优点是显示了经营活动现金流量的各项流入流出内容。相对间接法而言，它更能体现现金流量表的目的，在现金流量表中列示各项现金流入的来源和现金流出的用途，有助于预测未来的经营活动现金流量，更能揭示企业从经营活动中产生足够的现金来偿付其债务的能力、进行再投资的能力和支付股利的能力。

2. 间接法

所谓间接法，是指以本期净利润为起算点，调整不涉及现金的收入、费用、营业外收支以及应收应付等到项目的增减变动，据此计算并列示经营活动的现金流量。

利润表中反映的净利润是按权责发生制确定的，其中有些收入费用项目并没有实际发生现金流入和流出，通过对这些项目的调整即可将净利润调节为经营活动现金流量。间接法的原理就在于此。

采用间接法将净利润调节为经营活动的现金流量时，需要调整的项目可分为四大类：
（1）实际没有收到现金的收益；
（2）不属于经营活动的损益；
（3）实际没有支付现金的费用；
（4）经营性应收应付项目的增减变动。

凡不增加现金的收入及与经营活动无关的营业外收入应从本期利润（或亏损）中减去，不减少现金的费用以及与经营活动无关的营业外支出应加回本期利润（或亏损）。

对于经营性应收付项目增减变动的调整，一般情况下，经营性应收项目的增加，或者引起现金的流出(如用现金购买存货),或者表明发生了未收现的收入(如应收账款的增加),所以应从本期利润中减去;经营性应收项目的减少,或者导致现金的流入(如销货的收现),或者表明增加了未付现的费用(如应计福利费的计提),所以应加回本期利润;经营性应付项目的减少,可以造成现金的流出(如用现金还债),也可能表明发生了未收现的收入(如应付款转作营业外收入),所以应从本期利润中减去。

此外,与增值税有关的现金流量没有包括在净利润中,但属于经营活动的现金流量,所以也应进行调整。上述调整项目具体包括:计提的坏账准备或转销的坏账、计提的存货及其他各项长期资产减值准备、固定资产折旧、无形资产和递延资产摊销、待摊费用摊销、处置固定资产、无形资产和其他资产损益、固定资产报废损失、固定资产盘亏、财务费用、投资损益、递延税款、存货、经营性应收应付项目、增值税增减净额等。

间接法下经营活动现金流量可以通过下式调整确定:

经营活动现金流量净额＝净利润＋计提的资产减值准备＋固定资产折旧
　　　　　　　　　　＋无形资产摊销＋长期待摊费用摊销＋待摊费用减少(减:增加)
　　　　　　　　　　＋预提费用增加(减:减少)
　　　　　　　　　　＋处置固定资产、其他长期资产的损失(减:收益)
　　　　　　　　　　＋固定资产报废损失＋财务费用＋投资损失(减:收益)
　　　　　　　　　　＋递延税款贷项(减:借项)＋存货的减少(减:增加)
　　　　　　　　　　＋经营性应收项目的减少(减:增加)
　　　　　　　　　　＋经营性应付项目的增加(减:减少)

企业经营活动的现金流量不论是采用直接法报告,还是采用间接法报告,这两种方法下关于投资活动、筹资活动现金流量的报告方法是相同的。

间接法是在净利润的基础上,调整不涉及现金收支的收入、费用、营业外收支和应收应付等项目,据以确定并列示经营活动现金流量,从而有助于分析影响现金流量的原因以及从现金流量角度分析企业净利润的质量。因此我们可以看到,直接法和间接法各有特点。为此,《企业会计制度》要求企业按直接法编制现金流量表,并在"补充资料"中提供按间接法将净利润调节为经营活动现金流量的信息,从而兼顾了两种方法的优点。

11.5.4 现金流量表各项目的内容及编制方法

现金流量表应分经营活动、投资活动和筹资活动反映各项目的现金流量,各项目的内容及其填列方法如下。

1. **经营活动产生的现金流量**

(1)"销售商品、提供劳务收到的现金"项目,反映企业销售商品、提供劳务实际收到的现金(含销售收入和应向购买者收取的增值税额),包括本期销售商品、提供劳务收到的现金，以及前期销售和前期提供劳务本期收到的现金和本期预收的账款，减去本期退回本期销售的商品和前期销售本期退回的商品支付的现金。企业销售材料和代购代销业务收到的现金，也在本项目反映。本项目可以根据"库存现金"、"银行存款"、"应收账款"、"应收票据"、"预收账款"、"主营业务收入"、"其他业务收入"等科目的记录分析填列。也可以根据下面公式计算填列：

  销售商品、提供劳务的库存现金收入＝本期营业收入净额＋应收账款减少数（减：增加数）

    ＋应收票据减少数（减：增加数）

    ＋预收账款增加数（减：减少数）

    －本期减少的应收账款、应收票据中非库存现金资产偿债额

    ＋本期收回前期核销的坏账－本期实际核销的坏账

（2）"收到的税费返还"项目，反映企业收到返还的各种税费，如收到的增值税、消费税、营业税、所得税、教育费附加返还等。

本项目可以根据"库存现金"、"银行存款"、"主营业务税金及附加"、"补贴收入"、"应收补贴款"等科目的记录分析填列。

（3）"收到的其他与经营活动有关的库存现金"项目，反映企业除了上述各项目外，收到的其他与经营活动有关的库存现金流入，如罚款收入、流动资产损失中由个人赔偿的库存现金收入等。其他库存现金流入如价值较大的，应单列项目反映。

本项目可以根据"库存现金"、"银行存款"、"营业外收入"等科目的记录分析填列。

（4）"购买商品、接受劳务支付的库存现金"项目，反映企业购买材料、商品、接受劳务实际支付的库存现金，包括本期购入材料、商品、接受劳务支付的库存现金（包括增值税进项税额），以及本期支付前期购入商品、接受劳务的未付款项和本期预付款项。本期发生的购货退回收到的库存现金应从本项目内减去。本项目可以根据"库存现金"、"银行存款"、"应付账款"、"应付票据"、"主营业务成本"等科目的记录分析填列。也可按下面公式计算填列：

  购买商品、接受劳务支付的库存现金＝本期主营业务成本＋存货增加数（减：减少数）

    ＋应付账款减少数（减：增加数）

    ＋应付票据减少数（减：增加数）

    ＋预付账款增加数（减：减少数）

    －购货退回收到的库存现金

    －本期减少的应收账款、应收票据中非库存现金资产偿债额

存货的增、减变动额中只指因企业经营活动而增加或减少（如销售商品、抵偿应付账

款、外购存货等）的数额，不包括与非经营活动相关的变动额（如接受投资或捐赠等而增加的存货，以存货对外投资而减少的存货等）。

（5）"支付给职工以及为职工支付的库存现金"项目，反映企业实际支付给职工，以及为职工支付的库存现金，包括本期实际支付给职工的工资、奖金、各种津贴和补贴等，以及为职工支付的其他费用。不包括支付的离退休人员的各项费用和支付给在建工程人员的工资等。企业支付给离退休人员的各项费用（包括支付的统筹退休金以及未参加统筹的退休人员的费用），在"支付的其他与经营活动有关的库存现金"项目中反映；支付的在建工程人员的工资，在"购建固定资产、无形资产和其他长期资产所支付的库存现金"项目反映。

本项目可以根据"应付职工薪酬"、"库存现金"、"银行存款"等科目的记录分析填列。

企业为职工支付的养老、失业等社会保险基金、补充养老保险、住房公积金、支付给职工的住房困难补助，以及企业支付给职工或为职工支付的其他福利费用等，应按职工的工作性质和服务对象，分别在本项目和在"购建固定资产、无形资产和其他长期资产所支付的库存现金"项目反映。

（6）"支付的各项税费"项目，反映企业按规定支付的各种税费，包括本期发生并支付的税费，以及本期支付以前各期发生的税费和预交的税金，如支付的教育费附加、矿产资源补偿费、印花税、房产税、土地增值税、车船使用税、预交的营业税等。不包括计入固定资产价值、实际支付的耕地占用税等。也不包括本期退回的增值税、所得税，本期退回的增值税、所得税在"收到的税费返还"项目反映。

本项目可以根据"应交税金"、"库存现金"、"银行存款"等科目的记录分析填列。

（7）"支付的其他与经营活动有关的库存现金"项目，反映企业除上述各项目外，支付的其他与经营活动有关的库存现金流出，如罚款支出、支付的差旅费、业务招待费库存现金支出、支付的保险费等，其他库存现金流出如价值较大的，应单列项目反映。

本项目可以根据有关科目的记录分析填列。

2. 投资活动产生的库存现金流量

（1）"收回投资所收到的库存现金"项目，反映企业出售、转让或到期收回除库存现金等价物以外的短期投资、长期股权投资而收到的库存现金，以及收回长期债权投资本金而收到的库存现金。不包括长期债权投资收回的利息，以及收回的非库存现金资产。

本项目可以根据"短期投资"、"长期股权投资"、"库存现金"、"银行存款"等科目的记录分析填列。

（2）"取得投资收益所收到的库存现金"项目，反映企业因股权性投资和债权性投资而取得的库存现金股利、利息，以及从子公司、联营企业和合营企业分回利润收到的库存现金。不包括股票股利。

本项目可以根据"库存现金"、"银行存款"、"投资收益"等科目的记录分析填列。

（3）"处置固定资产、无形资产和其他长期资产所收回的库存现金净额"项目，反映企业处置固定资产、无形资产和其他长期资产所取得的库存现金，减去为处置这些资产而支付的有关费用后的净额。由于自然灾害所造成的固定资产等长期资产损失而收到的保险赔偿收入，也在本项目反映。

本项目可以根据"固定资产清理"、"库存现金"、"银行存款"等科目的记录分析填列。

（4）"收到的其他与投资活动有关的库存现金"项目，反映企业除了上述各项以外，收到的其他与投资活动有关的库存现金流入。其他库存现金流入如价值较大的，应单列项目反映。

本项目可以根据有关科目的记录分析填列。

（5）"购建固定资产、无形资产和其他长期资产所支付的库存现金"项目，反映企业购买、建造固定资产，取得无形资产和其他长期资产所支付的库存现金，不包括为购建固定资产而发生的借款利息资本化的部分，以及融资租入固定资产支付的租赁费、借款利息和融资租入固定资产支付的租赁费，在筹资活动产生的库存现金流量中反映。

本项目可以根据"固定资产"、"在建工程"、"无形资产"、"库存现金"、"银行存款"等科目的记录分析填列。

（6）"投资所支付的库存现金"项目，反映企业进行权益性投资和债权性投资支付的库存现金，包括企业取得的除库存现金等价物以外的短期股票投资、短期债券投资、长期股权投资、长期债权投资支付的库存现金，以及支付的佣金、手续费等附加费用。

本项目可以根据"长期股权投资"、"长期债权投资"、"短期投资"、"库存现金"、"银行存款"等科目的记录分析填列。

企业购买股票和债券时，实际支付的价款中包含的已宣告但尚未领取的库存现金股利或已到付息期但尚未领取的债券的利息，应在投资活动的"支付的其他与投资活动有关的库存现金"项目反映；收回购买股票和债券时支付的已宣告但尚未领取的库存现金股利或已到付息期但尚未领取的债券的利息，在投资活动的"收到的其他与投资活动有关的库存现金"项目反映。

（7）"支付的其他与投资活动有关的库存现金"项目，反映企业除了上述各项以外，支付的其他与投资活动有关的库存现金流出。其他库存现金流出价值较大的，应单列项目反映。

本项目可以根据有关科目的记录分析填列。

3. 筹资活动产生的库存现金流量

（1）"吸收投资所收到的库存现金"项目，反映企业收到的投资者投入的库存现金，包括以发行股票、债券等方式筹集的资金实际收到款项净额（发行收入减去支付的佣金等发行费用后的净额）。以发行股票、债券等方式筹集资金而由企业直接支付的审计、咨询等费用,在"支付的其他与筹资活动有关的库存现金"项目反映,不从本项目内减去。

本项目可以根据"实收资本"(或"股本")、"库存现金"、"银行存款"等科目的记录分析填列。

(2)"借款所收到的库存现金"项目,反映企业举借各种短期、长期借款所收到的库存现金。

本项目可以根据"短期借款"、"长期借款"、"库存现金"、"银行存款"等科目的记录分析填列。

(3)"收到的其他与筹资活动有关的库存现金"项目,反映企业除上述各项目外,收到的其他与筹资活动有关的库存现金流入,如接受库存现金捐赠等。其他库存现金流入如价值较大的,应单列项目反映。

本项目可以根据有关科目的记录分析填列。

(4)"偿还债务所支付的库存现金"项目,反映企业以库存现金偿还债务的本金,包括偿还金融企业的借款本金、偿还债券本金等。企业偿还的借款利息、债券利息,在"分配股利在润或偿付利息所支付的库存现金"项目反映,不包括在本项目内。

本项目可以根据"短期借款"、"长期借款"、"库存现金"、"银行存款"等科目的记录分析填列。

(5)"分配股利、利润或偿付利息所支付的库存现金"项目,反映企业实际支付的库存现金股利,支付给其他投资单位的利润以及支付的借款利息、债券利息等。

本项目可以根据"应付股利"、"财务费用"、"长期借款"、"库存现金"、"银行存款"等科目的记录分析填列。

(6)"支付的其他与筹资活动有关的库存现金"项目,反映企业除了上述各项外,支付的其他与筹资活动有关的库存现金流出,如捐赠现金支出、融资租入固定资产支付的租赁费等。其他现金流出如价值较大的,应单列项目反映。

本项目可以根据有关科目的记录分析填列。

(7)"汇率变动对库存现金的影响"项目,反映企业外币库存现金流量及境外子公司的库存现金流量折算为人民币时,所采用的库存现金流量发生日的汇率或平均汇率折算的人民币金额与"库存现金及库存现金等价物净增加额"中外币库存现金净增加额按期末汇率折算的人民币金额之间的差额。

4. 现金流量表补充资料项目的内容及填列方法

(1)"将净利润调节为经营活动的库存现金流量"各项目的填列方法。

①"计提的资产减值准备"项目,反映企业计提的各项资产的减值准备。本项目可以根据"管理费用"、"投资收益"、"营业外支出"等科目的记录分析填列。

②"固定资产折旧"项目,反映企业本期累计提取的折旧。本项目可以根据"累计折旧'科目的贷方发生额分析填列。

③"无形资产摊销"和"长期待摊费用摊销"两个项目，分别反映企业本期累计摊入成本费用的无形资产的价值及长期待摊费用。这两个项目可以根据"无形资产"、"长期待摊费用"科目的贷方发生额分析填列。

④"待摊费用减少（减：增加）"项目，反映企业本期待摊费用的减少。本项目可以根据资产负债表"待摊费用"项目的期初、期末余额的差额填列；期末数大于期初数的差额，以"－"号填列。

⑤"预提费用增加（减：减少）"项目，反映企业本期预提费用的增加。本项目可以根据资产负债表"预提费用"项目的期初、期末余额的差额填列；期末数小于期初数的差额，以"－"号填列。

⑥"处置固定资产、无形资产和其他长期资产的损失（减：收益）"项目，反映企业本期由于处置固定资产、无形资产和其他长期资产而发生的净损失。本项目可以根据"营业外收入"、"营业外支出"、"其他业务收入"、"其他业务支出"科目所属有关明细科目的记录分析填列；如为净收益，以"－"号填列。

⑦"固定资产报废损失"项目，反映企业本期固定资产盘亏（减盘盈）后的净损失。本项目可以根据"营业外支出"、"营业外收入"科目所属有关明细科目中固定资产盘亏损失减去固定资产盘盈收益后的差额填列。

⑧"财务费用"项目，反映企业本期发生的应属于投资活动或筹资活动的财务费用。本项目可以根据"财务费用"科目的本期借方发生额分析填列；如为收益，以"－"号填列。

⑨"投资损失（减：收益）"项目，反映企业本期投资所发生的损失减去收益后的净损失。本项目可以根据利润表"投资收益"项目的数字填列；如为投资收益，以"－"号填列。

⑩"递延税款贷项（减：借项）"项目，反映企业本期递延税款的净增加或净减少。本项目可以根据资产负债表"递延税款借项"、"递延税款贷项"项目的期初、期末余额的差额填列。"递延税款借项"的期末数小于期初数的差额，以及"递延税款贷项"的期末数大于期初数的差额，以正数填列；"递延税款借项"的期末数大于期初数的差额，以及"递延税款贷项"的期末数小于期初数的差额，以"－"号填列。

⑪"存货的减少（减：增加）"项目，反映企业本期存货的减少（减增加入本项目可以根据资产负债表"存货"项目的期初、期末余额的差额填列；期末数大于期初数的差额，以"－"号填列。

⑫"经营性应收项目的减少（减：增加）"项目，反映企业本期经营性应收项目（包括应收账款、应收票据和其他应收款中与经营活动有关的部分及应收的增值税销项税额等）的减少（减：增加）。

⑬"经营性应付项目的增加（减：减少）"项目，反映企业本期经营性应付项目（包括应付账款、应付票据、应付福利费、应交税金、其他应付款中与经营活动有关的部分以

及应付的增值税进项税额等）的增加（减：减少）
补充资料中的"现金及现金等价物净增加额"与现金流量表中的"现金及现金等价物净增加额"的金额相等。
（2）"不涉及现金收支的投资和筹资活动"项目内容及填列方法
"不涉及现金收支的投资和筹资活动"，反映企业一定期间内影响资产或负债但不形成该期现金收支的所有投资和筹资活动的信息。不涉及现金收支的投资和筹资活动各项目的填列方法如下：
① "债务转为资本"项目，反映企业本期转为资本的债务金额；
② "一年内到期的可转换公司债券"项目，反映企业一年内到期的可转换公司债券的本息；
③ "融资租入固定资产"项目，反映企业本期融资租入固定资产计入"长期应付款"科目的金额。

11.6 所有者权益变动表

所有者权益（股东权益）变动表反映构成所有者（股东）权益的各组成部分当期的增减变动情况。直接计入所有者权益的利得和损失，以及最终属于所有者权益的净利润应在表中分别列示。直接计入所有者权益的利得和损失包括：可供出售金融资产、公允价值变动净额、库存现金流量套用期工具公允价值变动净额、与计入所有者权益项目相关的所得税影响等。

所有者权益变动表至少应当列示反映下列信息的项目：
（1）净利润；
（2）直接计入所有者权益的利得和损失项目及其总额；
（3）会计政策变更和差错更正的积累影响金额；
（4）所有者投入资本和向所有者分配利润等；
（5）按照规定提取的盈余公积；
（6）实收资本（或股本）、资本公积、盈余公积、未分配利润的期初和期末余额及其调节情况。

本表各项目根据当期净利润、直接计入所有者权益的利得和损失、所有者投入资本和向所有者分配利润、提取盈余公积等情况分析填列。

所有者权益（股东权益）变动表的具体项目、增减变动情况的列示及格式见表11-10。

表11-10 所有者权益（股东权益）变动表

会企：04表

编制单位： _____年 单位：元

项　目	行次	本年金额						上年金额					
		实收资本（股本）	资本公积	盈余公积	未分配利润	库存股（减项）	所有者权益合计	实收资本（股本）	资本公积	盈余公积	未分配利润	库存股（减项）	所有者权益合计
一、上年年末金额													
1．会计政策变更													
2．前期差错更正													
二、本年年初余额													
三、本年增减变动金额（减少以"－"号填列）													
（一）本年净利润													
（二）直接计入所有者权益的利得和损失													
1．可供出售金融资产公允价值变动净额													
2．库存现金流量套用期工具公允价值变动净额													
3．与计入所有者权益项目相关的所得税影响													
4．其他													
小计													
（三）所有者投入资本													
1．所有者本期投入资本													
2．本年购会库存股													
3．股份支付计入所有者权益的金额													
（四）本年利润分配													
1．对所有者（或股东）的分配													
2．提取盈余公积													
（五）所有者权益内部结转													
1．资本公积转赠资本													
2．盈余公积转赠资本													
3．盈余公积弥补亏损													
四、本年年末余额													

11.7 附 注

11.7.1 附注的性质与作用

附注是财务报表不可或缺的组成部分,报表使用者了解企业的财务状况、经营成果和现金流量,应当全面阅读附注。附注相对于报表而言,同样具有重要性。附注应当按照一定的结构进行系统合理的排列和分类,有顺序地披露信息。

11.7.2 附注的内容

按照我国企业会计准则的规定,报表附注中至少应披露下列内容,但是非重要项目除外。

1. 企业的基本情况

(1) 企业注册地、组织形式和总部地址。
(2) 企业的业务性质和主要经营活动。
(3) 母公司以及集团最终母公司的名称。
(4) 财务报告的批准报出者和财务报告的批准报出日。按照有关法律、行政法规等规定,企业所有者或其他方面有权对报出的财务报告进行修改的事实。

2. 财务报表的编制基础

(1) 会计年度。
(2) 记账本位币。
(3) 会计计量所运用的计量基础。
(4) 库存现金和库存现金等价物的构成。

3. 遵循企业会计准则的声明

企业应当明确说明编制的财务报表符合企业会计准则体系的要求,真实、公允地反映了企业的财务状况、经营成果和库存现金流量。

4. 重要会计政策和会计估计

企业应当披露重要的会计政策和会计估计,不具有重要性的会计政策和会计估计可以不披露。判断会计政策和会计估计是否重要,应当考虑与会计政策或会计估计相关项目的性质和金额。

企业应当披露会计政策的确定依据。例如,如何判断持有的金融资产为持有至到期的投资而不是交易性投资;对于拥有的持股不足50%的企业,如何判断企业拥有控制权并因此将其纳入合并范围;如何判断与租资资产相关的所有风险和报酬已转移给企业;投资性房地产的判断标准等。这些判断对报表中确认的项目金额具有重要影响。

企业应当披露会计估计中所采用的关键假设和不确定因素的确定依据。例如,固定资产可收回金额的计算需要根据其公允价值减去处置费用后的净额与预计未来库存现金流量的现值两者之间的较高者确定。在计算资产预计未来库存现金流量的现值时需要对未来库存现金流量进行预测,选择适当的折现率,并应当在附注中披露未来库存现金流量预测所采用的假设及其依据、所选择的折现率的合理性等。

企业应当披露的重要会计政策包括以下内容。

(1) 存货。
① 确定发出存货成本所采用的方法。
② 可变现净值的确定方法。
③ 存货跌价准备的计提方法。

(2) 固定资产。
① 固定资产的确认条件和计量基础。
② 固定资产的折旧方法。

(3) 无形资产。
① 使用寿命有限的无形资产使用寿命的估计情况。
② 使用寿命不确定的无形资产使用寿命不确定的判断依据。
③ 无形资产的摊销方法。
④ 企业判断无形项目支出满足资本化条件的依据。

(4) 资产减值。
① 资产或资产组可收回金额的确定方法。
② 可收回金额按照资产组的公允价值减去处置费用后的净额确定的,确定公允价值减去处置费用后的净额的方法、所采用的各关键假设及其依据。
③ 可收回金额按照资产组预计未来库存现金流量的现值确定的,预计未来库存现金流量的各关键假设及其依据。

分摊商誉到不同资产组采用的关键假设及其依据。

(5) 股份支付。权益工具公允价值的确定方法。
(6) 收入。收入确认所采用的会计政策。包括确定提供劳务交易完工进度的方法。
(7) 所得税。确认递延所得税资产的依据。

5. 会计政策和会计估计变更以及差错更正的说明

(1) 会计政策变更的性质、内容和原因。
(2) 当期和各个列报前期财务报表中受影响的项目名称和调整金额。

(3) 会计政策变更无法进行追溯调整的事实和原因以及开始应用变更后的会计政策的时点、具体应用情况。

(4) 会计估计变更的内容和原因。

(5) 会计估计变更对当期和未来期间的影响金额。

(6) 会计估计变更的影响数不能确定的事实和原因

(7) 前期差错的性质。

(8) 各个列报前期财务报表中受影响的项目名称和更正金额；前期差错对当期财务报表也有影响的，还应披露当期财务报表中受影响的项目名称和金额。

(9) 前期差错无法进行追溯重述的事实和原因以及对前期差错开始进行更正的时点、提更正情况。

6. 重要报表项目的说明

企业应当可能以列表形式披露重要报表项目的构成或当期增减变动情况。

对重要报表项目的明细说明，应当按照资产负债表、利润表、库存现金流量表、所有者权益变动表的顺序以及报表项目列示的顺序进行披露，应当以文字和数字描述相结合进行披露，并与报表项目相互参照。

(1) 货币资金，如表 11-11 所示。

表 11-11 货币资金

项目	期末余额	年初余额
库存现金		
银行存款		
其他货币资金		
合计		

(2) 应收款项。

① 说明坏账的确认标准，以及坏账准备的计提方法和计提比例，并说明下列事项。

- 以前年度已全额计提坏账准备，或计提坏账准备的比例较大的，但在本年度又全额或部分收回的，或通过重组等其他方式收回的。应说明其原因，原估计计提比例的理由。以及原估计计提比例的合理性。
- 本年度实际冲销的应收款项及其理由。其中，实际冲销的关联交易产生的应收款项应单独披露。

② 应收账款、预付账款、其他应收款分别计提的坏账准备，如表11-12所示。

表11-12 应收账款

账龄	期末余额			年初余额		
	金额	比例（%）	坏账准备	金额	比例（%）	坏账准备
1年以内 1~2年 2~3年 3年以上						
合计						

（3）交易性金融资产（不含衍生金融资产），如表11-13所示。

表11-13 交易性金融资产

项 目	期末余额	年初余额
1. 交易性债券投资		
2. 交易性权益工具投资		
3. 其他交易性金融资产		
4. 指定为以公允价值计量且其变动计入当期损益的金融资产		
合计		

（4）存款。
① 本期存货跌价准备计提和转会的原因。
② 用于担保的存货的账面价值。
③ 存货的具体构成，如表11-14所示。

表11-14 存货

存货种类	期末账面价值	年初账面价值
1. 原材料 2. 在产品 3. 存库商品 4. 包装物及低值易耗品 ……		
合计		

(5) 待摊费用，如表 11-15 所示。

表 11-15　待摊费用

项目	年初余额	本期增加额	本期摊销额	期末余额	剩余摊销期限
1.					
2.					
3.					
……					
合计					

(6) 持有至到期投资，如表 11-16 所示。

表 11-16　持有至到期投资

项　目	期末余额	年初余额
1.		
2.		
………		
减：持有至到期投资减值准备		
合计		

(7) 长期股权投资。

① 投资企业对被投资单位具有影响以上的，应该披露投资单位清单及其主要财务信息，如表 11-17 所示。

表 11-17　长期股权投资

被投资单位名称	注册地业务	性质	本企业持股比例	本企业在被投资单位表决权比例	期末资产总额	期末负债总额	当期净利润	当期净利润
1.								
2.								
……								

② 如果被投资单位由于所在国家或地区及其他方面的影响，其向投资企业转移资金的能力受到限制，应披露该受限制的具体情况、原因、期限等。

③ 按照权益法核算的长期股权投资，在对被投资单位的长期权益减记至零以后，如果仍存在账外备查登记的额外损失，应披露该额外损失的累计金额及当期末予确认的金额。

④ 如果投资合同或协议中约定，对于被投资单位发生的亏损，投资企业除了已投资本及其他实质上构成投资的权益外，还应承担其他弥补义务的，应披露合同或协议中约定条款的内容，以及基于被投资单位目前生产经营情况估计或能承担该部分义务的情况。

(8) 长期应收款，如表 11-18 所示。

表 11-18　长期应收款

项目	年初余额		本期增加额		本期减少额		期末余额	
	应收金额	未实现融资收益	应收金额	未实现融资收益	应收金额	未实现融资收益	应收金额	未实现融资收益
1.								
2.								
……								
合计								

（9）固定资产。

① 固定资产的分类、使用寿命、预计净残值和折旧率，如表 11-19 所示。

表 11-19　固定资产表 1

固定资产的分类	使用寿命	预计净残值	折旧率
1. 房屋、建筑物 2. 机器设备 3. 运输工具 ……			

② 各类固定资产的期初和期末原价、累计折旧额及固定资产减值准备累计金额，如表 11-20 所示。

表 11-20　固定资产表 2

项目	年初余额	本期增加额	本期减少额	期末余额
一、原价合计 其中：1. 房屋、建筑物 2. 机器设备 3. 运输工具 ……				
二、累计折旧合计 其中：1. 房屋、建筑物 2. 机器设备 3. 运输工具 ……				
三、固定资产减值准备累计金额合计 其中：1. 房屋、建筑物 2. 机器设备 3. 运输工具 ……				
四、固定资产账面价值合计 其中：1. 房屋、建筑物 2. 机器设备 3. 运输工具 ……				

③ 对固定资产所有权的限制及其金额和用于债务担保的固定资产账面价值。

④ 准备处置的固定资产名称、账面价值、公允价值、预计处置费用和预计处置时间等。如表 11-21 所示。

表 11-21 固定资产表 3

固定资产名称	账面价值	公允价值	预计处置费用	预计处置时间	准备采用的处置方式
1.					
2.					
……					

（10）无形资产。

① 每一类无形资产的名称（如商标权、专利权、土地使用权等）及取得方式（外购或内部开发）

② 每一类无形资产的使用寿命情况，对于使用寿命有限的无形资产，其使用寿命或构成使用寿命的产量等类似计量单位数量；对于使用寿命不确定的无形资产，无法预见其为企业带来经济利益期限的原因。

③ 对于使用寿命有限的无形资产，其为企业带来经济利益的方式及在此基础上确定的摊销方法。

④ 按表 11-22 填列当期每一类无形资产的增减变动情况。

表 11-22 无形资产

项目	无形资产成本	当期摊销额	当期计提减值准备	累计摊销额	累计减值准备	期末账面价值
1.						
2.						
……						
当期增加无形资产						
1.						
2.						
……						
当期减少无形资产						
1.						
2.						
……						
合计						

⑤ 用于担保的无形资产的成本、累计摊销额及无形资产减值准备累计金额；涉及担保条款的主要内容，如担保期限；担保期间对无形资产处置的限制等。

(11) 开发支出,如表 11-23 所示。

表 11-23 开发支出

研究开发项目	年初余额	本期发生额	本期转出额	期末余额
1.				
2.				
……				
合计				

(12) 商誉,如表 11-24 所示。

表 11-24 商誉

项目	年初余额	本期增加额	计提的减值准备	期末余额
1.				
2.				
……				
合计				

(13) 长期待摊费用,如表 11-25 所示。

表 11-25 长期待摊费用

项目	年初余额	本期增加额	本期摊销额	期末余额	剩余摊销年限
1.					
2.					
……					
合计					

(14) 递延所得税资产。每一类暂时性差异和可抵扣亏损在列报期间确认的递延所得税资产的金额,如表 11-26 所示。

表 11-26 递延所得税资产

暂时性差异	年初余额	期末余额	产生的递延所得税资产期初余额	当期转回金额	产生的递延所得税资产期末余额
1.					
2.					
……					
合计					
可抵扣亏损					

(15) 资产减值准备，如表 11-27 所示。

表 11-27 资产减值准备

项目	年初余额	本期计提额	本期减少额		期末余额
			转回额	转出额	
一、坏账准备合计					
其中：应收账款					
其他应收款					
长期应收款					
二、存货跌价准备合计					
其中：库存商品					
原材料					
三、持有到期投资减值准备					
四、长期股权投资减值准备					
五、固定资产减值准备合计					
六、工程减值准备					
七、在建工程减值准备					
八、无形资产减值准备					
其中：专利权					
商标权					
九、商誉减值准备					

(16) 职工薪酬。

① 应付职工薪酬，如表 11-28 所示。

表 11-28 应付职工薪酬

项　目	期初余额	本期发生额	本期支付额	期末余额
一、工资、奖金、津贴和补贴				
二、社会保险				
1. 医疗保险费				
2. 基本养老保险费				
3. 年金缴费				
4. 失业保险费				
5. 工伤保险费				
6. 生育保险费				
三、住房公积金				
四、工会经费和职工教育经费				
五、因解除劳动关系给予的补偿				
六、其他				
其中：以库存现金结算的股份支付				
合计				

② 企业本期为职工提供的非货币性福利形式、各项非货币性福利金额及其计算依据。

③ 解除劳动关系补偿。对于自愿接受裁减建议的职工数量、补偿标准等不确定而产生的或有负债，应当按照《企业会计准则第 13——或有事项》披露：该项或有负债的形成原因、经济利益流出不确定性的说明、该项或有负债预计产生的财务影响，以及获得补偿的可能性；无法预计的，应当说明原因。

（17）应交税费，如表 11-29 所示。

表 11-29 应交税费

税费项目	期末余额	年初余额
1. 增值税		
2. 营业税		
3. 消费税		
4. 所得税		
5. 资源税		
6. 教育费附加		
……		
合计		

（18）预提费用，如表 11-30 所示。

表 11-30 预提费用

项目	年初余额	本期增加额	本期减少额	期末余额
1.				
2.				
……				
合计				

（19）预计负债，如表 11-31 所示。

表 11-31 预计负债

项目	期末余额	年初余额
1.		
2.		
……		
合计		

(20) 应付债券,如表 11-32 所示。

表 11-32 应付债券

项目	年初余额	本期增加额	本期减少额	期末余额
1.				
2.				
……				
合计				

(21) 长期应付款,如表 11-33 所示。

表 11-33 长期应付款

项目	年初余额		本期增加额		本期减少额		期末余额	
	应付金额	未确认融资费用	应付金额	未确认融资费用	应付金额	未确认融资费用	应付金额	未确认融资费用
1.								
2.								
……								
合计								

(22) 递延所得税负债。

① 每一类暂时性差异在列报期间确认的递延所得税负债的金额,如表 11-34 所示。

表 11-34 递延所得税负债

项目	暂时性差异	期初余额	期末余额	产生的递延所得税负债期初余额	当期转回金额	产生的递延所得税负债期末余额
1.						
2.						
……						
合计						

② 当期按照税法规定的应交所得税金额。

③ 对与联营企业、合营企业投资相关的应纳税暂时性差异,当期未确认与其相关的递延所得税负债的,应说明理由。

(23) 营业收入。营业收入的构成如表 11-35 所示。

表 11-35 营业收入

项目	本期发生额	上期发生额
1. 主营业务收入		
2. 其他业务收入		
合计		

（24）营业成本，如表11-36所示。

表11-36 营业成本

项目	本期发生额	上期发生额
1. 主营业务成本		
2. 其他业务成本		
合计		

（25）销售费用，如表11-37所示。

表11-37 销售费用

费用项目	本期发生额	上期发生额
1.		
2.		
……		
合计		

（26）管理费用。比照销售费用的披露方式分项目披露本期发生额与上期发生额。

（27）财务费用。比照销售费用的披露方式分项目披露本期发生额与上期发生额。

（28）资产减值损失。

① 发生重大资产减值损失的，说明导致每项重大资产减值损失的原因和当期确认的重大资产减值损失的金额。

- 发生重大资产减值损失是单项资产的，说明导致单项资产的性质。提供分部报告信息的，还应披露该项资产所属的主要报告分部。
- 发生重大资产减值损失是资产组（或者资产组组合，下同）的，说明资产组的基本情况；资产组包括的各项资产于当期确认的减值损失金额；资产组的组成与前期相比发生变化的，变化原因以及前期和当期资产组组成情况。

② 分摊到某资产组的商誉（或者使用寿命不确定的无形资产，下同）的账面价值占商誉账面价值总额的比例重大的，应当说明分摊到该资产组的商誉的账面价值。

商誉的全部或者部分账面价值分摊到多个资产组、且分摊到每个资产组的商誉的账面价值占商誉账面价值总额的比例不重大的，企业应当说明这一情况以及分摊到上述资产组的商誉合计金额。

（29）公允价值变动净收益（净损失以"－"号填列）。比照销售费用的披露方式分项目披露本期发生额与上期发生额。

（30）投资净收益（净损失以"－"号填列）。比照销售费用的披露方式分项目披露本期发生额与上期发生额。

(31) 营业外收入。如表 11-38 所示。

表 11-38 营业外收入

项目	本期发生额	上期发生额
1. 处置非流动资产利得合计 其中：处置固定资产利得 　　　处置无形资产利得 2. 债务重组利得 3. 非货币性资产交换利得 4. 罚款收入 5. 其他		
合计		

(32) 营业外支出。如表 11-39 所示。

表 11-39 营业外支出

项目	本期发生额	上期发生额
1. 处置非流动资产损失合计 其中：处置固定资产损失 　　　处置无形资产损失 2. 债务重组损失 3. 非货币性资产交换损失 4. 罚款支出 5. 其他		
合计		

(33) 所得税。以会计利润为基础，针对企业发生的交易或事项会计处理与税务处理的差异进行调整后，确定应纳所得税的具体情况。如表 11-40 所示。

表 11-40 所得税

项目	本期发生额	上期发生额
会计利润 加计项目合计 减计项目合计 应纳税所得额		

(34) 利润表补充资料（费用性质法）。企业可以披露费用按性质分类的利润补充资料。费用按其性质分为耗用的原材料、职工薪酬费用、折旧费和摊销费等，而不是按照费用在企业所发挥的不同功能分类。如表 11-41 所示。

表 11-41 利润表补充

项目	本期发生额	上期发生额
1. 耗用的原材料、低值易耗品、在产品和半成品		
2. 发生的职工薪酬费用		
3. 计提的折旧（折耗）		
4. 无形资产的摊销		
5. 计提的固定资产减值准备		
6. 财务费用		
7. 其他		
合　计		

（35）借款费用。
① 当期资本化的借款费用金额。
② 当期用于计算确定借款费用资本化金额的资本化率。
（36）每股收益。
① 基本每股收益和稀释每股收益分子、分母的计算过程。
② 列报期间不具有稀释性但以后期间很可能具有稀释性的潜在普通股。
③ 在资产负债表日至财务报告批准报出日之间，企业发行在外普通股或潜在普通股数发生重大变化情况。例如，股份发行、股份回购、潜在普通股发行、潜在普通股转换或行权等。

7. 或有和承诺事项的说明

（1）预计负债的种类、形成原因以及经济利益流出不确定性的说明。
（2）与预计负债有关的预期补偿金额和本期已确认的预期补偿金额。
（3）或有负债的种类、形成的原因及经济利益流出不确定的说明。
（4）或有负债预计产生的财影响，以及获得补偿的可能性，无法预计的，应当说明原因。
（5）或有资产很可能会给企业带来经济利益的，其形成的原因、预计产生的财务影响等。
（6）在涉及未决诉讼、未决仲裁的情况下，披露全部或部分信息预期对企业造成重大不利影响的，该未决诉讼、未决仲裁的性质以及没有披露这些信息的事实和原因。

8. 资产负债表日后事项的说明

每项重要的资产负债表日非调整事项的性质、内容，以及对财务状况和经营成果的影响。无法做出估计的，应当说明原因。

9. 关联方关系及其交易的说明

(1) 母公司和子公司的名称。母公司不是该企业最终控制方的,说明最终控制方名称。母公司和最终控制方均不对外提供财务报表的,说明母公司之上与其相近的对外提供财务报表的母公司名称。

(2) 母公司和子公司的业务性质、注册地、注册资本(或实收资本、股本)及当其当期发生的变化。

(3) 母公司对该企业或者该企业对子公司的持股比例和表决权比例。

(4) 企业与关联方发生关联方交易的,该关联方关系的性质、交易类型及交易要素。交易要素至少应当包括:

① 交易的金额;
② 未结算项目的金额、条款和条件,以及有关提供或取得担保的信息;
③ 未结算应收项目的坏账准备金额;
④ 定价政策。

(5) 企业应当分别关联方以及交易类型披露关联方交易。

【练习题】

1. 名词解释
(1) 会计报表　　　(2) 资产负债表　　　(3) 利润表
(4) 现金流量表　　(5) 所有者权益变动表

2. 选择题

(1) 企业的财务报表至少应当包括资产负债表、利润表、现金流量表、所有者权益(股东权益)变动表和(　　)。
A. 附注　　　B. 说明书　　　C. 成本表　　　D. 收支明细表

(2) 一般来说,在资产负债表的项目,资产按其(　　)的高低顺序排列。
A. 重要性　　B. 流动程度　　C. 数字大小　　D. 发生时间先后

(3) 多步式利润表是(　　)的格式,它将企业日常经营活动过程中发生的收入和费用项目与该过程外发生的收入与费用分开。
A. 重要的　　B. 易理解　　C. 常用　　　D. 复杂

(4) 净利润=(　　)-所得税费用
A. 销售利润　　B. 营业利润　　C. 净利润　　D. 利润总额

(5) 现金流量表是公司的(　　)财务报表之一,它反映了公司的现金流入、现金流出与会计期间的现金之净变动数,反映公司的偿债能力
A. 主要　　　B. 次要　　　C. 一般　　　D. 难懂

(6) 现金流量表的内容分为基本部分和（　　）两大部分。
A. 理论　　　　　B. 补充资料　　　　C. 主要　　　　D. 次要
(7) 现金流量表要求经营活动的现金流量要按以（　　）确认的损益反映。
A. 权责发生制　　B. 配比原则　　　　C. 收付实现制　　D. 重要性原则
(8) 报表附注中（　　）披露企业的基本情况。
A. 可以不要　　　B. 应该不　　　　　C. 随意　　　　D. 必须
(9) 企业应当可能以列表形式披露重要报表项目的构成或当期（　　）情况。
A. 增减变动　　　B. 增加情况　　　　C. 减少情况　　D. 变化快慢
(10) 关于资产负债表日后事项的说明，每项重要的资产负债表日非调整事项的性质、内容，以及对财务状况和经营成果的影响。无法做出估计的，（　　）说明原因。
A. 不必要　　　　B. 应当　　　　　　C. 可以　　　　D. 不用

3. 判断题

(1) 企业编制财务报表，对于改善企业外部有关方面的经济决策环境和加强企业内部经营管理，具有重要作用。　　　　　　　　　　　　　　　　　　　　　　（　　）

(2) 账户式资产负债表分左、右两方，左方列示资产项目，右方列示负债与所有者权益项目，左右两方的合计数保持平衡。　　　　　　　　　　　　　　　　　（　　）

(3) 资产负债表是根据"利润＝收入－费用"这一会计等式而编制的。　　（　　）

(4) 多步式利润表是常用的格式，它将企业日常经营活动过程中发生的收入和费用项目与该过程外发生的收入与费用分开。　　　　　　　　　　　　　　　　　（　　）

(5) 利润总额＝营业收入－营业成本－营业税金及附加－销售费用－管理费用－财务费用－资产减值损失＋公允价值变动收益＋投资收益。　　　　　　　　　　（　　）

(6) "提取现金1 037 000元，准备发工资。"这笔业务的会计分录是：借：应付职工薪酬　1 037 000　　贷：库存现金 1 037 000　　　　　　　　　　　　　　（　　）

(7) 现金流量表是反映企业在一定会计期间内经营活动、投资活动和筹资活动产生的现金流入与流出情况的报表。　　　　　　　　　　　　　　　　　　　　　（　　）

(8) 所有者权益（股东权益）变动表反映构成所有者（股东）权益的各组成部分当期的增减变动情况。　　　　　　　　　　　　　　　　　　　　　　　　　　（　　）

(9) 附注是财务报表不可或缺的组成部分，报表使用者了解企业的财务状况、经营成果和现金流量，应当全面阅读附注。附注相对于报表而言，就不那样具有重要性。（　　）

4. 填空题

某公司在8月末有关账类的期末余额分别如下：

"应付账款"——甲公司　贷方余额　　　　　5 000
　　　　　　——乙公司　贷方余额　　　　　3 000
　　　　　　——丙公司　借方余额　　　　　1 500
"预付账款"——A公司　　借方余额　　　　　2 000

——B公司　贷方余额　　　　　　　　　　　　300
"本年利润"账户贷方余额　　　　　　　　　　　6 000
"利润分配"账户借方余额　　　　　　　　　　　2 500
资产负债表中的"应付账款"项目应填列，"未分配利润"项目中应填列。

5．简答题
(1) 企业对外报送的主要会计报表有哪些？
(2) 会计报表的编制有哪些要求？
(3) 什么是资产负债表？其基本内容有哪些？
(4) 什么是利润表？其基本结构是什么？
(5) 什么是现金流量表？其基本结构是什么？

6．业务题
(1) 资料。某企业2004年1月31日有关账户余额如下：

"现金"	3 000	"其他应收款"	1 000
"银行存款"	72 000	"待摊费用"	9 000
"原材料"	42 100	"产成品"	49 000
"应收账款"——甲公司		18 000（借方）	
——乙公司		2 000（贷方）	
"预付账款"——丙公司		6 000（借方）	
——丁公司		1 500（贷方）	
"固定资产"	150 000	"累计折旧"	60 000
"应付账款"——A公司		13 000（贷方）	
——B公司		6 000（借方）	
"预收账款"——C公司		5 000（贷方）	
——D公司		2 000（借方）	
"预提费用"	2 500	"本年利润"	71 100
"实收资本"	180 000	"利润分配"——未分配利润	23 000

根据以上资料编制资产负债表。

(2) 天马有限公司2004年月1月份有关利润表本月发生额资料如下：

"主营业务收入"	274 000	"主营业务成本"	200 000
"营业费用"	2 700	"管理费用"	5 700
"财务费用"	5 00	"营业外收入"	1 000
"营业外支出"	17 600	"所得税"	16 005

请根据上述资料编制天马有限公司2004年1月份利润表。

第 12 章 计算机在旅游会计中的应用

【内容提要】

随着以计算机技术为代表的信息技术的发展,计算机技术、通信技术、网络技术在各个领域中得到了广泛的应用。企业的经营管理活动从依靠信息技术提高效率发展到依赖信息技术提高竞争能力,到最终进入以信息技术为基础的数字化管理时代。旅游会计是一种企业会计,推广应用计算机来处理业务,是十分必要的。用计算机代替人工记账、算账和报账,以及代替部分由人脑完成的对会计信息的处理、分析和判断。这就是我们所说的计算机在旅游会计中的应用,也就是人们所称的会计电算化。实现会计电算化,是旅游会计手段和方法的一场革命。加快会计工作的速度、提高会计工作的质量,从而减轻会计人员的工作强度,提高旅游企业的管理水平,具有十分重要的意义。

【学习目标】
- 了解会计电算化的内容。
- 熟悉会计电算化信息系统的结构。
- 掌握会计电算化的基本原理。

12.1 会计电算化的内容

旅游企业实行会计电算化,是现代企业发展的方向,各级领导都必须重视这一工作。各单位要把会计电算化作为建立现代企业制度和提高会计工作质量的一项重要工作来抓。

12.1.1 实施会计电算化的要求

(1) 会计电算化是一项系统工程,涉及单位内部各个方面,各单位负责人应当亲自组织领导会计电算化工作,主持拟定本单位会计电算化工作规划,协调单位内各部门共同搞好会计电算化工作。各单位的财务会计部门,是会计电算化工作的主要承担者,在各部门的配合下,财务会计部门负责和承担会计电算化的具体组织实施工作,负责提出实现本单位会计电算化的具体方案。

(2) 各单位开展会计电算化工作,可根据本单位具体情况,按照循序渐进、逐步提高的原则进行。例如：可先实现账务处理、报表编制、应收应付核算和工资核算等工作电算化，然后实现固定资产核算、存货核算、成本核算和销售核算等工作电算化，再进一步实现财务分析和财务管理工作电算化；在技术上，可先采用微机单机运行，然后逐步实现网络化。也可根据单位实际情况，先实现工作量大、重复劳动多、见效快项目的电算化，然后逐步向其他项目发展。

（3）各单位要积极支持和组织本单位本会计人员分期分批进行会计电算化知识培训，逐步使多数会计人员掌握会计软件的基本操作技能；具备条件的单位，使一部分会计人员能够负责会计软件的维护，并培养部分会计人员逐步掌握电算化系统分析和系统设计工作。

（4）会计电算化工作应当讲求成本效益原则，处理好及时采用新技术和新设备与勤俭节约的关系，既不要盲目追求采用最新技术和先进设备，也不要忽视技术的发展趋势，造成设备很快陈旧过时。对于一些投资大的会计电算化项目，有关部门应当加强监督指导。

（5）各级财政部门应加强对基层单位会计电算化工作的指导，在硬软件选择、建立会计电算化内部管理制度方面。积极提出建议，帮助基层单位解决工作中遇到的困难，使会计电算化工作顺利进行。

（6）会计电算化工作取得一定成果的单位，要研究并逐步开展其他管理工作电算化与其他管理信息系统联网工作，逐步建立以会计电算化为核心的单位计算机管理信息系统，做到单位内部信息资源共享，充分发挥会计电算化在单位经营管理中的作用。

12.1.2 实施会计电算化对软、硬件的要求

各单位应根据实际情况和财力状况，选择与本单位会计电算化工作规划相适应的计算机机种、机型和系统软件及有关配套设备。实行垂直领导的行业、大型企业集团，在选择计算机机种、机型和系统软件及有关配套设备时，应尽量做到统一，为实现网络化打好基础。具备一定硬件基础和技术力量的单位，可充分利用现有的计算机设备建立计算机网络，做到信息资源共享和会计数据实时处理。客户机/服务器体系具有可扩充性强、性价比高、应用软件开发周期短等特点，大中型企事业单位可逐步建立客户机/服务器网络结构；采用终端/主机结构的单位，也可根据自身情况，结合运用客户机/服务器结构。

1. 软件要求

（1）会计核算软件设计应当符合我国法律、法规、规章和国家统一的会计制度的规定，保证会计资料真实、完整，提高会计工作效率。

（2）配备会计软件是会计电算化的基础工作，选择会计软件的好坏对会计电算化的成败起着关键性的作用。配备会计软件主要有选择通用会计软件、定点开发会计软件、通用与定点开发会计软件相结合三种方式，各单位应根据实际需要和自身的技术力量选择配备会计软件的方式。

① 各单位开展会计电算化初期应尽量选择通用会计软件。选择通用会计软件的投资少，见效快，在软件开发或服务单位的协助下易于应用成功。

选择通用会计软件应注意软件的合法性、安全性、正确性、可扩充性和满足审计要求等方面的问题，以及软件服务的便利，软件的功能应该满足本单位当前的实际需要，并考虑到今后工作发展的要求。

小型企事业单位和行政机关的会计业务相对比较简单，应以选择投资较少的微机通用会计软件为主。

② 定点开发会计软件包括本单位自行开发、委托其他单位开发和联合来法三种形式。大中型企事业单位会计业务一般都有其特殊需要，在取得一定会计电算化工作经验以后，也可根据实际工作需要选择定点开发的形式开发会计软件，以满足本单位的特殊需要。

③ 会计电算化初期选择通用会计软件，会计电算化工作深入后，通用会计软件不能完全满足其特殊需要的单位，可根据实际工作需要适时配合通用会计软件定点开发配套的会计软件，选择通用会计软件与定点开发会计软件相结合的方式。

（3）配套的会计软件应达到财政部《会计核算软件基本功能规范》的要求，满足本单位的实际工作需要。

2. 硬件要求

由于财务会计部门处理的数据量大、数据结构复杂、处理方法要求严格和安全性要求高，各单位用于会计电算化工作的电子计算机设备，应由财务会计部门管理，硬件设备比较多的单位，财务会计部门可单独设立计算机室。

12.1.3 替代手工记账

1. 替代手工记账的定义

采用电子计算机替代手工记账，是指应用会计软件输入会计数据，由电子计算机对会计数据进行处理，并打印输出会计账簿和报表。替代手工记账是会计电子计算化的目标之一。

2. 替代手工记账的单位应具备的条件

（1）配备了适用的会计软件和相应的计算机硬件设备。
（2）配套了相应的会计电算化工作人员。
（3）建立了严格的内部管理制度。

3. 替代手工记账前的工作

具备条件的单位应尽快采用计算机替代手工记账。替代手工记账之前，地方单位应根据当地省、自治区、直辖市、计划单列市财政厅（局）的规定，中央直属单位应更加国务院业务主管部门的规定，计算机与手工并行三个月以上（一般不超过六个月），且计算机与手工核算的数据相一致，并应接受有关部门的监督。

4. 替代手工记账的过程

替代手工记账的过程是会计工作从手工核算向电算化核算的过渡阶段，由于计算机与手工并行工作，会计人员的工作强度比较大，各单位需要合理安排财务会计部门的工作，提高工作效率。

计算机与手工并行工作期间，可采用计算机打印输出的记账凭证替代手工填制的记账凭证，根据有关规定进行审核并装订成册，作为会计档案保存，并据以登记手工账簿。如果计算机与手工核算结果不一致，要由专人查明原因并向本单位领导书面报告。

记账凭证的类别，可以采用一种记账凭证或收、付、转三种凭证的形式；也可以在收、付、转三种凭证的基础上，按照经济业务和会计软件功能模块的划分进一步细化，以方便记账凭证的输入和保存。

5. 替代手工记账应注意的问题

（1）采用电子计算机打印输出书面会计凭证、账簿、报表的，应当符合国家统一会计制度的要求，采用中文或中外文对照，字迹清晰，作为会计档案保存，保存期限按《会计档案管理办法》的规定执行。

（2）在当期所有记账凭证数据和明细分类账数据都存储在计算机内的情况下，总分类账可以从这些数据中产生，因此可以用"总分类账户本期发生额及余额对照表"替代当期总分类账。

（3）现金日记账和银行存款日记账的打印，由于受到打印机条件的限制，可采用计算机打印输出的活页账页装订成册，要求每天登记并打印，每天业务较少、不能满页打印的，可按旬打印输出。

（4）在保证凭证、账簿清晰的条件下，计算机打印输出的凭证、账簿中表格线可适当减少。

6. 实现替代手工记账后应注意的问题

替代手工记账后，各单位应做到当天发生业务，当天登记入账，期末及时结账并打印输出会计报表；要灵活运用计算机对数据进行综合分析，定期或不定期地向单位领导报告主要财务指标和分析结果。

7. 采用磁带、磁盘、光盘、微缩胶片等介质存储会计账簿、报表，作为会计档案保存的单位，应满足的要求

（1）采用磁带、磁盘、光盘、微缩胶片等介质存储会计数据，不再定期打印输出会计

账簿,应征得同级财政部门的同意。

(2) 保存期限同打印输出的书面形式的会计账簿、报表。

(3) 记账凭证、总分类账、现金日记账和银行存款日记账仍需要打印输出,还要按照有关税务、审计等管理部门的要求,及时打印输出有关账簿、报表。

(4) 大中型企业应采用磁带、磁盘、光盘、微缩胶片等介质存储会计数据,尽量少采用软盘存储会计档案。

12.1.4 建立会计电算化内部管理制度

1. 会计电算化岗位责任制

建立会计电算化岗位责任制,要明确各个工作岗位的职责范围,切实做到事事有人管,人人有专责,办事有要求,工作有检查。会计电算化的工作岗位可分为基本会计岗位和电算化会计岗位。基本会计岗位可包括:会计主管、出纳、会计核算各岗、稽核、会计档案管理等工作岗位。电算化会计岗位包括直接管理、操作、维护计算机及会计软件系统的工作岗位。

2. 电算化会计岗位和工作职责的划分

(1) 电算化主管:负责协调计算机及会计软件系统的运行工作,要求具备会计和计算机知识,以及相关的会计电算化组织管理的经验。电算化主管可由会计主管兼任,采用中小型计算机和计算机网络会计软件的单位,应设立此岗位。

(2) 软件操作:负责输入记账凭证和原始凭证等会计数据,输出记账凭证、会计账簿、报表和进行部分会计数据处理工作,要求具备会计软件操作知识,达到会计电算化初级知识培训的水平;各单位应鼓励基本会计岗位的会计人员兼任软件操作岗位的工作。

(3) 审核记账:负责对输入计算机的会计数据(记账凭证和原始凭证等)进行审核,操作会计软件登记机内账簿,对打印输出的账簿、报表进行确认;此岗要求具备会计和计算机知识,达到会计电算化初级知识培训的水平,可由主管会计兼任。

(4) 电算化维护:负责保证计算机硬件、软件的正常运行,管理机内会计数据;此岗要求具备计算机和会计知识,经过会计电算化中级知识培训;采用大型、小型计算机和计算机网络会计软件的单位,应设立此岗位,此岗在大中型企业中应由专职人员担任。

(5) 电算化审查:负责监督计算机及会计软件系统的运行,防止利用计算机进行舞弊;要求具备会计和电算化知识,达到会计电算化中级知识培训的水平,此岗可由会计稽核人员兼任;采用大型、小型计算机和大型会计软件的单位,可设立此岗位。

(6) 数据分析:负责对计算机内的会计数据进行分析,要求具备计算机和会计知识,达到会计计算机中级知识培训的水平;采用大型、小型计算机和计算机网络会计软件的单位，可设立此岗位，由主管会计兼任。

3. 建立会计电算化操作管理制度

其主要内容如下：

（1）明确规定上机操作人员对会计软件的操作工作内容和权限，对操作密码要严格管理，指定专人定期更换密码，杜绝为经授权人员操作会计软件；

（2）预防已输入计算机的原始凭证和记账凭证等会计数据未经审核而登记机内账簿；

（3）操作人员离开机房前，应执行相应命令退出会计软件；

（4）根据本单位实际情况，由专人保存必要的上机操作记录，记录操作人、操作时间、操作内容、故障情况等内容。

4. 建立计算机硬件、软件和数据管理制度

其主要内容如下：

（1）保证机房设备安全和计算机正常运行是进行会计电算化的前提条件，要经常对有关设备进行保养，保持机房和设备的整洁，防止意外事故的发生。

（2）确保会计数据和会计软件的安全保密，防止对数据和软件的非法修改和删除；对磁性介质存放的数据要进行双备份。

（3）对正在使用的会计核算软件进行修改、对通用会计软件进行升版和计算机硬件设备进行更换等工作，要有一定的审批手续；在软件修改、升版和硬件更换过程中，要保证实际会计数据的连续和安全，并由有关人员进行监督。

（4）健全计算机硬件和软件出现故障时进行排除的管理措施，保证会计数据的完整性。

（5）健全必要的防治计算机病毒的措施。

5. 建立电算化会计档案管理制度

其主要内容如下。

（1）电算化会计档案，包括存储在计算机硬盘中的会计数据、以其他磁性介质或光盘存储的会计数据和计算机打印出来的书面等形式的会计数据；会计数据是指记账凭证、会计账簿、会计报表（包括报表格式和计算公式）等数据。

（2）电算化会计档案管理是重要的会计基础工作，要严格按照财政部有关规定的要求对会计档案进行管理，由专人负责。

（3）对电算化会计档案管理要做好防磁、防火、防潮和防尘工作，重要会计档案应准备双份，存放在两个不同的地点。

（4）采用磁介质保存会计档案，要定期进行检查，定期进行复制，防止由于磁性介质损坏，而使会计档案丢失。

（5）通用会计软件、定点开发会计软件、通用与定点开发相结合会计软件的全套文档以及会计软件程序，视同会计档案保管，保管期截至该软件停止使用或有重大更改之后的五年。

12.2　会计电算化的基本原理

会计电算化就是用计算机代替手工会计来完成会计核算化工作。目前，会计电算化已成为融会计学、信息学、控制论和计算机科学在内的综合性学科。

1. 会计电算化数据处理的依据及会计科目的设置

（1）会计电算化数据处理的依据

会计电算化数据处理仍然遵循会计准则中所规定的借贷记账方法。报表的编制是会计恒等式：资产=负债+所有者权益。

（2）会计科目的设置

会计科目的设置包括定义科目的编码、名称、类型、级次等。会计科目的设置遵循以下原则。

① 标准化。为了保证会计指标在国民经济一定范围内加以汇总、分析研究，会计科目必须标准化。

② 适用性。它是指科目设置要满足本单位会计管理的需要，因为企业的经济业务因行业、经营形式的不同而千差万别，既然会计科目是对经济业务的一种分类，那么不同单位的科目体系往往是不一样的。

③ 完整性。它是指整个会计科目体系能够覆盖单位的所有经济业务。

2. 会计电算化的数据处理

数据处理一般包括数据采集、整理、录入、存储、合并、排序、分类和查询等。会计电算化程序就是在电子计算机实现对会计数据的计算和处理过程，它经常要通过系统调查与分析、系统设计、系统调试及试运行。

（1）系统调查

系统调查的主要任务是搜集信息，并在此基础上建立现行系统的逻辑模型，对会计信息来说，就是建立能反映账、证和表之间关系的现行会计信息系统的逻辑模型。系统调查的内容包括企业单位的组织机构、业务状况、信息流程、经营方式、处理要求等，以便在此基础上建立现有系统的模型。

(2) 系统分析

系统分析就是在系统调查的基础上,用系统的观点和方法对当前系统进行全面的分析研究,揭示系统的内在联系,找出当前系统存在的问题,通过具体模型,建立当前系统的逻辑模型,并在充分理解用户要求的基础上,确定新系统的目标,将当前系统的逻辑模型转换成目标系统的逻辑模型。

系统分析一般包括以下几个步骤。

① 建立当前系统的具体模型。具体模型是对当前系统的初步描述,它描述当前系统的具体情况,不仅描述数据流,而且描述组织机构、工作场所、物资流、货币流等具体因素。对于会计信息的具体模型要描述当前手工系统的数据流向、会计机构、处理步骤和方法等内容。

② 建立当前系统的具体模型。具体模型内容十分广泛,也不拘泥于形式,所以用户容易理解和接受。但是,由于它含有较多的具体因素,往往掩盖了问题的本质,所以必须对它进行分析,区别什么是本质的、什么是非本质伪因素,从而除去非本质因素,抽象出当前系统的逻辑模型。逻辑模型可用数据流图、数据词典和一组处理说明来描述。

③ 建立目标系统的逻辑模型。目标系统的逻辑模型是系统分析的结果,它是电子计算机系统的一个逻辑设计方案。由于它直接影响将来实现的信息系统的功能和性质,所以必须在当前系统的逻辑模型的基础上,通过对系统进行定量和定性的分析,逐步构造出与外部的接口关系、系统的功能及数据流程,自上向下逐层修改数据流图,修改数据结构,构造概念数据模型。

(3) 系统设计

系统设计的任务:就是将系统分析阶段产生的信息系统的逻辑模型,转化为可以实现的物理模型,即为系统分析中提出的抽象的信息系统,选择一种合理的实现方法,所以系统设计又称为物理设计。

评价一个已设计好的系统成功与否的标准:系统的效率、系统的可靠性、系统的服务质量和系统的适应性。

系统设计的步骤:系统设计按照由外向里的方法一般分为概要设计、数据结构设计和详细设计三个步骤进行。

在概要设计阶段,要完成以下工作:将系统划分成几个模块、确定每个模块的功能、确定模块间调用关系和确定模块的界面。

在数据结构设计阶段,要根据实际的计算机系统确定数据的逻辑结构和物理结构。

在详细设计阶段,就是确定每个模块的内部特征。详细设计需要逐个模块地设计模块内部的详细执行过程,包括局部数据组织、控制流、每一步的具体处理要求,以及种种实现细节。

4. 系统调试及试运行

系统设计是一项复杂的工作，存在错误的概率是较大的，又由于对会计信息系统来说，其处理的数据关系到各利益集团的经济利益，任何错误都将产生不良影响。因此，系统设计完成后必须经过调试以发现错误并改正错误，确保系统的质量。系统调试包括程序调试和系统联调两方面。前者是以程序模块为单位，对模块逐个进行；后者是在程序调试的基础上将模块系统连接起来，进行接口调试。

系统调试完之后，还要经过评审，并在一切条件具备之后才能有计划地组织系统的转换，经过试运行，最终用新系统完全取代旧系统。

12.3 会计电算化信息系统的结构

本节主要了解会计电算化信息系统的结构以及会计各模块之间的相互关系。

12.3.1 物理结构

电算化会计信息系统由四个方面组成：计算机硬件、计算机软件、会计人员和规范制度，这四个方面有机结合成一个整体。

1. 计算机硬件

（1）硬件组成

输入设备：键盘、光电扫描仪、条形码扫描仪、鼠标等。

数据处理设备：计算机主机。

存储设备：磁盘、磁带、光盘。

输出设备：打印机、显示器。

网络设备：网卡、集线器、中继器、网桥、网关、路由器。

不间断电源：UPS。

（2）硬件组合结构

① 单机结构。每台计算机（一般是微机）都是独立的，不和其他计算机连接。每台计算机可以配备独立的打印等外部设备。在会计电算化系统中，每台计算机装有独立的一个或几个模块，独立运行各式的任务，如要进行数据传递和交换，必须通过软件临时进行。这种结构，独立性强，数据保密性好，稳定性高，成本低，见效快。这种结构只能进行单项事务处理，不能完成大型应用。

② 主从式结构。由一台主机连接多个终端组成。终端没有外部存储设备，只有显示

器和键盘能进行输入输出操作。主机是性能很好的计算机,所有的计算和处理工作在主机完成,数据存放在主机上,结果可以在终端上显示。这种结构解决了输入瓶颈和数据共享问题。安全性较好,但系统速度容易受到网络等因素影响,并且一旦主机出故障,整个系统都不能工作。这种结构扩充性不太好。应用软件、支撑软件较少,维护成本高。

③ 网络结构。这种方式是将每台计算机利用网络设备连接起来,计算机之间能进行数据交换,资源共享。组成局域网。利用局域网还可以连接 Internet,进行跨地区的数据交换。资源共享,传输会计信息。

2. 计算机软件

（1）电算化会计信息系统,不仅需要硬件设备,更需要各种软件来保证系统的正常运转。软件分为系统软件和应用软件。

（2）系统软件有操作系统、计算机语言系统和数据库管理系统。系统软件担负着管理计算机资源,扩充计算机功能的任务,为用户提供必备的工作平台。

（3）应用软件有文字处理软件,报表处理软件、图像处理软件、会计软件等。会计软件是以会计理论和会计方法为核心,以会计制度为依据,以计算机应用技术为基础,以会计数据为处理对象,将计算机技术应用于财务工作的重要的应用软件。有了会计软件的信息系统则称为会计信息系统。会计软件可以自行开发,可以向外购买。向外直接购买的会计软件称商品化会计软件。企业大多数都是使用商品软件。因此,本章不讲述会计软件开发,而选择功能较全面。使用较广泛,设计较成熟的商品软件——用友最新版本 V8.50,作为介绍对象和上机操作使用的软件。

3. 人员

人员是电算化会计信息系统中的一个重要因素。只有高水平、高素质的工作人员,用上好的硬件、软件,系统才能稳定地、正常地运行。电算化会计信息系统的工作人员包括使用人员和管理人员。具体地讲有：会计主管,系统开发人员,系统维护人员,凭证录入人员、凭证审核人员、会计档案保管人员等。

4. 会计规范

会计规范是指保证电算化会计信息系统正常运行的各种制度和控制程序。如硬件管理制度、数据管理制度、会计人员岗位责任制度、内部控制制度、会计制度等。

12.3.2 职能结构

电算化会计信息系统具有核算、管理和决策三大职能。可以根据其职能,分为三个子系统,子系统下面又可分为若干子系统（又可称为模块）,如图 12-1 所示。

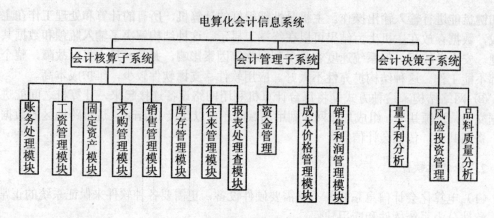

图 12-1　电算化会计系统功能结构图

1. 会计核算子系统

该系统的职能是进行会计核算，反映经营活动情况，处理具体业务。它是电算化会计信息系统的重要部分。只有会计核算得到的信息是正确的，才能为使用者提供进行管理和决策的好依据。会计核算子系统一般可分为账务处理（总账）模块、表处理模块、工资核算模块、固定资产核算模块、成本核算模块、材料核算模块、产成品核算模块等。其中账务处理模块，也称总账系统，下一层又有：初始设置、凭证处理、账簿输出、出纳管理、往来管理、部门管理、项目管理、期末业务处理、系统维护等模块。如图 12-1 所示。

2. 会计管理子系统

此系统的功能是进行会计管理、监督企业经营活动。一般包括：资金管理、成本管理、销售收入管理和利润管理。

3. 会计管理子系统

该系统的功能是进行会计决策、参与企业经营管理。这种决策一般是辅助支持决策者的决策活动，同时还要依靠个人经验、判断、知识、探索，通过反复试验等方法进行决策。决策支持系统是利用计算机，通信技术和决策分析方法，通过建立数据库和决策模型，利用模型向企业决策者提供及时，可靠的财务、业务等信息，帮助决策者对未来的经营方向和目标进行量化分析和论证。从而对企业生产经营活动做出科学的决策。

以上我们讨论的是电算化会计信息功能一般结构。然而不同的单位由于所处的行业不同，会计核算和管理需求不同，划分的子系统和模块也就不同。同时，我国商品化会计软件开发还有待进一步提高。不同软件开发商，划分的子系统和模块也不尽相同。

12.3.3 会计核算子系统（模块）之间的关系

会计核算子系统有若干模块。各模块之间相互作用、相互依赖。主要表现在数据的传递联系上。就是一个模块的数据输出作为另一个模块的数据输入。当一个模块单独使用时，不能直接利用其他模块的输入数据，而要通过人工的方法将数据输入。当若干个模块组合使用时，则要组合数据流向，做好数据的传递，而有利于各模块实现数据共享，防止重复输入，重复存储。如图 12-2 所示。

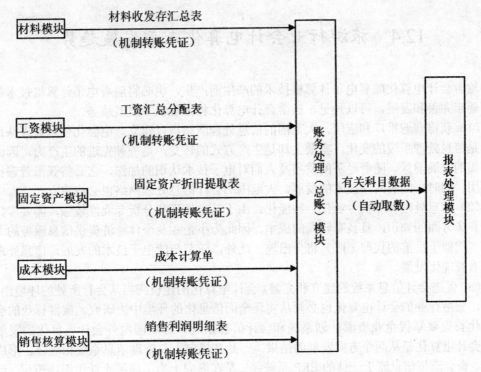

图 12-2　各模块之间传递的主要数据和方法

不同性质的企业，对会计信息系统会有不同的需求。不同规模的企业，对会计核算模块组合也不尽相同。企业应根据自己的人力、财务和重点需要解决的问题，选择合理的解决方案进行模块组合，才能达到物尽所用，得心应手。

（1）总账核算系统组合：由系统管理，总账系统：UFO 报表三个模块组合。这是会计核算的基本组合。

（2）财务系统组合：由总账核算系统，加上工资理模块组成。企业存货、固定资产、往来账款不多的小型企业，这种组合较适用。行政事业单位也比较适用。

（3）财务、业务一体化组合：由财务系统，加上存货管理模块组合而成。如果客户、供应商较多,可以加上应收账款、应付账款模块。这种组合方式,适合商业企业应用。

(4)核算管理组合:由财务、业务一体化组合,加上采购管理,销售管理、成本核算等模块而成。这种组合方式,适合工业企业应用。

(5)核算管理决策全面组合:由核算管理组合,加上财务分析、投资决策、筹资决策、领导查询模块,将进一步扩大电算化会计信息系统范围,有利于企事业单位加强管理。

旅游企业起步阶段,一般可以采用总账核算系统组合。

12.4 旅游行业会计电算化未来发展趋势

旅游会计电算化随着电子计算机技术的产生而产生,也必将随着电子计算机技术的发展而逐步完善和发展。可以预见,旅游会计电算化将出现以下发展趋势。

(1)获得普遍推广和应用,大范围的信息处理网络得以建立。电会化信息处理从形式上看是信息处理手段的变化,实质上却是生产方式的转变,是一种先进的生产力,因而具有广阔的发展前景。随着经济的发展及人们对电子技术认识的加深,它必将获得普遍推广和应用;同时,随着网络技术的发展,大范围的会计信息处理网络也必将建立。

(2)信息处理和分析专业化、智能化。由于信息处理和分析专业性较强,需要专门的人才和多方面的知识,且具有较高的成本,因此为小企业及个体经济提供信息服务的专业部门(类似于目前的代理记账)将会出现。此外,随着智能电子技术的发展,信息处理也会朝着智能化发展。

(3)促进会计信息系统的建立和完善。会计电算化的建设应当从会行所处的环境出发,因此,旅游行业的会计电算化也必须从实现全面信息化的环境中去研究。旅游行业的会计电算化首先要掌握企业资源计划系统和会计信息系统。综观国内外会计电算化的发展历程,会计电算化是从两个方向发展的结果。一是在横向上与管理信息系统相融合,形成集物流、资金流与信息流于一体的 ERP 系统;二是在纵向上为了满足企业组织决策层、经营层和管理层决策行为对会计信息的需要,由会计核算信息系统、会计管理系统向会计决策支持系统拓展,进而形面完整的会计信息系统。

(4)促进旅游会计自身的发展和变革。推动旅游会计电算化在新的基础上进一步完善和发展。从一定意义上讲,会计电算化产生和发展的过程,也是突破传统会计观念,对现行会计理论和方法提出新问题、新课题,以及研究和确立新理论和方法的过程。如会计电算化在系统设置、工作组织、信息处理及账务处理程序等方式和方法上的改变,本身就是对现行会计理论和方法的突破和完善。虽然从短期看,这些影响只是渐进性的,但从长期看,随着电子技术的飞速发展和会计电算化信息系统的普及应用,新的问题和新的课题将不断出现,如:信息处理网络建立后,企业将如何做到既及时合法提供会计信息,又能有效保护商业秘密；信息经济将对现行会计理论和方法产生什么影响等。对新课题进行深入研究，必将形成新的会计理论和方法；而新的会计理论和方法的确立，又将使旅游会计电算化在新的基础上获得进一步完善和发展。

【练习题】

1. 名词解释
（1）会计电算化　　（2）替代手工记账　　（3）会计电算化岗位责任制
（4）电算化维护　　（5）会计核算子系统

2. 选择题
（1）会计电算化是（　　）的学科。
A. 传统　　　　B. 发展时间很长　　C. 边缘　　　　D. 未知
（2）用于会计数据处理的软件称为（　　）。
A. 系统软件　　B. 应用软件　　　　C. 会计软件　　D. 实用软件
（3）会计电算化是会计与（　　）相结合的产物。
A. 数字电路　　B. 计算机　　　　　C. 网络　　　　D. 管理学
（4）在会计电算化信息系统中，记账工作是由（　　）完成的。
A. 财务人员　　B. 开发人员　　　　C. 分析人员　　D. 会计软件
（5）我国会计软件将向（　　）化发展。
A. 多元　　　　B. 简单　　　　　　C. 复杂　　　　D. 普通
（6）会计规范是指保证电算化会计信息系统（　　）运行的各种制度和控制程序。
A. 开始　　　　B. 正常　　　　　　C. 顺利　　　　D. 继续
（7）旅游会计电算化随着电子计算机技术的产生而产生，也必将随着电子计算机技术的发展而逐步（　　）。
A. 完善和发展　B. 运动和前进　　　C. 更新和修正　D. 修改和创新
（8）会计电算化的建设应当从会行所处的（　　）出发。
A. 环境　　　　B. 地点　　　　　　C. 时间　　　　D. 人群
（9）会计核算子系统有若干模块。各模块之间（　　）、相互依赖。
A. 互相推动　　B. 相互作用　　　　C. 相互联系　　D. 没有关系
（10）随着智能电子技术的发展，信息处理也会朝着（　　）发展。
A. 人工手段　　B. 机器工作　　　　C. 计算机化　　D. 智能化

4. 判断题
（1）旅游企业实行会计电算化，是现代企业发展的方向，各级领导都必须重视这一工作。　　　　　　　　　　　　　　　　　　　　　　　　　　　　　　　　（　　）
（2）会计电算化是一项系统工程，但并不涉及单位内部各个方面。　　（　　）

（3）各单位开展会计电算化工作，可根据本单位具体情况，按照循序渐进、逐步提高的原则进行。（　　）

（4）各单位要积极支持和组织本单位本会计人员分期分批进行会计电算化知识培训，逐步使多数会计人员掌握会计软件的基本操作技能，会计人员并不要掌握电算化系统分析和系统设计工作。（　　）

（5）会计电算化工作取得一定成果的单位，不要逐步开展其他管理工作电算化与其他管理信息系统联网工作。（　　）

（6）会计核算软件设计应当符合我国法律、法规、规章和国家统一的会计制度的规定，保证会计资料真实、完整，提高会计工作效率。（　　）

（7）配备会计软件是会计电算化的一项工作，选择会计软件的好坏对会计电算化的成败并不起着关键性的作用。（　　）

（8）配套的会计软件应达到财政部《会计核算软件基本功能规范》的要求，满足单位实际工作需要是次要的。（　　）

（9）电算化会计档案，包括存储在计算机硬盘中的会计数据、以其他磁性介质或光盘存储的会计数据和计算机打印出来的书面等形式的会计数据。（　　）

（10）会计核算子系统是进行会计核算，反映经营活动情况，处理具体业务。它是电算化会计信息系统的重要部分。（　　）

5．问答题

（1）从会计电算化信息系统的角度看，旅游会计电算化的系统组成要素有哪些？

（2）会计电算化的意义有哪些？

（3）我国会计电算化发展的趋势有哪些？

（4）会计电算化对传统会计有哪些影响？

（5）会计电算化信息系统的岗位如何划分？

参 考 答 案

第1章

1.（1）旅游会计是企业会计的一个分支，它是以货币为主要计量单位，运用专门方法，对旅游、饮食服务企业的经营活动过程及其结果进行核算和监督的一种管理活动。

（2）会计的对象就是旅游企业经营资金运动。

（3）会计主体是对会计对象做了空间上限定，要求会计核算应当以企业发生的各项交易或事项为对象，记录和反映企业本身的各项生产经营活动。

（4）权责制，又称"应计原则"，即会计上对收入和费用应将其在实际发生期间来确认、计量和报告，而不是在其发生现金收付的期间来确认。

（5）会计工作组织一般包括设置会计机构、配备会计人员并按照规定的会计制度进行工作。科学地组织会计工作，有利于会计工作同其他经营管理工作协调地、有序地进行，有利于保证手续制度和会计账务处理程序严密正确地进行，也可以使会计工作有专人负责，并划清单位内部门的经济责任。

2.（1）A　　（2）B　　（3）C　　（4）D　　（5）A

3.（1）√　　（2）√　　（3）√　　（4）×　　（5）√

4.（1）旅游会计是企业会计的一个分支，它是以货币为主要计量单位，运用专门方法，对旅游、饮食服务企业的经营活动过程及其结果进行核算和监督的一种管理活动。

（2）旅游会计的对象就是旅游企业经营资金运动。旅游会计核算有如下的特点：

核算方法多样，收款结算复杂，自制商品和外购商品的分别核算，核算内容的综合性强，各期营业收入不均衡，具有涉外性。

（3）旅游会计的会计核算基础是权责发生制，记账方法是借贷记账法。

（4）旅游会计核算方法是指从事会计工作的一系列技术手段。它包括设置账户、复式记账、填制和审核会计凭证、登记账簿、成本核算、财产清查和编制会计报表等7种方法。

（5）会计基本前提包括四个基本会计假设：会计主体、持续经营、会计期间、货币计量与币值不变假设。

（6）会计信息质量要求主要包括：真实可靠性与内容完整性，相关性，清晰明了性，可比性，实质重于形式，重要性，谨慎性，及时性。

（7）（略）

第 2 章

1. （1）A　　（2）B　　（3）C　　（4）D　　（5）A
2. （1）√　　（2）√　　（3）√　　（4）×　　（5）×
3. （略）
4. （略）
5. （略）

第 3 章

1. （1）货币资金是指旅游企业经营过程中处于货币形态的资产，包括库存现金、银行存款和其他货币资金。

（2）外汇是指以境外货币表示的用于国际结算的支付手段。

（3）交易性金融资产主要是指企业为了近期内出售而持有的金融资产，例如企业以赚取差价为目的的从二级市场购入的股票、债券、基金等。

（4）存货是指企业在日常活动中持有以备出售的产成品或商品、处于生产过程中的在产品、在生产过程或提供劳务过程中耗用的材料或物料等，包括各类材料、商品、在产品、半成品、产成品以及包装物、低值易耗品、委托代销商品等。

（5）材料成本差异是反映企业已入库各种材料的实际成本与计划成本的差额。

2. （1）D　　（2）D　　（3）D　　（4）C　　（5）B
3. （1）√　　（2）×　　（3）√　　（4）×　　（5）√
4. （略）
5. （略）

第 4 章

1. （1）长期资产指使用期或摊销期超过一年的资产或费用，它包括固定资产、无形资产、长期待摊费用等。

（2）固定资产折旧是指固定资产在使用过程中，由于损耗而逐渐地、部分地转移到费用中去的那部分以货币表现的价值。

（3）如果无形资产将来为企业创造的经济利益还不足以补偿无形资产的成本（摊余成本），则说明无形资产发生了减值。

（4）长期待摊费用是指企业已经支出，但摊销期限在 1 年以上（不含 1 年）的各种费用，包括固定资产修理支出、租入固定资产的改良支出以及摊销期限在 1 年以上的其他摊销费用。

（5）双倍余额递减法是在不考虑固定资产净残值的情况下，根据每期期初固定资产账面余额和双倍的直线法折旧率计算固定资产折旧的一种方法。

2. (1) C (2) C (3) B (4) B (5) A
3. (1) √ (2) × (3) × (4) √ (5) ×
4. (略)
5. (略)

第 5 章

1. (1) 持有至到期投资是指企业购入的到期日固定、回收金额固定或可确定，且企业有明确意图和能力持有至到期的各种债券，如国债和企业债券等。

(2) 摊余成本是指初始投资成本调整应计利息和溢折价摊销以后的余额。

(3) 长期股权投资是指通过各种资产取得被投资企业股权且不准备随时出售的投资。其主要目的是为了长远利益而影响、控制其他在经济业务上相关联的企业。企业进行长期股权投资后，成为被投资企业的股东，有参与被投资企业经营决策的权利。

(4) 共同控制是指按照合同约定与其他投资者对被投资企业共有的控制，一般来说，具有共同控制权的各投资方所持有的表决权资本相同。在这种情况下，被投资企业的重要财务和经营决策只有分享控制权的投资方一致同意才能通过。被各投资方共同控制的企业，一般称为企业的合营企业。

(5) 可辨认净资产的公允价值，是指被投资企业可辨认资产的公允价值减去负债及或有负债公允价值后的余额。

2. (1) A (2) B (3) C (4) D (5) B
3. (1) √ (2) × (3) × (4) √ (5) √
4. (略)
5. (略)

第 6 章

1. (1) 流动负债是指企业将在 1 年内（含 1 年）或超过 1 年的一个营业周期内偿还的债务、包括短期借款、应付票据、应付账款、其他应付款、应付职工薪酬、应付职工薪酬-应付福利费、预提费用、应付税金、应付利润等。

(2) 非流动负债，又称长期负债，它是指流动负债以外的负债，通常是指偿还期在一年内或超过一年的一个营业周期以上的债务。

(3) 应付职工薪酬是企业对职工个人的一项负债，实际企业使用职工的知识、技能、时间和精力而给予职工的一种补偿。

(4) 应付票据是由出票人出票，由承兑人承诺在一定时期内支付一定金额的书面证明。

(5) 补偿贸易是从国外引进设备，再用该设备生产的产品或提供的服务归还设备价款。

2. (1) B (2) B (3) C (4) C (5) A
3. (1) √ (2) × (3) √ (4) × (5) ×

4．（略）

5．（略）

第7章

1．（1）所有者权益，是企业投资者对企业净资产的所有权，也就是以资产总值抵减负债后剩余资产的所有权。

（2）投入资本是投资者实际投入企业的各种财产物资。它是企业所有者权益构成的主体，是企业进行生产经营的前提和重要的经济支柱。

（3）资本公积是企业收到投资者和超出其在企业注册资本（或股本）中所占份额的投资，以及直接计入所有者权益的利得和损失等。

（4）盈余公积是指企业按规定从净利润中提取的企业积累资金。公司制企业的盈余公积包括法定盈余公积和任意盈余公积。

（5）留存收益是指企业从历年来实现的利润中提取或形成的留存于企业的内部积累。留存收益来源的于企业在生产经营活动中所实现的净利润。

2．（1）A　　（2）B　　（3）C　　（4）D　　（5）B

3．（1）√　　（2）√　　（3）×　　（4）×　　（5）√

4．（略）

5．（略）

第8章

1．（1）收入是指企业在日常活动中形成的、会导致所有者权益增加、与所有者投入资本无关的经济利益的总流入。

（2）主营业务收入是指企业为完成其经营目标所从事的经常性活动实现的收入。主营业务收入一般占企业总收入的较大比重，对企业的经济效益产生较大影响。不同行业企业的主营业务收入所包括的内容不同。如旅行社的为游客旅游服务收入、饭店的客房住宿收入、酒店的餐饮收入、商品部的销售商品收入等。

（3）费用是指企业在日常活动中发生的、会导致所有者权益减少的、与所有者分配利润无关的经济利益的总流出。

（4）主营业务成本是指企业在经营过程中发生的各种直接支出。在旅游企业中，饭店、宾馆的主营业务成本包括餐饮原材料、商品进价成本等。

（5）投资收益（或损失）是指企业以各种方式对外投资所取得的收益（或发生的损失）。

2．（1）A　　（2）A　　（3）B　　（4）B　　（5）D

3．（1）√　　（2）×　　（3）×　　（4）×　　（5）√

4．（略）

参考答案

第9章

1. （1）当某旅行社接待外地旅行社送来的旅行团时，被称为接团社，当组织游客到外地旅游时，被称为组团社，

（2）包价法，即事先按旅游团人数计算用餐、住宿、交通、门票和导游的总开支，乘以外家毛利率（一般为10%~15%），在计算出每位旅行者应承担的开支来确定。

（3）小包价法，也称有选择的旅游价。此种包价中仅包括往返机票、房费、餐费、当地接送服务费、导游服务费和其他。这里的其他项目则根据组团竞争的需要有多有少。包价之外的项目在当地根据选择现付。此法在当前竞争激烈的市场上被普遍采用。

（4）事后结算是指旅行社向客人提供服务后，一次性或定期地进行核算收费。这种收款方式多用于旅游企业间的收付。

（5）旅行社成本，主要为旅行社已计入营业收入总额，属于代收代付的直接用于游客的有关费用。旅行社组团和接团的成本，是指在组团和接团过程中发生的全部支出，包括直接为客人旅游支付的费用，即直接成本，也包括一些在销售费用中核算的间接费用。

2. （1）C （2）A （3）B （4）C （5）D
3. （1）√ （2）× （3）× （4）√ （5）√
4. （略）
5. （略）

第10章

1. （1）营业收入是在销售商品、提供劳务及让渡资产使用等日常活动中形成的经济利益的总收入。

（2）标准房价是由饭店制定并经物价部门批准的价格

（3）投料定额成本是指按照投料标准生产食品菜肴所需投放原材料的总额。投料定额可以按毛料计算，也可以按净料计算。

（4）餐饮成本包括直接耗费的各种原材料、调料、配料的成本，其实际成本应按照买价和可直接认定的运杂费、保管费以及缴纳的税金等确定。

（5）商品的售价与进价的差额，就是"商品进销差价"。

2. （1）D （2）D （3）B （4）C （5）B
3. （1）√ （2）× （3）× （4）√ （5）√
4. （略）
5. （略）

第11章

1. （1）会计报表是定期地将日常会计核算资料加以分类调整、汇总，按照一定的形式

编制财务报表，总括、综合地反映企业的经济活动过程和结果，为有关方面进行管理和决策提供所需的会计信息。

（2）资产负债表是反映企业在某一特定日期（月末、季末、年末）财务状况的会计报表，它表明企业在某一特定日期能拥有或控制的经济资源。它能提供企业在一定日期的总资产、所负担的债务、企业所有者在企业所持有的权益、企业的偿债能力等重要信息。

（3）利润表是用来反映企业在某一会计期间的经营成果的一种财务报表。在利润表上，要反映企业在一个会计期间的所有收入（广义）与所有费用（广义），并求出报告期的利润额。利用利润表，可以评价一个企业的经营成果和投资效率，分析企业的盈利能力以及预测未来一定时期内的盈利趋势。

（4）现金流量表是反映企业在一定会计期间内经营活动、投资活动和筹资活动产生的现金流入与流出情况的报表，是动态的会计报表。

（5）所有者权益（股东权益）变动表是一张反映企业在一定期间内构成所有者权益的各组成部分的增减变动情况的报表。

2．（1）A　　　（2）C　　　（3）D　　　（4）A　　　（5）B
　　（6）C　　　（7）D　　　（8）A　　　（9）B
3．（1）√　　　（2）×　　　（3）√　　　（4）×　　　（5）√
　　（6）×　　　（7）×　　　（8）√　　　（9）√　　　（10）×
4．"应付账款"：8300　　　"未分配利润"：3500

第12章

1．（1）计算机在旅游会计中的应用，也就是人们所称的会计电算化。

（2）采用电子计算机替代手工记账，是指应用会计软件输入会计数据，由电子计算机对会计数据进行处理，并打印输出会计账簿和报表。

（3）建立会计电算化岗位责任制，要明确各个工作岗位的职责范围，切实做到事事有人管，人人有专责，办事有要求，工作有检查。

（4）电算化维护就是负责保证计算机硬件、软件的正常运行，管理机内会计数据。

（5）会计核算子系统，它是进行会计核算，反映经营活动情况，处理具体业务。它是电算化会计信息系统的重要部分。

2．（1）C　　　（2）C　　　（3）B　　　（4）A　　　（5）A
　　（6）B　　　（7）A　　　（8）A　　　（9）B　　　（10）D
3．（1）√　　　（2）×　　　（3）√　　　（4）×　　　（5）×
　　（6）√　　　（7）×　　　（8）×　　　（9）√　　　（10）√
4．（略）

参 考 文 献

[1] 中华人民共和国会计法（1999年10月31日第九届全国人民代表大会常务委员会第12次会议修订，中华人民共和国主席令第24号）.

[2] 会计基础工作规范（1996年6月17日财政部发布）.

[3] 企业会计准则——基本准则（2006年2月15日财政部发布）.

[4] 企业会计准则——应用指南（2006年10月30日财政部发布）.

[5] 会计电算化工作规范（1996年6月10日财政部发布）.

[6] 李亚利，范英杰. 旅游会计[M]. 天津：南开大学出版社. 2004.

[7] 财政部会计资格评价中心. 初级会计实务[M]. 北京：中国财政经济出版社，2007.

[8] 熊细银，熊晴海. 会计学原理[M]. 北京：清华大学出版社，2007.

[9] 蔚文. 初级会计学[M]. 广州：华南理工大学出版社，2006.